P9-CAL-543

NEW YORK
EN QUELQUES JOURS

Cristian Bonetto

Dans ce guide

L'essentiel

Pour aller droit au but
et découvrir la ville en
un clin d'œil.

Les basiques
À savoir
avant de partir

Les quartiers
Se repérer

Explorer
New York

Sites et adresses
quartier par quartier

Les incontournables
Pour tirer le meilleur
parti de votre visite

100% new-yorkais
Vivre comme
un habitant

New York
selon
ses envies

Les meilleures choses
à voir, à faire,
à tester...

**Les plus belles
balades**
Découvrir la ville à pied

Envie de...
Le meilleur
de New York

Carnet
pratique

Trucs et astuces
pour réussir votre
séjour.

Hébergement
Une sélection d'hôtels

**Transports
et infos pratiques**

Notre sélection de lieux et d'adresses

👁 **Voir**

✖ **Se restaurer**

🍷 **Prendre un verre**

★ **Sortir**

🔒 **Shopping**

Légende des symboles

📞 Numéro de téléphone	👪 Familles bienvenues
🕙 Horaires d'ouverture	🐾 Animaux acceptés
🅿 Parking	🚌 Bus
🚭 Non-fumeurs	🚢 Ferry
@ Accès Internet	S Métro (Subway)
📶 Wi-Fi	🚋 Tram
🥗 Végétarien	🚆 Train

Retrouvez facilement chaque adresse sur les plans de quartiers

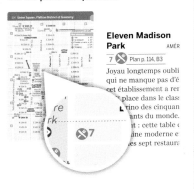

Eleven Madison Park AMÉR

7 ✖ Plan p. 114, B3

Joyau longtemps oubli
qui ne manque pas d'é
cet établissement a rer
place dans le clas
rino des cinquan
ants du monde.
t : cette table d
ine moderne e
es sept restaura

New York En quelques jours

Les guides En quelques jours édités par Lonely Planet sont conçus pour vous amener au cœur d'une ville.

Vous y trouverez tous les sites à ne pas manquer, ainsi que des conseils pour profiter de chacune de vos visites. Nous avons divisé la ville en quartiers, accompagnés de plans clairs pour un repérage facile. Nos auteurs expérimentés ont déniché les meilleures adresses dans chaque ville : restaurants, boutiques, bars et clubs... Et pour aller plus loin, découvrez les endroits les plus insolites et authentiques de la métropole américaine dans les pages "100% new-yorkais".

Ce guide contient également tous les conseils pratiques pour éviter les casse-tête : itinéraires pour visites courtes, moyens de transport, montant des pourboires, etc.

Grâce à toutes ces infos, soyez sûr de passer un séjour mémorable.

Notre engagement

Les auteurs Lonely Planet visitent en personne, pour chaque édition, les lieux dont ils s'appliquent à faire un compte rendu précis. Ils ne bénéficient en aucun cas de rétribution ou de réduction de prix en échange de leurs commentaires.

New York selon ses envies 202

Les plus belles balades

Envie de...

Carnet pratique 233

L'essentiel

Bienvenue à New York

Gotham City est une ville qui suscite les superlatifs. Tout n'y est que tourbillon au milieu des gratte-ciel, dans le flux des taxis jaunes et sous les enseignes lumineuses. C'est là qu'Andy Warhol rencontre Frank Lloyd Wright, que les stars d'Hollywood foulent les scènes de Broadway, que l'on pousse des portes dérobées pour aller écouter du jazz en buvant des cocktails. La Grosse Pomme se dévore à pleines dents !

Central Park (p. 178)
PAWEL GAUL/GETTY IMAGES ©

New York
Les incontournables

Central Park (p. 178)

Sur quelque 340 ha, cet espace vert parmi les plus célèbres du monde englobe des prairies vallonnées, des affleurements rocheux, des sentiers bordés d'ormes, des jardins impeccables à l'européenne, ainsi que plusieurs lacs artificiels.

L'Empire State Building (p. 130)

Cet édifice colossal est la star des gratte-ciel new-yorkais. Depuis son sommet, à 449 m, admirez la mer de lumières scintillantes à la tombée du jour et le quartier de Lower Manhattan à vos pieds.

New York Harbor (p. 24)

La baie de New York est absolument incontournable, avec son panorama sublime sur la *skyline* de New York, une balade sur le ferry (gratuit !) de Staten Island, la vue vertigineuse depuis la couronne de la statue de la Liberté ou encore l'hommage aux immigrants à Ellis Island.

Metropolitan Museum of Art
(p. 158)

Surnommé le "Met", ce gigantesque musée (68 000 m² de galeries !) compte plus de deux millions d'œuvres d'art dans sa collection permanente, illustrant l'Égypte ancienne, la peinture européenne ou les cultures américaines.

High Line (p. 86)

Cette ancienne voie ferrée, qui serpentait entre les abattoirs et des habitations miséreuses, s'est muée en un collier de végétation émeraude, aussi paisible que populaire. Ce modèle de renouvellement urbain réussi est aussi l'un des espaces publics les plus appréciés de la ville.

Times Square
(p. 128)

Concentré d'Amérique, jaillissement intense, aveuglant et électrisant d'affiches de films et d'enseignes publicitaires scintillantes... Qu'on l'adore ou qu'on l'abhorre, cette place demeure incontournable, surtout de nuit, à la lumière de ses milliers de néons.

Museum of Modern Art
(p. 132)

Le MoMA possède une incroyable collection, où s'illustrent les plus grands noms de l'art moderne et contemporain, de Van Gogh, Cézanne et Picasso à Hopper et Rothko. Il accueille des expositions du monde entier.

Guggenheim Museum
(p. 162)

Véritable sculpture en lui-même, le bâtiment en spirale blanc, conçu par Frank Lloyd Wright, est à la hauteur de la collection d'art du XXe siècle qu'il renferme.

National September 11 Memorial & Museum (p. 26)

Le gratte-ciel élancé, le musée-mémorial et les bassins-miroirs baignés de chutes d'eau sont à la fois un symbole d'espoir et un hommage aux victimes du terrorisme.

100% new-yorkais
Vivre comme un habitant

Conseils d'initiés pour découvrir le vrai New York

NYC ne manque pas de sites phares. Pourtant, ce sont les terrasses cachées, les happenings artistiques et les *speakeasies* (bars "clandestins", secrets) qui font sa spécificité. Le vrai New York vous ouvrira les bras si vous montrez un peu d'audace.

Shopping à Soho
(p. 48)
▶ Boutiques d'exception
▶ Excellents cafés

Terrains de prédilection des amateurs de shopping stylé, Soho et le quartier voisin de Nolita regorgent de boutiques et de bars *hip and chic*. En cherchant bien, vous trouverez aussi des petits magasins et des cafés plus abordables.

Galeries de Chelsea
(p. 88)
▶ Artistes émergents
▶ Bars à tapas

L'ouest de Chelsea, jadis peu séduisant, conserve d'innombrables entrepôts industriels. Beaucoup de ces espaces ont été reconvertis en galeries d'art, qui accueillent les grands noms de la scène internationale.

Harlem (p. 196)
▶ Histoire afro-américaine
▶ Restaurants branchés

Le quadrillage des rues new-yorkaises ne s'arrête pas à 100th Street – la ville offre bien plus à découvrir, à commencer par Harlem, bastion de la culture afro-américaine. Ce quartier, dont l'histoire est gravée dans la pierre des églises ou des théâtres, compte de bons restaurants et clubs de jazz.

South Brooklyn
(p. 198)
▶ Vastes espaces verts
▶ Shopping vintage

Bien que ce *borough* attire les touristes, la plupart des visiteurs choisissent de ne pas franchir le pont. Ils manquent alors les espaces verts vallonnés, les bonnes tables et un fameux marché aux puces.

Williamsburg (p. 200)
▶ Cocktails originaux
▶ Boutiques tendance

Ce quartier de Brooklyn incarne indéniablement la mouvance *hipster* – les actuels bobo new-yorkais. Ses entrepôts restés dans leur jus, ses bars à cocktails expérimentaux, ses salles de concerts indé, ses friperies, ses librairies branchées et ses restaurants créatifs valent absolument le détour, surtout le week-end.

Prospect Park, Brooklyn (p. 199)

Williamsburg (p. 200)

Autres lieux pour vivre le New York des New-Yorkais :

Le Lincoln Center
(p. 184 et p. 191)

Koreatown (p. 143)

Le Flea Theater (p. 43)

Le Chelsea Market
(p. 92 et p. 98)

L'Union Square
Greenmarket (p. 124)

Un jogging avec
le Road Runners Club
(p. 167)

Le Marie's Crisis
(p. 108)

Le Garment District
(p. 152)

New York
En 4 jours

1er jour

☀️ Si vous disposez d'une seule journée, privilégiez le New York emblématique. Cap sur Lower Manhattan pour prendre un ferry jusqu'à la **statue de la Liberté** (p. 25) et **Ellis Island** (p. 25), afin de découvrir l'histoire de la ville (et du pays).

☀️ Rejoignez l'Upper West Side et achetez de quoi pique-niquer à la grande épicerie cacher **Zabar's** (p. 186) et profitez des pelouses de **Central Park** (p. 178), si le temps le permet. Admirez les merveilles architecturales et paysagères du parc avant de faire halte au **Loeb Boathouse** (p. 184) pour louer un canot ou un vélo. Ensuite, direction le **Museum of Modern Art** (p. 132), ou MoMA, pour découvrir des chefs-d'œuvre de l'art moderne et contemporain.

🌙 Plongez dans les lumières de **Times Square** (p. 128) à la nuit tombée, avant d'applaudir un spectacle de Broadway – **Kinky Boots** (p. 148), **Book of Mormon** (si vous avez réservé plusieurs mois à l'avance ; p. 148) ou **Chicago** (p. 149). Ensuite, offrez-vous un dîner gastronomique au **Bernardin** (p. 141) ou optez pour les tapas coréennes de **Danji** (p. 141), avant de prendre un verre au **Don't Tell Mama** (p. 151), excellent piano-bar dont le succès ne se dément pas

2e jour

☀️ Entamez votre journée par le "Museum Mile", dans l'Upper East Side, en commençant par le colossal **Metropolitan Museum of Art** (p. 158) puis – si vous avez le temps – en enchaînant sur le **Guggenheim Museum** (p. 162). Pour admirer les grands maîtres de la peinture classique, allez plutôt visiter la **Frick Collection** (p. 165). Vous aimez la mode ? Découvrez les luxueuses boutiques de Madison Avenue.

☀️ Pour déjeuner, filez au **Chelsea Market** (p. 92 et p. 98). Prenez une glace à emporter et montez sur la **High Line** (p. 86), le temps d'une promenade sur cette coulée verte new-yorkaise. Passez le reste de l'après-midi dans les **galeries de Chelsea** (p. 88), situées dans des entrepôts restaurés. Gravissez l'**Empire State Building** (p. 130) avant le coucher du soleil pour voir la ville s'illuminer.

🌙 La nuit tombée, regagnez le West Village pour déguster un cocktail au **Little Branch** (p. 101) et des mets d'inspiration asiatique au **RedFarm** (p. 96). Terminez la soirée en allant écouter du jazz au **Village Vanguard** (p. 106) ou au **Blue Note** (p. 106). Vous avez envie de rire ? Assistez à un show d'improvisation à l'**Upright Citizens Brigade Theatre** (p. 105).

Votre temps est compté ?
Nous avons concocté pour vous des itinéraires détaillés
qui vous permettront d'optimiser le peu de temps dont vous disposez.

3ᵉ jour

☀ Débutez la matinée au **Lower East Side Tenement Museum** (p. 69), pour apprendre comment vivaient les habitants du quartier avant son embourgeoisement. Pour une claque visuelle, faites un détour par les collections d'art contemporain du New Museum (p. 68)

☀ Pour déjeuner, choisissez l'un des nombreux cafés avec terrasse de l'East Village, puis explorez **St Marks Place**, ancien bastion contestataire de la ville (p. 68), avant de traverser **Union Square** (p. 115) pour rejoindre le très fréquenté **Union Square Greenmarket** (p. 124). Admirez la fière allure du **Flatiron Building** (p. 115), construit en 1903, un peu plus loin, puis allez prendre une bière sur le toit du **Birreria** (p. 122).

🌙 Après une balade romantique au Gramercy Park, vous pourrez manger italien (une cuisine concoctée avec des produits locaux) au **Maialino** (p. 118) ou opter pour l'**Eleven Madison Park** (p. 117), étoilé au Michelin. Dans tous les cas, finissez en beauté avec un cocktail au **Flatiron Lounge** (p. 121) ou dans l'atmosphère feutrée du **Raines Law Room** (p. 121).

4ᵉ jour

☀ Rendez hommage aux victimes des attentats du 11 septembre 2001 au **National September 11 Memorial & Museum** (p. 26), où vous contemplerez le musée-mémorial, le One World Trade Center (haut de 541 m) et la gare (Transportation Hub) conçue par l'architecte espagnol Santiago Calatrava. Ensuite, dégourdissez-vous les jambes sur le **Brooklyn Bridge** (p. 28), un chef-d'œuvre néogothique ouvert aux piétons sur son niveau supérieur.

☀ Le *borough* de Brooklyn s'étend de l'autre côté. Contemplez la *skyline* de Manhattan, puis allez déguster une pizza au **Juliana's** (p. 29). Ensuite, regagnez Manhattan pour une séance de shopping à Soho et à Nolita, où les grandes marques se mêlent aux créateurs à la renommée grandissante dans des rues fréquentées par les célébrités.

🌙 Fêtez votre nouvelle garde-robe avec une coupe au **Balthazar** (p. 55) ou une bière au **Spring Lounge** (p. 59), puis dînez au **Saxon + Parole** (p. 55), le lieu tendance du moment si votre budget le permet... À défaut, optez pour l'un des nombreux restaurants de Chinatown, comme le légendaire **Joe's Shanghai** (p. 58).

Les basiques

Voir aussi *Carnet pratique* (p. 233)

Monnaie
Dollar américain ($US)

Langue
Anglais

Formalités
Un programme d'exemption de visa permet aux ressortissants de la France, de la Belgique et de la Suisse de séjourner aux États-Unis sans visa pour 90 jours. Voir aussi p. 244.

Argent
DAB innombrables et cartes bancaires acceptées dans la plupart des hôtels, magasins et restaurants. Gardez vos espèces pour les marchés, les marchands ambulants et certains petits restaurants.

Téléphones portables
Hormis l'iPhone, la majorité des téléphones mobiles américains utilisent la technologie CDMA, et non le GSM. Renseignez-vous auprès de votre opérateur.

Heure locale
Eastern Standard Time (GMT -5 heures).

Prises et adaptateurs
L'électricité fonctionne en 110 V/115 V et en 60 Hz. Les prises ont 2 fiches plates (et parfois une 3e fiche ronde). Prévoyez un adaptateur.

Pourboires
Laissez 15-20% de la note dans les restaurants, 10-15% dans les taxis, 1 à 2 $ dans les bars, et 3-5 $/jour aux femmes de chambre des hôtels.

❶ Avant de partir

Budget quotidien

Moins de 100 $
▶ Dortoir en auberge de jeunesse 35-80 $
▶ Courses dans les supermarchés, cafés et snacks dans la rue 5-25 $
▶ Explorer la ville à pied

De 100 à 300 $
▶ Chambre double 150-300 $
▶ Dîner (deux plats) avec cocktail 40-70 $
▶ Billet réduit TKTS pour Broadway 80 $

Plus de 300 $
▶ Chambre de luxe ou boutique-hôtel chic > 325 $
▶ Menu dégustation chez un grand chef > 150 $
▶ Fauteuil d'orchestre au Metropolitan Opera 100-390 $

Sites Web

Lonely Planet (www.lonelyplanet.fr). Informations sur la ville, forum, etc.

NYC: the Official Guide (www.nycgo. com). Portail touristique officiel de New York.

À prévoir

Deux mois avant Réservez votre hôtel – les prix grimpent quand on se rapproche de la date d'arrivée – et achetez vos billets pour Broadway.

Trois semaines avant Réservez une table dans un grand restaurant.

Une semaine avant Surfez sur la Toile pour découvrir les bons plans du moment et abonnez-vous aux newsletters.

❷ Arriver à New York

Avec ses trois aéroports, ses deux gares ferroviaires et la plus grande gare routière du monde, New York déroule le tapis rouge aux plus de 52 millions de visiteurs qui s'y rendent chaque année.

✈ Depuis JFK International Airport (JFK)

Destination	Transport conseillé
Brooklyn	Métro ligne A
Lower Manhattan	Métro ligne A
Midtown	Métro ligne E
Greenwich Village	Métro ligne A
Upper West Side	Métro ligne A
Upper East Side	Métro ligne E, puis 4/5/6
Harlem	Métro ligne E, puis B ou C

✈ Depuis LaGuardia Airport (LGA)

Destination	Transport conseillé
Harlem	Bus M60
Upper East Side	Bus M60 et métro ligne 4/5/6
Midtown	Taxi
Union Square	Taxi
Greenwich Village	Taxi
Brooklyn	Taxi

Depuis Newark International Airport (EWR)

Prenez l'AirTrain jusqu'à la gare de Newark Airport et changez pour n'importe quel train à destination de Penn Station à New York. Des navettes collectives et des bus sont également disponibles. Depuis Midtown, vous pourrez ensuite rejoindre votre destination en métro.

❸ Comment circuler

Une fois arrivé à New York, il est assez facile de circuler dans la ville. Le réseau du métro, étendu, est économique et (relativement) efficace. Cependant, les trottoirs de la ville se prêtent particulièrement à la marche à pied, reine des modes de transport new-yorkais.

S Métro

Le fameux métro (*subway*), qui fonctionne 24h/24, peut dérouter les non-initiés. Le site www.mta.info fournit des informations sur les transports publics. Si vous possédez un Smartphone, téléchargez l'application NextStop, très pratique (plan, infos trafic et heures d'arrivée). Le métro est particulièrement utile pour parcourir de longues distances du nord au sud de Manhattan, ou pour rejoindre Brooklyn.

🚌 Bus

Pratique en dehors des heures de pointe, en particulier si on circule entre l'est et l'ouest de Manhattan, ainsi que le long de 1st Ave et 10th Ave.

🚖 Taxi

Les taxis sont le moyen de transport le plus pratique, notamment aux heures creuses ou si vous souhaitez faire des tours et des détours dans Manhattan – les bus et le métro suivent de façon linéaire les avenues et rues principales. Il peut être, en revanche, très difficile de trouver un taxi par mauvais temps.

⛴ Ferry

Il existe un service permettant de descendre et de monter à l'envi, ainsi que des traversées gratuites jusqu'à Staten Island. Pour plus d'information : East River Ferry (www.eastriverferry.com) et New York Water Taxi (☎ 212-742-1969 ; www.nywatertaxi.com ; forfait 1 jour 26 $).

New York
Les quartiers

Upper West Side et Central Park (p. 176)
Quartier du Lincoln Center et de Central Park – l'antidote de la ville aux étendues de béton sans fin.

◉ Les incontournables

Central Park

Greenwich Village, Chelsea et Meatpacking District (p. 84)
Cafés de quartier et lieux de sortie branchés se côtoient parmi les rues pittoresques et les maisons en brique.

◉ Les incontournables

La High Line

Soho et Chinatown (p. 46)
Temples cachés et restaurants de raviolis émaillent Chinatown. À côté, les rues impeccables de SoHo sont bordées de boutiques chics.

Lower Manhattan et Financial District (p. 22)
Le sud de Manhattan abrite Wall Street, le National September 11 Memorial & Museum, le pont de Brooklyn et la statue de la Liberté.

◉ Les incontournables

New York Harbor

National September 11 Memorial & Museum

Brooklyn Bridge

Museum of Modern Art

Times Square

Empire State Building

The High Line

National September 11 Memorial & Museum

Brooklyn Bridge

New York Harbor

**Upper East Side
(p. 156)**
Boutiques de luxe
et superbes demeures
mènent à l'impressionnant
Museum Mile

◉ **Les incontournables**

Metropolitan Museum
of Art

Guggenheim Museum

Central
Park

◉ ◉ Guggenheim
Museum

◉ Metropolitan
Museum of
Art

Midtown (p. 126)
Le New York des cartes
postales : Times Square,
théâtres de Broadway,
gratte-ciel emblématiques
et foule affairée.

◉ **Les incontournables**

Times Square

Empire State Building

Museum of Modern Art

**Union Square,
Flatiron District
et Gramercy (p. 112)**
Ciment urbain liant
plusieurs éléments
disparates, Union Square
porte bien son nom.
Ici, peu de monuments
mais d'excellents cafés
et restaurants.

**East Village
et Lower East Side
(p. 64)**
Ces deux quartiers, parmi
les meilleurs pour sortir
et pour manger à petits
prix, allient l'ancien au
moderne à chaque rue.

Explorer
New York

L'Empire State Building (p. 130),
par-delà le pont de Manhattan
KENNETH C. ZIRKEL/GETTY IMAGES ©

Explorer

Lower Manhattan et Financial District

Cœur historique de la ville, le sud de Manhattan recèle des lieux emblématiques comme Wall Street, le mémorial du 11-Septembre et la statue de la Liberté. Tribeca est connu pour ses restaurants, ses bars et ses boutiques. Quant au Financial District... Un vent de dynamisme et d'optimisme, insufflé par le réaménagement du site du World Trade Center, souffle sur ce dernier quartier jadis plutôt guindé.

L'essentiel en un jour

☀ Évitez la foule en prenant le ferry dès son ouverture pour visiter la **statue de la Liberté** (p. 25) et **Ellis Island** (p. 25). Autre opportunité, appréciée par les petits budgets, le **ferry de Staten Island** (p. 32) permet de traverser la baie gratuitement avec, en prime, une vue imprenable sur la pointe sud de Manhattan.

☀ Retournez à Manhattan pour déjeuner au restaurant d'Anthony Bourdain, **Les Halles** (p. 39), puis allez rendre hommage aux victimes des attentats du 11 Septembre au **National September 11 Memorial & Museum** (p. 26). Les amateurs peuvent ensuite effectuer une virée shopping chez **Century 21** (p. 43) ou accomplir une balade initiatique sur le **Brooklyn Bridge** (p. 28), un ouvrage d'art dont l'architecture néogothique est remarquable.

☽ Enchaînez dîner et spectacle à Tribeca, en vous arrêtant d'abord à la *taverna* **Locanda Verde** (p. 38), très chic, puis au **Flea Theater** (p. 43), l'une des salles off-off-Broadway les plus réputées. Terminez la soirée au **Brandy Library** (p. 41), où vous pourrez faire votre choix parmi une véritable encyclopédie de spiritueux.

◉ Les incontournables

New York Harbor (p. 24)

National September 11 Memorial & Museum (p. 26)

Brooklyn Bridge (p. 28)

♥ Le meilleur du quartier

Se restaurer
Locanda Verde (p. 38)

Les Halles (p. 39)

Prendre un verre
Weather Up (p. 41)

Dead Rabbit (p. 40)

Brandy Library (p. 41)

Shopping
Century 21 (p. 43)

Shinola (p. 43)

Comment y aller

Ⓢ **Métro** La station Fulton St, où passent les lignes A/C, J/M/Z, 2/3 et 4/5, est le principal axe de correspondances du quartier. La ligne 1 a pour terminus South Ferry, d'où part le ferry de Staten Island.

⚓ **Bateau** Le quai du ferry de Staten Island est à l'extrémité sud de Whitehall St. Les ferries ralliant Liberty Island et Ellis Island partent de Battery Park.

Les incontournables
New York Harbor

Depuis son inauguration en 1886, la statue de la Liberté (voir aussi p. 34) a salué l'arrivée de millions d'immigrants débarquant à New York dans l'espoir d'une vie meilleure. Elle reçoit aujourd'hui la visite de millions de touristes, dont beaucoup montent jusqu'à sa couronne pour profiter d'une des plus belles vues sur la baie et la *skyline*. Juste à côté, Ellis Island, porte de l'Amérique pour plus de 12 millions de nouveaux arrivants entre 1892 et 1954, abrite à présent l'un des musées les plus émouvants de la ville, puisqu'il rend hommage à ces immigrants et à leur courage.

◉ Plan p. 30, B8

☎ 212-363-3200, Statue Cruises 877-523-9849

www.statuecruises.com

ferry adulte/enfant à partir de 17/9 $ (voir p. suivante)

⏱ 9h-17h, ferries toutes les 20 min 8h30-18h juin-août

S 1 (jusqu'à South Ferry), 4/5 (Bowling Green)

Statue de la Liberté

À ne pas manquer

Statue de la Liberté

Les personnes ayant réservé leur billet pour la **statue** (☎877-523-9849 ; www.nps.gov/stli ; Liberty Island ; adulte/enfant avec Ellis Island 17/9 $, avec couronne et Ellis Island 20/12 $; ⏰9h30-17h30, voir site Web pour variations saisonnières ; Ⓢ1 jusqu'à South Ferry, 4/5 jusqu'à Bowling Green), cadeau de la France au peuple américain, pourront gravir les 354 marches menant à la couronne, d'où le panorama est époustouflant. La réservation est impérative, car l'accès à la couronne est limité. Le plus tôt est le mieux (inscription jusqu'à six mois à l'avance). Notez qu'une seule personne ne peut pas acheter plus de 4 tickets et que les enfants mesurant moins de 1,20 m ne sont pas admis. À défaut, réservez pour le piédestal, d'où la vue est également remarquable.

Musée de l'Immigration d'Ellis Island

Ce **musée**, installé sur trois niveaux, est un hommage émouvant à l'histoire des migrants qui ont façonné la ville. On estime que 40% des Américains d'aujourd'hui ont au moins un ancêtre qui est passé par Ellis Island, ce qui confirme le rôle majeur joué par cet îlot dans la construction de l'Amérique du Nord moderne. Au fil de la visite audioguidée, qui réunit des témoignages d'historiens, d'architectes et de candidats à l'immigration, la collection d'objets personnels, de documents officiels, de photographies et de séances d'archives s'anime. Lors de cette expérience unique, le visiteur revit les moments – bons ou mauvais – des migrants dans les salles et les couloirs où ils les ont vécus. Si vous manquez de temps, concentrez-vous sur les deux sections du 2e niveau : "Through America's Gate" (qui montre les épreuves auxquelles étaient soumis les arrivants) et "Peak Immigration Years" (qui s'intéresse à leurs motivations et aux obstacles qu'ils rencontraient).

☑ À savoir

▶ La traversée en ferry depuis Battery Park ne dure que 15 minutes, mais il faut prévoir la journée pour visiter la statue de la Liberté et Ellis Island. Vous devrez prendre le ferry avant 13h pour être autorisé à visiter les deux sites.

▶ La réservation est vivement recommandée pour la statue de la Liberté (elle garantit l'accès au site et attribue un horaire fixe). On peut aussi acheter un Flex Ticket, qui permet de visiter pendant trois jours aux heures de son choix (en vente uniquement à la billetterie du ferry).

✗ Une petite faim ?

Au lieu de manger à la cafétéria de la statue, apportez de quoi pique-niquer. Sinon, venez tôt et retournez déjeuner à Lower Manhattan, à la Locanda Verde (p. 38) d'Andrew Carmellini ou au restaurant Les Halles (p. 39) d'Anthony Bourdain – réservez !

Les incontournables
National September 11 Memorial & Museum

Miné par les controverses esthétiques, les dépassements de budget et les retards, le mémorial du 11-Septembre, au cœur du réaménagement du World Trade Center (WTC), a fini par ouvrir ses portes. Baptisés *Reflecting Absence* ("le reflet de l'absence"), ses deux bassins sont un symbole d'espoir et de renouveau, mais surtout un monument à la mémoire des milliers de victimes tuées lors des attentats. Dans un espace solennel, le musée relate les événements de ce terrible jour de 2001 et leurs conséquences sur le monde actuel.

◉ Plan p. 30, B5

www.911memorial.org

angle Greenwich/Albany St

24 $

⊘ musée 9h-20h été (19h hiver) ; mémorial 8h30-20h30

Ⓢ A/C/E (Chambers St), R (Rector St), 2/3 (Park Pl)

À ne pas manquer

Bassins-miroirs du 9/11 Memorial

Entourés d'une esplanade plantée de 400 chênes blancs d'Amérique, les bassins-miroirs du mémorial du 11-Septembre reposent sur les anciennes fondations des tours jumelles. De l'eau ruisselle en permanence le long des parois, recueillie dans une fosse centrale de 9 m de profondeur. Symbole fort, des centaines de ruissellements se rejoignent pour entamer une lente descente vers l'abysse. Autour des bassins, des plaques de bronze portent les noms des victimes des attentats du 11 septembre 2001 et de celui à la voiture piégée du 26 février 1993.

Musée du Mémorial

Les galeries multimédia souterraines du National September 11 Memorial & Museum, dont l'entrée est située entre les bassins-miroirs, sont consacrées aux attaques terroristes de 2001 et de 1993 (une camionnette avait alors explosé dans le sous-sol du WTC). Elles renferment notamment les vestiges de l'"escalier des survivants", qui fut emprunté par des centaines d'employés pour fuir les tours jumelles, ainsi que l'ultime poutre d'acier retirée du site, couverte de messages et de témoignages en hommage aux victimes.

Un nombre limité de billets est en vente au guichet du musée. Mieux vaut réserver *via* le site Web (avec une heure de visite précise).

One World Trade Center

À l'angle nord-ouest du site se dresse le One World Trade Center (1 WTC), de l'architecte David M. Childs. Plus haut gratte-ciel d'Amérique, ce géant effilé de 541 m est aussi, grâce à sa flèche, le 4e plus haut édifice du monde. Des terrasses d'observation, situées aux niveaux 100 à 102, devraient ouvrir en 2015.

☑ **À savoir**

▶ Dans le musée, ne manquez pas l'"Ange du 11-Septembre", les débris d'une colonne d'acier qui proviendraient du point d'impact du vol 11 d'American Airlines sur la Tour nord, où certains voient le visage d'une femme paniquée.

▶ Prenez le temps d'admirer le nouveau WTC Transportation Hub, à côté du musée. Cette gare, conçue par le célèbre architecte espagnol Santiago Calatrava, évoque un cygne libéré par un enfant.

✖ **Une petite faim ?**

Échappez à la foule de Wall St à l'heure du déjeuner en rejoignant Tribeca, où vous trouverez un choix de restaurants plébiscités, comme Locanda Verde (p. 38), North End Grill (p. 39) ou Shake Shack (p. 40).

Les incontournables
Brooklyn Bridge

Emblématique de New York, le pont de Brooklyn fut le premier pont suspendu en acier au monde. Quand il fut inauguré, en 1883, la travée de 486 m entre ses deux pylônes était la plus longue du monde. Sa construction a connu de multiples déboires, mais il est devenu un magnifique exemple de design urbain, source d'inspiration pour les poètes, les écrivains et les peintres. Aujourd'hui encore, le pont de Brooklyn continue de fasciner – nombreux sont ceux qui le considèrent comme le plus bel ouvrage d'art du monde.

◉ Plan p. 30, E4

Ⓢ 4/5/6 (jusqu'à Brooklyn Bridge-City Hall), J (Chambers St)

À ne pas manquer

Pont de Brooklyn

Pour nombre de visiteurs, la traversée du pont de Brooklyn est un rite de passage. Ce joyau néogothique connut des débuts chaotiques. Il fut conçu par John Roebling, un ingénieur d'origine allemande qui mourut du tétanos avant le début des travaux. Son fils Washington supervisa la construction du pont. Celle-ci dura quatorze ans, accusa des dépassements de budget et causa la mort de vingt ouvriers. Roebling lui-même demeura longtemps alité à la suite d'un accident de décompression survenu alors qu'il aidait à creuser le lit du fleuve pour la pile ouest. En juin 1883, lors de l'inauguration, quelqu'un dans la foule s'écria que le pont s'écroulait. Une bousculade s'ensuivit, provoquant la mort de douze piétons.

Brooklyn Bridge Park

On parle beaucoup du nouveau **parc du Brooklyn Bridge** (📞718-222-9939 ; www.brooklynbridgeparknyc.org ; East River Waterfront, entre Atlantic Ave et Adams St ; gratuit ; ⏰6h-1h ; 👶 ; **S** A/C jusqu'à High St, 2/3 jusqu'à Clark St, F jusqu'à York St), qui couvre 34 ha par-delà le pont, et s'étire sur 2 km entre Jay St, à Dumbo, et l'ouest d'Atlantic Ave, à Cobble Hill. Le parc englobe l'Empire Fulton Ferry State Park, où l'on peut admirer la *skyline* depuis les pelouses et profiter du **Jane's Carousel** (www.janescarousel.com ; Brooklyn Bridge Park, Empire Fulton Ferry, Dumbo ; tickets 2 $; ⏰11h-19h mer-lun, 11h-18h nov-avr ; 👶 ; **S** F jusqu'à York St), un manège à chevaux de bois de 1922 installé dans un pavillon de verre dessiné par Jean Nouvel. Juste au sud de l'Empire Fulton Ferry, Pier 1 (3,5 ha) est une jetée aménagée en parc, avec aire de jeux et sentiers. Elle est dominée par les 9 m de haut de *Yoga* (1991), une sculpture cinétique de Mark di Suvero.

jouir du panorama en solo, venez tôt le matin.

▶ En juillet-août, des séances de cinéma en plein air gratuites sont organisées dans le Brooklyn Bridge Park (Pier 1), avec la *skyline* de Manhattan en toile de fond. D'autres manifestations gratuites se déroulent en extérieur pendant l'été. Consultez le site Web du parc.

🍴 Une petite faim ?

Des commerces ouvrent dans le Brooklyn Bridge Park de mai à octobre. Le **Fornino** (www.fornino. com ; Pier 6, Brooklyn Bridge Park) sert des pizzas au feu de bois et d'autres plats italiens, tout comme le **Juliana's** (19 Old Fulton St, entre Water St et Front St ; pizzas 16-30 $; ⏰11h30-23h ; **S** A/C jusqu'à High St), tout près et ouvert à l'année.

0,25 m.

Brooklyn Bridge

TWO BRIDGES

South St

Robert F Wagner Sr Pl

Front St

Dover St

ater St

Pearl St

E Broadway

Henry St

Catherine St

Madison St

Oliver St

James St

St James Pl

St

Chatham Sq

Pearl St

Park Row

Ave of the Finest

Frankfort St

Spruce St

Beekman St

Ann St

St Pic

Mott St

Mulberry St

Baxter St

CHINATOWN

Bayard St

Columbus Park

Hogan Pl

Centre St

Lafayette St

Cortlandt Al

Mosco St

Thomas Paine Park

Foley Sq

St Andrews Plaza

Police Plaza

Ave of the Finest

Chambers St/ Brooklyn Bridge-City Hall

39

Howard St

Canal St

Canal St

Mercer St

Broadway

Walker St

White St

Franklin St

Leonard St

Lispenard St

31

26

40

Church St

36

Federal Plaza

Elk St

17

City Hall Park

Park Row

Nassau St

Broadway-Nassau St

Sixth Ave (Avenue of the Americas)

Canal St

St Johns La

Varick St

32

W Broadway

Worth St (Ave of the Strongest)

Thomas St

Duane St

African Burial Ground

Reade St

Chambers St

25

22

29

35

City Hall

38

Warren St

Murray St

Park Pl

Church St

Park Place

Woolworth Building

16

St Paul's Chapel

8

Barclay St

World Trade Center

TRIBECA

Franklin St

Franklin St

Beach St

27

Hudson Sq

Hudson St

Jay St

Duane St

34

Greenwich St

Chambers St

23

Holland Tunnel

Canal St

Laight St

Vestry St

Desbrosses St

Hubert St

Collister St

28

18

Harrison St

N Moore St

Hudson River Park

Washington Market Community Park

Chambers St

10

West St (West Side Hwy)

North End Ave

Park Pl W

Murray St

19

21

Irish Hunger Memorial

14

Vesey St

World Financial

New Jersey PATH Station

Voir

Ferry de Staten Island TRAVERSÉE

1 👁 Plan p. 30, D8

Les habitants de Staten Island considèrent ces imposants ferries orange comme un moyen de transport ; ceux de Manhattan préfèrent voir en eux l'instrument de leurs escapades romantiques printanières. Mais le secret n'a pas fait long feu : les touristes ont vite découvert les charmes du ferry de Staten Island, qui offre l'une des plus extraordinaires équipées new-yorkaises sur 8,3 km entre Lower Manhattan et le quartier de St George sur l'île… et ceci gratuitement ! (www.siferry.com ; Whitehall Terminal à l'angle de Whitehall St et South St ; gratuit ; ⏰24h/24 ; Ⓢ1 jusqu'à South Ferry)

Fraunces Tavern Museum MUSÉE

2 👁 Plan p. 30, C7

Composé de cinq bâtiments du début du XVIIIᵉ siècle, ce musée d'exception commémore les événements fondateurs de 1783, lorsque les Britanniques quittèrent New York à la fin de la guerre d'Indépendance et que le général George Washington prononça son discours d'adieu devant ses officiers dans la salle à manger du 1ᵉʳ étage le 4 décembre. (www.frauncestavernmuseum.org ; 54 Pearl St entre Broad St et Coenties Slip ; adulte/enfant 7 $/gratuit ; ⏰12h-17h ; Ⓢ J/Z jusqu'à Broad St, 4/5 jusqu'à Bowling Green)

National Museum of the American Indian MUSÉE

3 👁 Plan p. 30, C7

Ce musée géré par la Smithsonian Institution occupe l'ancien bureau des douanes, l'un des plus beaux édifices new-yorkais de style Beaux-Arts, conçu par Cass Gilbert en 1907. Derrière la vaste rotonde, les galeries accueillent des expositions consacrées à la vie quotidienne, à la culture et aux croyances des Amérindiens. La collection permanente comporte de superbes objets d'arts décoratifs, de textiles et d'accessoires de cérémonie. (www.nmai.si.edu ; 1 Bowling Green ; entrée libre ; ⏰10h-17h lun-mer, 10h-20h jeu ; Ⓢ4/5 jusqu'à Bowling Green, R jusqu'à Whitehall St)

Museum of Jewish Heritage MUSÉE

4 👁 Plan p. 30, B7

Posé au bord de l'eau, cet émouvant musée présente tous les aspects de la culture juive contemporaine, au fil d'objets personnels, de photographies et de documentaires. Créé par l'artiste Andy Goldsworthy, spécialiste du Land Art, le Garden of Stones ("jardin de pierres") est dédié à ceux qui ont perdu un être cher lors de la Shoah. Ses 18 rochers formant une étroite allée invitent à méditer sur la fragilité de la vie. (www.mjhnyc.org ; 36 Battery Pl ; adulte/enfant 12 $/gratuit, gratuit 16h-20h mer ; ⏰10h-17h45 dim-mar et jeu, 10h-20h mer, 10h-17h ven avr-sept, 10h-15h ven oct-mars ; Ⓢ4/5 jusqu'à Bowling Green)

Comprendre

L'histoire du Financial District

Le Financial District de Manhattan ne se résume pas à ses tours étincelantes, à ses institutions financières et au goût du profit. Ce fut d'abord le berceau de la ville et le théâtre de nombreux événements. Au temps de la Nouvelle-Amsterdam, Wall St marquait la frontière nord de la jeune colonie néerlandaise. Plus tard, c'est à Federal Hall que George Washington devint le premier président des États-Unis. Le quartier est associé à de nombreuses anecdotes historiques.

L'origine des noms de rues

Comme tant d'autres rues, Wall St est intéressante sur un plan historique. Autrefois appelée Mother-of-Pearl St ("rue Notre-Dame-des-Perles"), en référence aux nombreux coquillages nacrés découverts dans le secteur, elle suit la base d'une colline depuis longtemps disparue. Au XVIIIe siècle, il n'était pas rare de niveler les reliefs, pour répondre à la demande de terres entraînée par l'accroissement de la population. C'est ainsi que fut créée Water St ("rue de l'Eau"), sur un espace formé par la terre rejetée dans l'East River. À la fin du XVIIIe siècle, un nouveau rétrécissement du détroit permit l'apparition de Front St. Broad St, la rue du New York Stock Exchange, était jadis un canal que l'on franchissait par un pont au niveau de… Bridge St ("rue du Pont").

Le souffle du passé

L'ancien siège de la JP Morgan Bank se dresse à l'angle sud-est de Wall St et de Broad St. Sur la façade côté Wall St, vous remarquerez des traces d'impacts : elles datent de l'attentat de Wall Street, l'attaque la plus meurtrière des États-Unis jusqu'à celle d'Oklahoma City, en 1995. Le 16 septembre 1920, à 12h01, un chariot chargé de plomb et de dynamite explosa. La déflagration fit 38 victimes et près de 400 blessés, parmi lesquels se trouvait Joseph P. Kennedy, père du futur président. Après cet attentat contre la principale institution financière américaine, les soupçons se portèrent sur les groupes anticapitalistes, des anarchistes italiens aux bolcheviques. Toutefois, le mystère ne fut jamais levé : la plupart des indices furent détruits lors du nettoyage destiné à permettre la réouverture de la banque et de la Bourse dès le lendemain.

Federal Hall

MUSÉE

 5 Plan p. 30, C6

Ce chef-d'œuvre de style néogrec abrite un musée consacré au New York postcolonial. Les expositions évoquent l'investiture de George Washington, les liens d'Alexander Hamilton avec la ville ou encore les combats de John Peter Zenger, qui fut emprisonné, jugé en diffamation puis relaxé ici pour avoir révélé dans son journal la corruption du gouvernement. Un centre d'information renseigne sur les événements culturels de la ville. (www.nps.gov/feha ; 26 Wall St, entrée sur Pine St ; entrée libre ; 9h-17h lun-ven ; S J/ Z jusqu'à Broad St, 2/3, 4/5 jusqu'à Wall St)

New York Stock Exchange

ÉDIFICE REMARQUABLE

6 Plan p. 30, C6

11, Wall St, l'adresse de la Bourse la plus célèbre du monde (le NYSE), est un symbole du capitalisme américain. Environ un milliard d'actions s'échangent chaque jour derrière l'austère façade romane, désormais fermée au public pour des questions de sécurité. Vous pourrez néanmoins flâner devant le bâtiment, protégé par des barrières et surveillé par des policiers. La boutique en ligne vend des souvenirs comme le sweat-shirt siglé NYSE – pour faire comme si vous étiez entré ! (www.nyse.com ; 11 Wall St ; fermé au public ; S J/Z jusqu'à Broad St, 2/3, 4/5 jusqu'à Wall St)

Comprendre
La construction de la statue de la Liberté

Symbole de fraternité et de liberté, la "Liberté éclairant le monde" est née d'une collaboration entre les États-Unis et la France. Elle a été conçue par le sculpteur Frédéric-Auguste Bartholdi pour commémorer le centenaire de la Déclaration d'indépendance des treize colonies britanniques d'Amérique du Nord à l'égard du Royaume-Uni. L'artiste a passé près de vingt ans à réaliser son rêve : façonner ce monument et l'ériger dans la baie de New York. Son travail fut retardé par des difficultés structurelles, résolues grâce à la maîtrise de l'ingénieur des chemins de fer Gustave Eiffel, qui conçut l'ossature métallique de la statue. L'œuvre, achevée en France en 1884, fut acheminée à New York en 350 pièces emballées dans 214 caisses, puis assemblée en quatre mois et placée sur un piédestal en granit fabriqué aux États-Unis. Sa spectaculaire inauguration en octobre 1886 fut accompagnée de la première *"ticker-tape parade"* (défilé à grand renfort de lâcher de papiers dans les airs) de New York et d'une flottille de presque 300 navires. Le monument a été inscrit au patrimoine mondial par l'Unesco en 1984.

BARRY WINIKER/GETTY IMAGES ©

Museum of Jewish Heritage (p. 32)

Trinity Church

ÉGLISE

7 ⊙ Plan p. 30, B6

Lorsqu'elle fut achevée, en 1846, Trinity Church dominait le ciel de New York, avec son clocher haut de 85 m. Elle renferme un petit musée d'objets anciens. Remarquez le vitrail au-dessus de l'autel. Son cimetière abrite de grandes figures, dont le père fondateur Alexander Hamilton. Sa programmation musicale inclut les Concerts at One (à 13h le jeudi) et les prestations de sa chorale, qui interprète notamment chaque année *Le Messie* de Haendel. (www.trinitywallstreet.org ; Broadway au niveau de Wall St ; ⊙ église 7h-18h lun-ven, 8h-16h sam, 7h-16h dim, cimetière 7h-16h lun-ven, 8h-15h sam, 7h-15h dim ; Ⓢ R jusqu'à Rector St ; 2/3, 4/5 jusqu'à Wall St)

St Paul's Chapel

CHAPELLE

8 ⊙ Plan p. 30, C4

Jusqu'au 11-Septembre, cette chapelle néoclassique en grès brun était surtout connue pour avoir accueilli en 1789 le président George Washington, venu se recueillir ici après son investiture. Après les attentats de 2001, St Paul, situé à un pâté de maisons du World Trade Center, se transforma en centre de bénévolat et de soutien spirituel, comme l'illustre l'émouvante exposition *Unwavering Spirit: Hope & Healing at Ground Zero*. (www.trinitywallstreet.org ; Broadway au niveau de Fulton St ; ⊙ 10h-18h lun-ven, 10h-16h sam, 8h-16h dim ; Ⓢ A/C, J/Z, 2/3, 4/5 jusqu'à Fulton St)

Bowling Green

PARC

9 Plan p. 30, C7

Le premier – et probablement le plus petit – parc de la ville est le lieu où le colon Pierre Minuit aurait acheté Manhattan aux Indiens lenapes pour 24 $ (voir l'encadré ci-dessous). Placée, sans autorisation de la municipalité, devant la Bourse de New York en 1989, deux ans après le krach boursier, *Charging Bull*, une sculpture en bronze de 3 tonnes d'Arturo di Modica, trône désormais de façon permanente à l'extrémité nord du parc. (angle Broadway et State St ; **S** 4/5 jusqu'à Bowling Green)

Comprendre
L'acquisition de Manhattan

En 1624, la Compagnie néerlandaise des Indes occidentales envoya 110 colons ouvrir un comptoir sur le territoire actuel de New York. Ils s'installèrent à Lower Manhattan et baptisèrent leur colonie Nouvelle-Amsterdam. Leur arrivée provoqua des batailles sanglantes avec la tribu lenape (voir p. 39). La situation se dénoua en 1626, lorsque le gouverneur de la colonie, Pierre Minuit, acheta les 5 665 ha de Manhattan aux Lenapes pour 60 florins (24 $) et quelques perles de verre.

Hudson River Park

PARC

10 Plan p. 30, A2

De Battery Park à Hell's Kitchen, cet espace long de 8 km pour une superficie de 222 ha longe le sud-ouest de Manhattan. Il se prête à plusieurs activités de loisirs avec sa piste destinée aux cyclistes, aux coureurs et aux rollers qui s'étend sur tout le parc, ses jardins communautaires, les jetées reconverties en esplanades, les terrains de jeux, des minigolfs et, en été, un cinéma et des concerts en plein air. Plan détaillé sur le site Internet. (www.hudsonriverpark. org ; rive gauche de Manhattan, de Battery Park jusqu'à 59th St ; **S** 1 jusqu'à Franklin St, 1 jusqu'à Canal St)

New York City Police Museum

MUSÉE

11 Plan p. 30, C6

En attendant sa réouverture en 2015 (consultez le site Internet pour la date exacte) au 100 Old Slip, où le bâtiment a été endommagé par l'ouragan Sandy, cet hommage à la police de la ville restera à Wall St. La collection, consacrée à la lutte contre la criminalité hier et aujourd'hui, réunit notamment des clichés et des armes de célèbres truands new-yorkais, des vieux uniformes du NYPD (police de New York) et des images rares sur le 11 septembre 2001. (www.nycpolicemuseum.org ; 45 Wall St, au niveau de William St ; 5 $; ⏱10h-17h lun-sam, 12h-17h dim ; ♿ ; **S** J/Z jusqu'à Broad St ; 2/3, 4/5 jusqu'à Wall St)

Hudson River Park

Museum of American Finance

MUSÉE

12 ⊙ Plan p. 30, C6

Les expositions sont axées sur les grands moments de l'histoire financière américaine. La collection permanente comporte des documents rares du XVIIIᵉ siècle, des certificats d'actions et d'obligations datant de l'âge d'or, la plus ancienne photo connue de Wall St et un téléscripteur boursier de 1875. Ancien siège de la Bank of New York, l'édifice est remarquable, avec ses 9 m de hauteur sous plafond, ses lustres en cristal et ses peintures murales retraçant des faits marquants de l'histoire bancaire. (www.moaf.org ; 48 Wall St entre Pearl St et William St ; adulte/enfant 8 $/gratuit ; ⊙10h-16h mar-sam ; [S]2/3, 4/5 jusqu'à Wall St)

Skyscraper Museum

MUSÉE

13 ⊙ Plan p. 30, B7

Les architectes et les amateurs de verticalité adoreront cette excellente institution, qui étudie le gratte-ciel du point de vue du design, de l'ingénierie et de l'aménagement urbain. Le musée programme des expositions temporaires – sur la nouvelle génération de tours d'habitations ultra fines par exemple –, mais il possède aussi une collection permanente qui illustre notamment la conception et la construction de l'Empire State Building et du World Trade Center.

(www.skyscraper.org ; 39 Battery Pl ; 5 $; ⊙12h-18h mer-dim ; **S**4/5 jusqu'à Bowling Green)

Irish Hunger Memorial   MÉMORIAL

14 ⊙ Plan p. 30, A4

Cette œuvre de Brian Tolle, labyrinthe compact de murets de calcaire et de parcelles de végétation, commémore la Grande Famine qui a frappé l'Irlande de 1845 à 1852, incitant des centaines de milliers d'Irlandais à partir tenter leur chance dans le Nouveau Monde. Réalisée avec des pierres des 32 comtés d'Irlande, elle représente des cottages abandonnés, des murs de pierre et des champs de pommes de terre. (290 Vesey St, au niveau de North End Ave ; gratuit ; **S**2/3 jusqu'à Park Place)

South Street Seaport   QUARTIER

15 ⊙ Plan p. 30, E5

Cette enclave de 11 *blocks* (pâtés de maisons), de rues pavées, d'entrepôts maritimes et de boutiques offre le meilleur et le pire en terme de rénovation. Négligée par les New-Yorkais, elle attire les touristes par son air marin, ses spectacles de rues et ses restaurants. (www.southstreetseaport.com ; **S**A/C, J/Z, 2/3, 4/5 jusqu'à Fulton St)

Woolworth Building   ÉDIFICE REMARQUABLE

16 ⊙ Plan p. 30, C4

Ce bijou néogothique de 241 m signé Cass Gilbert, partiellement recouvert de terre cuite, était le plus haut gratte-ciel du monde lors de son achèvement en 1913. Son hall, dont les mosaïques évoquent les splendeurs byzantines, est accessible dans le cadre d'une visite guidée (sur réservation) qui offre des surprises, comme la découverte d'une entrée de métro (désaffectée) et d'une piscine secrète. (http://woolworthtours.com ; 233 Broadway, au niveau de Park Pl ; visite 30/90 min 15/45 $; **S**R jusqu'à City Hall, 4/5/6 jusqu'à Brooklyn Bridge-City Hall)

African Burial Ground   MÉMORIAL

17 ⊙ Plan p. 30, C3

En 1991, des ouvriers découvrirent ici plus de 400 cercueils, entre 4 et 8 m sous le niveau du sol. Ils contenaient les ossements d'esclaves (le cimetière voisin de Trinity Church était interdit aux Africains). Aujourd'hui, le site compte un centre d'accueil des visiteurs et un mémorial en hommage aux 15 000 Africains qui auraient été enterrés ici, du XVIIᵉ au XVIIIᵉ siècle. (www.nps.gov/afbg ; 290 Broadway, entre Duane St et Elk St ; gratuit ; ⊙mémorial 9h-17h tlj, centre d'accueil 10h-16h mar-sam ; **S**4/5 jusqu'à Wall St)

Se restaurer

Locanda Verde   ITALIEN $$$

18 ✕ Plan p. 30, A2

Derrière les rideaux de velours rouge se cache un lieu chic où chemises élégantes et robes noires sont de rigueur. Affairés derrière le long comptoir animé, les barmen sont

Comprendre
Longtemps avant New York

Bien avant l'époque de la conquête européenne, le futur territoire de New York appartenait aux Amérindiens lenapes ("peuple d'origine"), qui résidaient dans des camps saisonniers le long de la côte est, sur les collines et dans les vallées après que la période glaciaire eut formé les moraines aujourd'hui devenues Hamilton Heights et Bay Ridge. Les glaciers ont enlevé la roche tendre, laissant derrière eux les fondations de gneiss et de schiste de Manhattan. Environ 11 000 ans avant que les premiers Européens franchissent le détroit des Narrows, les Lenapes chassaient, pêchaient et vivaient de cueillette. Des pointes de lances et de flèches comme les ossements et les tas de coquillages retrouvés témoignent de leur présence. Les traces de certains de leurs sentiers demeurent même sous certaines rues comme Broadway. En munsee (leur langue), Manhattan pourrait signifier "île aux nombreuses collines" ou, selon une autre interprétation plus haute en couleur, "lieu d'ivresse générale".

eux aussi impeccables. Ce vaste établissement tendance, au sein du Greenwich Hotel, est le royaume du chef Andrew Carmellini, dont la cuisine italienne contemporaine est aussi variée que succulente. (📞212-925-3797 ; www.locandaverdenyc. com ; 377 Greenwich St, au niveau de Moore St ; plats déj 19-29 $, dîner 28-34 $; 🕙7h-23h lun-ven, 8h-23h sam-dim ; Ⓢ A/C/E jusqu'à Canal St, 1 jusqu'à Franklin St)

North End Grill
AMÉRICAIN $$

19 Plan p. 30, A4

Un *grill* élégant, chic et sympathique, du célèbre Danny Meyer. La cuisine actuelle et l'excellence des produits (certains proviennent du jardin sur le toit de l'établissement) séduisent une clientèle aisée et quelques passants moins argentés. Les plats sont rehaussés d'une saveur fumée car ils sont cuits dans le four au charbon ou sur le gril au feu de bois. Mention spéciale à la pizza au piment et au savoureux poulet rôti pour deux. (📞646-747-1600 ; www.northendgrillnyc. com ; 104 North End Ave, au niveau de Murray St ; déj 3 plats 39 $, dîner plats 17-34 $; 🕙11h30-14h et 17h30-22h lun-jeu, jusqu'à 22h30 ven, 11h-14h et 17h30-22h30 sam, 11h-14h30 et 17h30-21h dim ; Ⓢ1/2/3, A/C jusqu'à Chambers St, E jusqu'à World Trade Center)

Les Halles
FRANÇAIS $$

20 Plan p. 30, C5

Le chef Anthony Bourdain règne sur cette grande brasserie, d'allure très parisienne, qui ne désemplit pas. Dans un cadre élégant de luminaires boules, de lambris sombres et de linge blanc, une clientèle bourgeoise se régale d'une côte de bœuf ou d'un steak au poivre. (☎212-285-8585 ; www.leshalles. net ; 15 John St entre Broadway et Nassau St ; plats 14,50-32 $; ⏱7h-minuit ; 📶 ; Ⓢ A/C, J/ Z, 2/3, 4/5 jusqu'à Fulton St)

Shake Shack
BURGERS $

21 Plan p. 30, A4

La fameuse chaîne de Danny Meyer : des burgers moelleux (avec de la viande fraîchement hachée), des hot dogs à la mode de Chicago (dans des petits pains aux pommes de terre parsemés de graines de pavot) et des *cheesy fries* (frites au fromage fondu) à se damner ! Gardez de la place pour la *custard* glacée et buvez local avec une Sixpoint brassée à Brooklyn. (www.shakeshack. com ; 215 Murray St, entre West St et North End Ave ; burgers à partir de 3,60 $; ⏱11h-23h ; Ⓢ A/C, 1/2/3 jusqu'à Chambers St)

Tiny's & the Bar Upstairs
AMÉRICAIN $$$

22 Plan p. 30, B3

Ce restaurant douillet, où il est indispensable de réserver, est agrémenté d'un feu de cheminée dans la salle du fond et d'un bar intime à l'étage. Les plats, subtils et délicieux, sont servis dans de la porcelaine rétro – burrata et sa purée de dattes, avec glaçage miel-citron et pistaches, ou noix de saint-jacques grillées au raisin, dans une sauce noix de coco-piment thaïlandais-gingembre... (☎212-374-1135 ; 135 W Broadway entre Duane St et Thomas St ; plats 22-36 $; ⏱11h30-23h

lun-jeu, 11h30-minuit ven, 10h30-minuit sam, 10h30-23h dim ; Ⓢ A/C, 1/2/3 jusqu'à Chambers St)

Prendre un verre

Kaffe 1668
CAFÉ

23 Plan p. 30, B3

Un lieu pour les aficionados du café, où l'on s'assoit à la table commune, fréquentée par des employés de bureau en costume et des créatifs équipés de leur ordinateur portable, ou au rez-de-chaussée. Pour avoir les cheveux qui se dressent sur la tête, demandez un triple *ristretto* ! (www.kaffe1668.com ; 275 Greenwich St entre Warren St et Murray St ; ⏱6h30-22hlun-ven, 7h-21hsam-dim ; 📶 ; Ⓢ A/C, 1/2/3 jusqu'à Chambers St)

Dead Rabbit
BAR À COCKTAILS

24 Plan p. 30, C7

Ce nouveau venu sur la scène des bars à cocktails n'a pas perdu de temps pour récolter des prix – meilleur nouveau bar à cocktails du monde, meilleure carte de cocktails et barman de l'année au Tales of the Cocktail Festival en 2013. Le jour, on savoure des bières spéciales, des punchs à l'ancienne et des *pop-inns* (bières aromatisées et légèrement houblonnées – différents parfums). Le soir, on rejoint le salon cosy pour choisir parmi les 72 cocktails savamment élaborés ou l'impressionnante carte des whiskies. (www.deadrabbitnyc.com ; 30 Water St ; ⏱11h-4h ; Ⓢ R jusqu'à Whitehall St, 1 jusqu'à South Ferry)

Shake Shack

Weather Up

BAR À COCKTAILS

25 Plan p. 30, B3

La déco avec ses carreaux de faïence, le service charmant et les cocktails séduisants font la magie du Weather Up. Tentez le Whizz Bang (scotch, vermouth sec, grenadine maison, *orange bitter* et absinthe) ou faites-vous plaisir avec des en-cas raffinés, comme les huîtres et leur granité gin-martini. (www.weatherupnyc.com ; 159 Duane St, entre Hudson St et W Broadway ; ⏲17h-2h ; ⑤1/2/3 jusqu'à Chambers St)

Macao

BAR À COCKTAILS

26 Plan p. 30, B1

Oubliez le bar/restaurant/tripot années 1940 (même si nous l'adorons !) pour rejoindre au rez-de-chaussée le "repaire d'opiomanes" (⏲jeudi-samedi). La fusion sino-portugaise (tant dans les assiettes que dans les verres) en fait des endroits de choix pour prendre un verre ou grignoter en fin de soirée. (☎212-431-8750 ; www.macaonyc.com ; 311 Church St entre Lispenard St et Walker St ; ⏲bar 16h-5h ; ⑤A/C/E jusqu'à Canal St)

Brandy Library

BAR

27 Plan p. 30, B1

Si vous prenez la dégustation d'alcool au sérieux, installez-vous dans cette "bibliothèque" hyper luxueuse, où de beaux fauteuils club font face à des étagères garnies de bouteilles du sol au plafond. Optez pour le cognac, un

LOÏC LAGARDE/GETTY IMAGES ©

malt scotch ou un vieux brandy (9-235 $), à accompagner par exemple de gougères (la spécialité de la maison). Réservation conseillée. (www.brandylibrary.com ; 25 N Moore St au niveau de Varick St ; ⏱17h-1h dim-mer, 16h-2h jeu, 16h-4h ven-sam ; Ⓢ1 jusqu'à Franklin St)

Smith & Mills

BAR À COCKTAILS

28 Plan p. 30, A2

Ce petit établissement a toutes les qualités : une façade discrète, un décor industriel et des cocktails préparés de main de maître. L'espace étant limité, mieux vaut arriver de bonne heure pour profiter des banquettes confortables. Une carte de saison propose des en-cas légers

---

☑ Bon plan

TKTS à Lower Manhattan

Achetez vos billets pour Broadway à prix réduit au **kiosque TKTS de South Street Seaport** (plan p. 30, D5 ; www.tdf.org/tkts ; angle Front St et John St ; ⏱11h-18h lun-sam, 11h-16h dim ; Ⓢ A/C jusqu'à Broadway-Nassau ; 2/3, 4/5, J/Z jusqu'à Fulton St) plutôt qu'à celui de Times Sq. Il y a moins de monde et on peut acheter des places pour le spectacle en matinée du lendemain (chose impossible à Times Sq). Les utilisateurs de Smartphones peuvent télécharger gratuitement l'application TKTS, qui indique les disponibilités en temps réel.

---

et des options plus consistantes, en particulier de bons burgers. (www. smithandmills.com ; 71 N Moore St entre Hudson St et Greenwich St ; ⏱11h-2h lun-mer, 11h-3h jeu-sam, 11h-1h dim ; Ⓢ1 jusqu'à Franklin St)

Ward III

BAR À COCKTAILS

29 Plan p. 30, B3

Sombre et bruyant, le Ward III associe décontraction à l'ancienne, boissons chics et cadre vintage (vieilles machines à coudre Singer derrière le bar). Plongez dans le passé en sirotant un "Moroccan martini" ou contentez d'abord votre estomac avec les excellents plats de pub (servis chaque jour jusqu'à la fermeture). (www.ward3tribeca.com ; 111 Reade St entre Church St et W Broadway ; ⏱16h-4h lun-ven, 17h-4h sam-dim ; Ⓢ A/C, 1/2/3 jusqu'à Chambers St)

Keg No 229

BAR À BIÈRES

30 Plan p. 30, E5

Véritable "Who's who" de la bière américaine, l'établissement propose une multitude de variétés (pression, bouteilles et canettes), de la "Mother's Milk (lait maternel) Stout" à l'"Abita Purple Haze" (brume pourpre). Les œnophiles rejoindront plutôt son jumeau, le **Bin No 220**, situé de l'autre côté de la rue, au n°220. (www.kegno229. com ; 229 Front St entre Beekman St et Peck Slip ; ⏱midi-minuit dim-mer, midi-2h jeu-sam ; Ⓢ A/C, J/Z, 1/2, 4/5 jusqu'à Fulton St)

La Colombe CAFÉ

31 🚇 Plan p. 30, B1

Certes, on ne sert ici que du café et des pâtisseries, mais l'excellence est omniprésente. L'espresso est noir et intense, servi par un personnel élégant sous les yeux d'une clientèle branchée. Ne partez pas sans emporter une bouteille de "Pure Black Coffee", café macéré dans des cuves à vin en acier inoxydable pendant 16 heures. (www.lacolombe.com ; 319 Church St au niveau de Lispenard St ; ⏰7h30-18h30 lun-ven, à partir de 8h30 sam-dim ; 🚇 A/C/E jusqu'à Canal St)

Sortir

Tribeca Cinemas CINÉMA

32 ⭐ Plan p. 30, B1

C'est ici que se déroule le **Tribeca Film Festival**, fondé en 2003 par Robert De Niro et Jane Rosenthal, et organisé fin avril/début mai. Le reste de l'année, cet espace accueille des projections et des manifestations pédagogiques, notamment dans le cadre de festivals thématiques. Plus de détails sur le site Internet. (www.tribecacinemas.com ; 54 Varick St au niveau de Laight St ; 🚇 A/C/E, N/Q/R, J/ Z, 6 jusqu'à Canal St)

Shopping

Century 21 MODE

33 🔒 Plan p. 30, B5

Attention : ce grand magasin est hautement addictif (jusqu'à moins

🔍 100% new-yorkais
Le Flea Theater
Parmi les meilleures compagnies off-Broadway, le **Flea Theater** (plan p. 30, B2 ; www.theflea.org ; 41 White St entre Church St et Broadway ; 🚇 1 jusqu'à Franklin St, A/C/E, N/Q/R, J/Z, 6 jusqu'à Canal St) est connu pour ses pièces novatrices, présentées dans ses deux salles de spectacles. Quelques célébrités comme Sigourney Weaver et John Lithgow en ont fréquenté les planches, et sa programmation inclut également des spectacles de musique et de danse.

70% sur les vêtements de créateur). Tous les articles ne sont pas sublimes ou bon marché mais la patience finit par payer. Accessoires, chaussures, cosmétiques, articles pour la maison et jouets. (www.c21stores.com ; 22 Cortlandt St entre Church St et Broadway ; ⏰7h45-21h lun-mer, 7h45-21h30 jeu-ven, 10h-21h sam, 11h-20h dim ; 🚇 A/C, J/Z, 2/3, 4/5 jusqu'à Fulton St, N/R jusqu'à Cortlandt St)

Shinola ACCESSOIRES

34 🔒 Plan p. 30, A2

Cette marque de Detroit, bien connue pour ses montres, propose ici une formidable sélection d'articles *made in USA* – housses pour iPad et couvertures en cuir, vélos en édition limitée (avec sacs customisés), bijoux réalisés avec du métal provenant d'immeubles écroulés à Detroit...

LEW ZIMMERMAN/GETTY IMAGES ©

Ferry de Staten Island (p. 32)

Bar à expressos sur place. (www.shinola.com ; 177 Franklin St, entre Greenwich St et Hudson St ; ☺11h-19h lun-sam, 12h-18h dim ; **S**1 jusqu'à Franklin St)

Philip Williams Posters

AFFICHES RÉTRO

35 🔒 Plan p. 30, B3

Vous trouverez plus d'un demi-million d'affiches dans cette caverne d'Ali Baba, des publicités pour des parfums et du cognac français ou pour des compagnies aériennes américaines aux affiches de films soviétiques. Les prix s'échelonnent entre 15 et plusieurs milliers de dollars, et la plupart des articles sont d'origine. Seconde entrée au 52 Warren St. (www.postermuseum.com ; 122 Chambers St entre Church St et W Broadway ; ☺11h-19h lun-sam ; **S**A/C, 1/2/3 jusqu'à Chambers St)

Steven Alan

MODE

36 🔒 Plan p. 30, B2

Rendez-vous dans cette boutique du créateur new-yorkais Steven Alan pour ses vêtements (homme et femme) classico-branchés et des modèles au chic bohème de griffes comme Scandinavia's Hope, Our Legacy et Won Hundred. Côté accessoires : des parfums rares, des sacs, des bijoux et des chaussures pour connaisseurs

– Common Projects, No. 6... (www.
stevenalan.com ; 103 Franklin St entre Church St
et W Broadway ; ⏱11h30-19h lun-mer, ven-sam,
11h30-20h jeu, midi-18h dim ; ⑤A/C/E jusqu'à
Canal St, 1 jusqu'à Franklin St)

Pasanella & Son
VINS

37 🔒 Plan p. 30, E5

Les œnophiles adoreront ce caviste
éclairé, fort de 400 vins aussi inspirés
qu'abordables, qui privilégie les petits
producteurs – nombreux crus bio ou
biodynamiques. L'endroit propose
aussi un grand choix de whiskies
américains, des dégustations gratuites
le dimanche et thématiques de vins et
de fromages tout au long de l'année.
(www.pasanellaandson.com ; 115 South St
entre Peck Slip et Beekman St ; ⏱10h-21h
lun-sam, 12h-19h dim ; ⑤A/C, J/Z, 2/3, 4/5
jusqu'à Fulton St)

Mysterious Bookshop
LIBRAIRIE

38 🔒 Plan p. 30, B3

Avec plus de criminels au mètre
carré que n'importe quel autre coin
de la ville, cette librairie spécialisée
dans la littérature policière propose
aussi bien des romans d'espionnage
classiques et des thrillers que des
polars nordiques contemporains
et des textes de critique littéraire.
Livres neufs et d'occasion, magazines
confidentiels et livres illustrés
pour les détectives en herbe ;
quelques premières éditions rares et
exemplaires signés. Programme des
manifestations sur le site Web. (www.
mysteriousbookshop.com ; 58 Warren St,
au niveau de W Broadway ; ⏱11h-19h lun-
sam ; ⑤1/2/3, A/C jusqu'à Chambers St)

Citystore
SOUVENIRS

39 🔒 Plan p. 30, C3

Toutes sortes de souvenirs de
New York : authentiques plaques
de taxi, sous-bocks en forme de
bouche d'égouts, affiches du pont
de Brooklyn, casquettes de base-
ball NYPD et panneaux de rue ("No
Parking", "Don't Feed the Pigeons"...).
Excellente sélection de livres. (www.
nyc.gov/citystore ; Municipal Bldg, North
Plaza, 1 Centre St ; ⏱10h-17h lun-ven ;
⑤J/Z jusqu'à Chambers St, 4/5/6 jusqu'à
Brooklyn Bridge-City Hall)

Best Made
Company
ACCESSOIRES, MODE

40 🔒 Plan p. 30, B1

Donnez à vos vacances en camping
un petit air de Manhattan grâce à
cette boutique/atelier de créateur.
Vous y trouverez toutes sortes
d'articles faits main et branchés (sacs
à dos, lunettes de soleil, cibles de
fléchettes, kits de premier secours...),
ainsi qu'une petite ligne de vêtements
masculins (T-shirts, sweat-shirts
et pulls en flanelle de créateur) ou
des modèles en maille des Dehen
Knitting Mills de Portland. (www.
bestmadeco.com ; 36 White St, au niveau
de Church St ; ⏱12h-19h lun-sam, 12h-18h
dim ; ⑤A/C/E jusqu'à Canal St, 1 jusqu'à
Franklin St)

Explorer

Soho et Chinatown

Tels les empiècements d'un patchwork coloré, les sous-quartiers
autour de Soho (SOuth of HOuston) forment un chapelet de pays
en miniature. Les Italo-Américains donnent de faux airs de Naples à
Little Italy (qui ne cesse de rétrécir), les amateurs de mode arpentent
Nolita (NOrth of LIttle ITAly, en plein essor) et tous les habitants, ou
presque, se régalent de raviolis chinois dans l'hyperactive Chinatown.

L'essentiel en un jour

☼ Commencez par le quartier animé et coloré de Chinatown. Agenouillez-vous devant le gigantesque bouddha doré du **temple Mahayana** (p. 54), exercez-vous au mah-jong dans le **Columbus Park** (p. 54) et découvrez l'histoire des Chinois d'Amérique au **Museum of Chinese in America** (p. 52). Changez de continent dans Mulberry St, au cœur de Little Italy, et rejoignez la paisible **ancienne cathédrale Saint-Patrick** (p. 53).

☼ À Soho, rien ne vaut un déjeuner chez **Dutch** (p. 55) ou un brunch chez **Balthazar** (p. 55), suivi d'une virée dans les boutiques. Faites chauffer votre carte bleue dans les grandes enseignes de Broadway, avant d'explorer les trésors cachés comme **Kiosk** (p. 61), **3x1** (p. 49) et **Rag & Bone** (p. 60) dans les petites rues. Sinon, remontez le temps au **Merchant's House Museum** (p. 52) – la demeure de style fédéral la mieux préservée de New York.

☾ Le soir, faites une folie au restaurant **Saxon + Parole** (p. 55) ou au **Public** (p. 55). Tous deux ont des bars formidables, mais terminez quand même par un cocktail en fin de soirée au **Pegu Club** (p. 59), d'inspiration birmane, où officie Kenta Goto, meilleur barman américain de l'année 2011.

Pour une journée 100% new-yorkaise à Soho, voir p. 48.

100% new-yorkais

Shopping à Soho (p. 48)

♥ Le meilleur du quartier

Shopping

Rag & Bone (p. 60)

MoMA Design Store (p. 60)

MiN New York (p. 49)

Musées

Merchant's House Museum (p. 52)

New York City Fire Museum (p. 53)

Se restaurer

Dutch (p. 55)

Saxon + Parole (p. 55)

Comment y aller

S Métro Les lignes J/Z, N/Q/R et 6 desservent divers points de Canal St. Une fois sur place, mieux vaut se déplacer à pied. Les stations Brooklyn Bridge-City Hall (4/5/6) et Chambers St (J/Z) sont pratiques pour rallier le sud (avec un peu de marche).

🚖 Taxi Évitez les taxis – notamment à Chinatown – car la circulation est saturée.

100% new-yorkais
Shopping à Soho

Les amateurs de shopping du monde entier rêvent de Soho, de ses nombreux *flagship stores* (magasin amiral) où se pavanent les fashionistas, attirées par les marques en vue. Mais le quartier dévoile aussi une autre facette, incarnée par de talentueux artisans et des entreprises indépendantes, à l'origine de boutiques du quartier, uniques et inspirantes. Alors, cap sur le meilleur du *made in Soho* !

....

❶ **Nicaraguan Joe**
Commencez par un café d'origine au **Café Integral** (www.cafeintegral.com ; 135 Grand St, entre Crosby St et Lafayette St ; ⊘8h-18h lun-ven, 10h-18h sam, 12h-17h dim ; Ⓢ N/Q/R, J, 6 jusqu'à Canal St), un minuscule bar à expressos dans la boutique/ galerie branchée American Two Shot. Le patron, César Martin Vega, âgé d'une vingtaine d'années, est fou des nectars nicaraguayens !

❷ Le jean parfait
Chez **3x1** (www.3x1.us ; 15 Mercer St, entre Howard St et Grand St ; ⏱11h-19h lun-sam, 12h-18h dim ; Ⓢ N/Q/R, J, 6 jusqu'à Canal St), vous pouvez créer votre propre jean, en choisissant les boutons et les ourlets pour les modèles prêts-à-porter (femme à partir de 195 $, homme à partir de 285 $), les tissus et les ornements pour les coupes existantes (525-750 $), ou en concevant votre modèle du début à la fin (1 200 $) !

❸ La touche du créateur
Le savoir-faire local est aussi incarné par **Alejandro Ingelmo** (www.alejandroingelmo.com ; 51 Wooster St, entre Broome St et Grand St ; ⏱11h-19h lun-ven, 12h-19h sam-dim ; Ⓢ 1, A/C/E jusqu'à Canal St), star montante de la chaussure, dont la créativité transparaît aussi bien dans les baskets montantes brillantes que dans les talons aiguilles inspirés des papillons. *Sneakers* à 600 $ environ.

❹ La culture au bord de la rue
La décoration du trottoir à l'angle nord-ouest de Prince St et de Broadway est l'œuvre de Ken Hiratsuka, artiste d'origine japonaise qui a sculpté près de quarante trottoirs à New York. Ici, il lui a fallu près de deux ans (1983-1984), la police étant souvent venue le déranger au cours de son travail nocturne...

❺ Pause gourmande
Les New-Yorkais adorent les épiceries fines, dont **Dean & DeLuca** (☎212-226-6800 ; www.deananddeluca.com ; 560 Broadway, au niveau de Prince St ; ⏱7h-20h lun-ven, 8h-20h sam-dim ; Ⓢ N/R jusqu'à Prince St, 6 jusqu'à Spring St) est l'un des fleurons. Un petit creux ? Essayez le croissant aux amandes !

❻ Fragrance Flight
Pénétrez dans cette drôle de boutique d'apothicaire qu'est **MiN New York** (www.minnewyork.com ; 117 Crosby St, entre Jersey St et Prince St ; ⏱11h-19h lun-sam, 12h-18h dim ; Ⓢ B/D/F/M jusqu'à Broadway-Lafayette St, N/R jusqu'à Prince St) et demandez une exploration gratuite (*fragrance flight*, "vol des fragrances") de la collection de parfums et de produits de toilette rares et luxueux. Découvrez les parfums de la maison comme Brooklyn's MCMC et Detroit's Kerosene, ainsi que la ligne pour les cheveux.

❼ Halte culturelle
Finissez par **McNally Jackson** (☎212-274-1160 ; www.mcnallyjackson.com ; 52 Prince St, entre Lafayette St et Mulberry St ; ⏱10h-22h lun-sam, 10h-21h dim ; Ⓢ N/R jusqu'à Prince St ; 6 jusqu'à Spring St), une librairie indépendante et dynamique, offrant une excellente sélection de magazines et de livres (fiction contemporaine, cuisine, architecture, design, art et histoire). Prenez un livre sur le style new-yorkais et installez-vous dans le café ! Fréquentes lectures et séances de dédicace.

EAST VILLAGE

Forsyth St

Sara D Roosevelt Park

Chrystie St

200 m
0,1 mile

E 4th St

E 3rd St

E 2nd St

E 1st St

Second Ave

Stanton St

Rivington St

Lower East Side-
2nd Ave Ⓢ

NOHO

Ⓞ**1**

Fourth Ave

Merchant's House Museum

Great Jones St

Bond St

Bleecker St

Bowery

22 Ⓞ Ⓧ **13**

E Houston St

15 Ⓧ Elizabeth St

18 Ⓧ

Mott St

Ⓧ **14**

34 🅷

NOLITA

Ⓗ **37**

Spring St

Lafayette St Ⓢ

Mulberry St

Jersey St

St Patrick's Ⓞ **5**
Old Cathedral

Prince St

Ⓧ **16**

24 🅷

25 🅷

Ⓢ

Spring St Ⓢ

26 🅷

12 Ⓧ

Crosby St

32 🅷

Broadway-
Lafayette St Ⓢ

Broadway

New York University

Mercer St

W 4th St

W 3rd St

Bleecker St

W Houston St

Prince St Ⓢ

29 🅷

27 🅷

38 🅷

SOHO

Spring St

33 🅷

LaGuardia Pl

New York Earth Room Ⓞ **8**

🅷 **30**

Ⓞ **21**

W Broadway

Thompson St

Sullivan St

Ⓧ **11**

Ⓞ **4**

GREENWICH VILLAGE

Washington Sq Park

Nos adresses

Ⓞ Voir	p. 52
Ⓧ Se restaurer	p. 55
Ⓞ Prendre un verre	p. 59
🅷 Shopping	p. 60

Bowery

Grand St

Bowery

Grand St

Kenmare St

Broome St

Cleveland Pl

Ancien siège de la police

Center Market Pl

19 ✕

LITTLE ITALY

Elizabeth St

Hester St

Mulberry St

23 🏛

Baxter St

Temple 9 ◉
Mahayana

Entrée
du pont
de Manhattan

Canal St

Mott St

Canal
Street
2 ◉

Confuci

✕20

Pell St ✕

Doye
St

Moscc

Bayard St

Columbus
Park
6 ◉

CHINATOWN

Hogan Pl

Centre St

Centre St

Museum of 3 ◉
Chinese in
America

28 🏛

Howard St

31 🏛

Canal St

Lafayette St

Cortlandt Al

35 🏛

36 🏛

Broome St

Mercer St

Grand St

Leslie-Lohman
Museum of Gay
& Lesbian Art

7 ◉

Greene S

Wooster S

Canal St

Broadway

Lispenard St

Walker St

White St

Franklin St

Leonard St

Church St

Church St

Canal St

Watts St

ght St

St Johns La

Sixth Ave (Ave of the Americas)

Beach St

Hudson
Sq

Varick St

Franklin St ⓢ

W Broadway

TRIBECA

Voir

Merchant's House Museum

MUSÉE

 1 Plan p. 50, D1

Entrez dans cette splendide demeure parfaitement conservée et vous serez comme transporté il y a 150 ans par une machine à remonter le temps. Chaque détail, de la façade aux parquets cirés, en passant par les cloches pour appeler les serviteurs, est exactement comme par le passé. Cette splendide maison en brique rouge était la résidence de la famille du riche marchand Seabury Tredwell. Elle reste à ce jour la plus authentique des demeures de style fédéral (au nombre de 300 environ dans la ville) que compte New York. (📞212-777-1089 ; www.merchantshouse.org ; 29 E 4th St entre Lafayette St et Bowery ; adulte/enfant 10 $/gratuit ; 🕑midi-17h jeu-lun, visites guidées 14h ; Ⓢ6 jusqu'à Bleecker St)

Canal Street

RUE

 2 Plan p. 50, D7

Parcourir Canal St est un peu comme jouer à un jeu d'arcade dans les rues de Shanghai. Échappez à la marée humaine de la principale artère de Chinatown en filant dans les ruelles découvrir des trésors d'Extrême-Orient. Vous passerez devant de mystérieuses herboristeries vendant toutes sortes de racines et de potions, des restaurants où canards et cochons de lait laqués sont accrochés en vitrine, et des vendeurs ambulants proposant lunettes de soleil Gucci et sacs Prada de contrefaçon. (⒮J/Z, N/Q/R, 6 jusqu'à Canal St)

Museum of Chinese in America

MUSÉE

 3 Plan p. 50, C6

Installé dans un espace de plus de 1 110 m² conçu par l'architecte Maya Lin – à qui l'on doit aussi le fameux Vietnam Memorial de Washington –, ce musée comportant plusieurs galeries, une librairie et un salon de détente est un centre national d'information sur la vie

100% new-yorkais
Les fantômes de Merchant's House

Les esprits du Merchant's House Museum sont peut-être aussi célèbres que ses objets d'époque. D'après la légende, d'anciens habitants hanteraient cette vieille demeure, apparaissant tard le soir et parfois lors de manifestations publiques. Au cours d'un concert de la Saint-Valentin il y a plusieurs années, de nombreux participants ont aperçu l'ombre d'une femme assise dans les fauteuils du petit salon. Il s'agirait du fantôme de Gertrude Tredwell, dernière occupante de la maison. Tous les ans, les deux dernières semaines d'octobre, le musée propose des visites "spectrales" la nuit venue.

Temple Mahayana (p. 54)

des Américains d'origine chinoise.
Il présente leur culture à travers de
multiples bornes interactives, cartes,
tableaux chronologiques, photos,
lettres, films et objets. (☎212-619-4785 ;
www.mocanyc.org ; 211-215 Centre St,
entre Grand St et Howard St ; adulte/enfant
10 \$/gratuit, jeu gratuit ; ◷11h-18h mar-mer
et ven-dim, 11h-21h jeu ; Ⓢ N/Q/R, J/Z,
6 jusqu'à Canal St)

New York City Fire Museum
MUSÉE

4 ◉ Plan p. 50, A4

Dans une caserne datant de 1904, cet
hommage aux combattants du feu
recèle une belle collection historique
– voitures à cheval rutilantes, vieux
casques, etc. Le musée retrace

également l'histoire de la lutte contre
les incendies à New York, qui débuta
avec les "brigades des seaux". Le
New York Fire Department (FDNY)
a perdu la moitié de ses effectifs
dans l'effondrement du World Trade
Center ; les mémoriaux et expositions
sont devenus une partie permanente
de la collection. (☎212-219-1222 ; www.
nycfiremuseum.org ; 278 Spring St entre
Varick St et Hudson St ; adulte/enfant 8/5 \$;
◷10h-17h ; ♿ ; Ⓢ C/E jusqu'à Spring St)

St-Patrick's Old Cathedral
ÉGLISE

5 ◉ Plan p. 50, D3

La cathédrale Saint-Patrick est
désormais installée à Midtown,
sur 5th Ave, mais sa première

congrégation était logée ici à la frontière nord-est de Little Italy, dans cette église néogothique conçue par Joseph-François Mangin entre 1809 et 1815. À sa grande époque, elle était le siège de l'archidiocèse de New York et abritait un important centre d'accueil pour les immigrés, principalement irlandais. Son ancien cimetière à l'arrière est un havre de paix au milieu de l'agitation urbaine. (www.oldsaintpatricks.com ; 263 Mulberry St ; entrée dans Mott St ; 🕙8h-18h ; **S**N/R jusqu'à Prince St)

Columbus Park PARC

 6 Plan p. 50, D8

On se croirait à Shanghai, à voir les joueurs de mah-jong, les adeptes du tai-chi et les vieilles dames devisant de l'art de préparer les raviolis. Cette oasis végétale est pourtant au cœur de l'histoire new-yorkaise. Au XIXᵉ siècle, elle faisait partie du tristement célèbre quartier des Five Points, qui a inspiré à Martin Scorsese son film *Gangs of New York*. (Mulberry St et Bayard St ; **S**J/Z, N/Q/R, 6 jusqu'à Canal St)

Leslie-Lohman Museum of Gay & Lesbian Art MUSÉE

 7 Plan p. 50, B6

Le premier musée LGBT du monde présente chaque année 6 à 8 expositions consacrées à des artistes américains ou étrangers. Il a ainsi accueilli des rétrospectives d'artistes et des programmes prenant par exemple pour thème l'art et le sexe sur le front de mer new-yorkais. La plupart des œuvres présentées proviennent du fonds de l'institution (qui en compte 50 000). Également : lectures, projections et spectacles *queer*. (📞212-431-2609 ; www.leslielohman. org ; 26 Wooster St, entre Grand St et Canal St ; gratuit ; 🕙12h-18h mar-sam ; **S**A/C/E jusqu'à Canal St)

New York Earth Room GALERIE

 8 Plan p. 50, B3

Depuis 1980, cette œuvre de l'artiste Walter De Maria séduit les curieux avec quelque chose qu'on trouve difficilement en ville : de la terre ! 191 m³, soit 127 tonnes de terre pour être précis. Circuler dans ce petit espace est une expérience grisante, l'odeur donnant l'impression d'entrer dans une forêt humide. La vue d'une terre aussi belle et pure au milieu de la frénésie urbaine est étonnamment émouvante. (www.earthroom.org ; 141 Wooster St, entre Prince St et W Houston St ; entrée libre ; 🕙12h-18h mer-dim, fermé 15h-15h30 ; mi-juin–mi-sept ; **S**N/R jusqu'à Prince St)

Temple Mahayana ÉDIFICE BOUDDHIQUE

 9 Plan p. 50, E7

Le plus grand temple bouddhique de Chinatown abrite un bouddha en or de 5 m de hauteur assis sur un lotus et entouré d'offrandes d'oranges, de pommes et de fleurs fraîches. La simplicité de l'intérieur (parquet, chaises et lanternes rouges)

est rehaussée par la présence de ce magnifique bouddha. La façade, située à quelques mètres du flot de véhicules s'élançant sur le pont de Manhattan, est flanquée de deux énormes lions en or, des divinités gardiennes. (133 Canal St, au niveau de Manhattan Bridge Plaza ; 8h-18h ; S B/D jusqu'à Grand St, J/Z, 6 jusqu'à Canal St)

Se restaurer

Dutch   AMÉRICAIN MODERNE $$$

10   Plan p. 50, A3

Au bar à l'avant ou dans la confortable salle à l'arrière, le programme reste le même : une cuisine élégante et sans chichis, à base de produits ultra frais. Optez pour les huîtres du Maine, prenez des forces avec un burger au bœuf *dry aged* ou tentez les noix de saint-jacques avec une sauce pimentée, plus légères. Réservation conseillée. (212-677-6200 ; www.thedutchnyc.com ; 131 Sullivan St, entre Prince St et Houston St ; plats 19-52 $; 11h30-15h et 17h30-tard lun-ven, à partir de 10h sam-dim ; S C/E jusqu'à Spring St, N/R jusqu'à Prince St, 1 jusqu'à Houston St)

Balthazar   FRANÇAIS $$$

11   Plan p. 50, C4

Une clientèle fidèle de connaisseurs remplit la salle animée du roi des bistrots ! Et ce, pour ses trois atouts de taille : sa proximité avec les boutiques de Soho ; son ambiance

parisiano-new-yorkaise ; et, bien sûr, sa carte où chacun trouve son compte.

La cuisine fonctionne jusqu'à 1 heure du matin les vendredi et samedi, et le brunch du week-end est aussi bondé que délicieux. La boulangerie voisine, du même nom, vend des pâtisseries à emporter. (212-965-1414 ; www.balthazarny.com ; 80 Spring St, entre Broadway St et Crosby St ; plats 17-45 $; 7h30-tard lun-ven, à partir de 8h sam-dim ; S 6 jusqu'à Spring St ; N/R jusqu'à Prince St)

Saxon + Parole   AMÉRICAIN MODERNE $$$

12   Plan p. 50, D2

Ce bar-bistrot amusant et branché porte le nom de deux chevaux de course du XIXe siècle. Venez savourer un tartare de thon avec wasabi d'avocat et chips variées, ou un extraordinaire canard de Long Island au bacon, fumé à la perfection.

Une fois repu, franchissez la porte secrète pour aller prendre un cocktail au Madam Geneva (p. 59). (212-254-0350 ; www.saxonandparole.com ; 316 Bowery, au niveau de Bleecker St ; plats déj 8-17 $, dîner 18-37 $; 17h-23h lun-jeu, 12h-24h ven, 10h30-24h sam, 10h30-22h dim ; S 6 jusqu'à Bleecker St, B/D/F/M jusqu'à Broadway-Lafayette St)

Public   AMÉRICAIN MODERNE $$$

13   Plan p. 50, D4

Cette ancienne fabrique de muffins est devenue une adresse gastronomique avec bar au cadre feutré et touches

Comprendre

Les légendes de Chinatown et de Little Italy

Les agents et les promoteurs immobiliers aiment à rebaptiser les quartiers de New York. Pourtant, certains secteurs participent de l'âme même de la ville. C'est notamment le cas de Chinatown et de Little Italy.

Five Points

À Chinatown, le charme verdoyant de Columbus Park masque un passé plus sombre. Au XIXe siècle, ce territoire formait un quartier sordide, constitué d'abattoirs, de tanneries, de tavernes et de maisons closes, dont la triste réputation attisait le voyeurisme des New-Yorkais du beau monde, qui le visitaient dans le cadre de "circuits dans les quartiers pauvres". Charles Dickens y séjourna en 1842 et en fit une description apocalyptique dans ses *Notes américaines*. En 2002, Scorsese y situe son *Gangs of New York*.

Du rejet à l'intégration

L'histoire des immigrés asiatiques à New York est longue et tumultueuse. Les premiers Chinois arrivés en Amérique furent employés pour la construction de la Central Pacific Railroad. Si certains participèrent à la ruée vers l'or, sur la côte ouest, ils furent nombreux à gagner New York lorsque les réserves s'amenuisèrent. Ils travaillèrent alors sur les chaînes de montage et dans les blanchisseries. La montée du racisme entraîna le vote du Chinese Exclusion Act (1882-1943), qui rendit la naturalisation impossible et réduisit les opportunités d'emploi des Chinois aux États-Unis. L'introduction de l'Immigration and Nationality Act, en 1965, conduisit en revanche à un boom de l'immigration. Aujourd'hui, on estime que plus de 150 000 citoyens d'origine chinoise vivent autour de Mott St.

Entre crooners et truands

Contrairement à Chinatown, le territoire de sa voisine, Little Italy, n'a cessé de s'amenuiser au cours des cinquante dernières années. Pour autant, son histoire reste bien vivante : le Mulberry Street Bar, au 176½ Mulberry St, était l'un des repaires favoris de Frank Sinatra, tandis qu'on se livrait ouvertement au trafic d'alcool pendant la Prohibition à l'angle de Mulberry St et de Kenmare St ; les célèbres truands Lucky Luciano et John Gotti se retrouvaient au 247 Mulberry St.

Cannolo, Little Italy

industrielles, où les plats préparés de main de maître méritent bien l'étoile au Michelin de l'établissement. Les emprunts aux cuisines étrangères surprennent et ravissent : kangourou avec falafels à la coriandre et purée de sésame au citron, gibier de Nouvelle-Zélande et ses bouchées au *cabrales*… (☎212-343-7011 ; www.public-nyc.com ; 210 Elizabeth St, angle Prince St et Spring St ; plats 21-34 $; ⏱18h-tard lun-ven, 10h30-15h30 et 18h-tard sam-dim ; Ⓢ6 jusqu'à Spring St, N/R jusqu'à Prince St)

Tacombi

MEXICAIN $

14 🍴 Plan p. 50, D3

Guirlandes lumineuses, chaises pliantes et tacos préparés par des Mexicains installés dans un vieux Combi

Volkswagen : si vous n'allez pas au Yucatán, voici votre plan B ! Convivial et sans prétention, le Tacombi sert des tacos frais, dès le petit-déjeuner – les *huevos con chorizo* (aux œufs et au chorizo) par exemple. Bons pichets de sangria. (www.tacombi.com ; 267 Elizabeth St, entre E Houston St et Prince St ; tacos à partir de 4 $; ⏱11h-tard lun-ven, à partir de 9h sam-dim ; Ⓢ B/D/F/M jusqu'à Broadway-Lafayette St, 6 jusqu'à Bleecker St)

Rubirosa

PIZZERIA $$

15 🍴 Plan p. 50, D4

La recette familiale de pâte fine parfaite du Rubirosa attire un flux régulier de clients venus des quatre coins de la ville. Dévorez des parts de pizza au comptoir ou

Bon plan

Esprit familial

C'est à Chinatown qu'on trouve le meilleur rapport qualité/prix pour se restaurer et les New-Yorkais adorent s'y rendre pour dénicher de nouvelles bonnes adresses. Découvrez les tables animées du quartier où, dans une ambiance familiale, vous commanderez de multiples plats – un menu de roi pour une somme très modique !

installez-vous dans la confortable salle pour déguster entrées et *antipasti* succulents. Carte spéciale de plats sans gluten disponible. (☎212-965-0500 ; www.rubirosanyc.com ; 235 Mulberry St entre Spring St et Prince St ; pizzas 16-26 $, plats 12-28 $; ◷11h30-tard ; §N/R jusqu'à Prince St, B/D/F/M jusqu'à Broadway-Lafayette St, 6 jusqu'à Spring St)

Joe's Shanghai   CHINOIS $

16 Plan p. 50, E8

Invitez vos amis à savourer les *xiao long bao* (raviolis chinois) du Joe's, qui figurent parmi les meilleurs de la ville. Cette adresse n'est pas avare en tentations à des prix abordables : panse de carpe-buffle épicée, porc sauté au piment jalapeño, calamars au tofu séché... Paiement en espèces uniquement. (☎212-233-8888 ; www.joeshangairestaurants.com ; 9 Pell St, entre Bowery St et Doyers St ; plats 5-26 $;

◷11h-23h ; §N/Q/R, J/Z, 6 jusqu'à Canal St, B/D jusqu'à Grand St)

Café Gitane   MÉDITERRANÉEN $$

17 Plan p. 50, D3

Les gens du monde de la mode adorent ce bistrot à la parisienne, avec ses bons petits plats tendance : friands aux amandes et aux myrtilles, couscous marocain au poulet bio, etc. (☎212-334-9552 ; www.cafegitanenyc.com ; 242 Mott St, au niveau de Prince St ; plats 14-16 $; ◷8h30-24h dim-jeu, jusqu'à 0h30 ven-sam ; §N/R jusqu'à Prince St, 6 jusqu'à Spring St)

Nyonya   MALAISIEN $$

18 Plan p. 50, D6

Partez pour un voyage culinaire en Malaisie dans ce temple animé, dédié à la cuisine sino-malaise *nyonya*. Les saveurs douces, aigres et piquantes imprègnent les classiques comme le *kangkung belacan* (épinards d'eau sautés et pâte de crevettes malaisienne épicée), le riche bœuf *randang* et le rafraîchissant *rojak* (savoureuse salade de fruits piquante au tamarin). Peu de choix pour les végétariens. Espèces uniquement. (☎212-334-3669 ; 199 Grand St, entre Mott St et Mulberry St ; plats 7-24 $; ◷11h-tard ; §N/Q/R, J/Z, 6 jusqu'à Canal St, B/D jusqu'à Grand St)

Original Chinatown Ice Cream Factory   GLACIER $

19 Plan p. 50, E8

Le meilleur glacier de Chinatown propose des parfums exotiques, avec des sorbets au thé vert, au gingembre, au durian ou au litchi. Pour une folie, prenez une glace au beurre zen (au beurre de cacahuète et graines de sésame grillées). Il vend également des T-shirts adorablement kitsch à son effigie sur lesquels un dragon mange de la glace d'un air ravi. (📞212-608-4170 ; www.chinatownicecreamfactory.com ; 65 Bayard St ; 4 $ la boule ; 🕐11h-22h ; 🚻 ; **S**N/Q/R, J/Z, 6 jusqu'à Canal St)

Prendre un verre

Pegu Club BAR À COCKTAILS

20 🍸 Plan p. 50, B3

Incontournable pour les connaisseurs, cet établissement chic doit son nom à un club de gentlemen de Rangoon, au temps de la Birmanie britannique. Lovez-vous dans le *lounge* pourpre pour savourer les préparations de Kenta Goto – nous aimons particulièrement la douceur de l'Earl Grey MarTEAni (gin parfumé au thé, jus de citron et blanc d'œuf). En-cas d'inspiration asiatique. (www.peguclub.com ; 77 W Houston St, entre W Broadway St et Wooster St ; 🕐17h-2h dim-mer, jusqu'à 4h jeu-sam ; **S**B/D/F/M jusqu'à Broadway-Lafayette St, C/E jusqu'à Spring St)

Madam Geneva BAR À COCKTAILS

21 🍸 Plan p. 50, D2

Les lanternes, les sièges en cuir et le papier au mur évoquent Nanyang au temps des colonies dans ce bar plutôt sombre. Les cocktails (beaucoup de gin), préparés avec art, sont accompagnés de délices asiatiques – petits pains vapeur au canard, bouchées aux crevettes et ailes de poulet au tamarin. À côté de l'excellent Saxon + Parole (p. 55). (www.madamgeneva-nyc.com ; 4 Bleecker St, au niveau de Bowery ; 🕐18h-2h ; **S**6 jusqu'à Bleecker St, B/D/F/M jusqu'à Broadway-Lafayette St)

Mulberry Project BAR À COCKTAILS

22 🍸 Plan p. 50, D6

Une porte sans indication ouvre sur cet établissement intimiste, doté d'une arrière-cour festive – l'un des meilleurs endroits pour se détendre dans le secteur. La maison est spécialisée dans les cocktails préparés à la demande : indiquez vos préférences et faites confiance au barman. Un petit creux ? Choisissez sur la liste de bons en-cas – pastèque et fromage de chèvre, dattes au bacon, etc. (📞646-448-4536 ; www.mulberryproject.com ; 149 Mulberry St, entre Hester St et Grand St ; 🕐18h-1h dim-jeu, jusqu'à 4h ven-sam ; **S**N/Q/R, J/Z, 6 jusqu'à Canal St)

Spring Lounge BAR DE QUARTIER

23 🍸 Plan p. 50, D4

Rebelle, le Spring Lounge l'a toujours été. Pendant la Prohibition, il débitait la bière au seau. Dans les années 1960, son sous-sol servait de tripot. Aujourd'hui, ce bar d'habitués est surtout connu pour ses requins empaillés et ses fêtes ouvertes à tous, qui durent jusqu'au bout de la nuit.

Les boissons bon marché et les en-cas gratuits (hot dogs le mercredi dès 17h, bagels le dimanche dès 12h) garantissent l'ambiance. Santé ! (www.thespringlounge.

com ; 48 Spring St, au niveau de Mulberry St ;
🕙 8h-4h lun-sam, à partir de 12h dim ;
Ⓢ 6 jusqu'à Spring St, N/R jusqu'à Prince St)

La Colombe
CAFÉ

24 Plan p. 50, C3

Cette minuscule enseigne sert des
expressos intenses, dignes des bars
italiens, ainsi qu'un choix de douceurs
(cookies, croissants...). Pour recharger
ses batteries entre deux boutiques à
Soho ! (www.lacolombe.com ; 270 Lafayette St,
entre Prince St et Jersey St ; 🕙 7h30-18h30 lun-
ven, à partir de 8h30 sam-dim ; Ⓢ N/R jusqu'à
Prince St, 6 jusqu'à Spring St)

Shopping

MoMA Design
Store
ARTICLES POUR LA MAISON, CADEAUX

25 Plan p. 50, C4

La boutique en ville du MoMA
présente une immense collection

 Bon plan

Regards sur la mode

Avant de s'élancer dans Soho, les
amateurs de shopping consultent
les sites et les blogs bien informés,
et suivent les célébrités sur Twitter.
À découvrir : **Racked** (www.ny.racked.
com), **Bill Cunningham** (www.nytimes.
com/video/on-the-street), **Andre Leon
Talley** (twitter.com/OfficialAL) et
Women's Wear Daily (twitter.com/
womensweardaily).

d'objets, joliment conçus pour
la maison ou le bureau : réveils
futuristes, vases aux formes
insolites, ustensiles de cuisine,
lampes surréalistes, jeux de
réflexion, marionnettes, foulards
fantaisie, beaux livres et mille autres
idées de cadeaux. (📞 646-613-1367 ;
www.momastore.org ; 81 Spring St, au
niveau de Crosby St ; 🕙 10h-20h lun-sam,
11h-19h dim ; Ⓢ N/R jusqu'à Prince St,
6 jusqu'à Spring St)

Rag & Bone
MODE

26 Plan p. 50, B4

Cette marque mixte fait un tabac à
New York. Les chemises et blazers
aux coupes franches, les T-shirts
imprimés, les robes à bretelles
légères, les articles en cuir et les jeans
(très prisés) séduisent une clientèle
branchée et exigeante. (www.rag-bone.
com ; 119 Mercer St, entre Prince St et
Spring St ; 🕙 11h-20h lun-sam, 12h-19h sam ;
Ⓢ N/R jusqu'à Prince St)

Saturdays
MODE, ACCESSOIRES

27 Plan p. 50, C5

Un magasin de surf à la mode de
Soho : des planches, de la cire et
des maillots de bain, mais aussi
des produits de toilette de créateur,
des œuvres d'art et des ouvrages
sur le surf, ainsi que des vêtements
homme de qualité. Prenez un café
et installez-vous dans le jardin à
l'arrière pour écouter les histoires
de requins ! Seconde enseigne dans
West Village ; plus de détails sur

Boutique à Chinatown

le site Web. (www.saturdaysnyc.com ;
31 Crosby St, entre Broome St et Grand St ;
⊙8h30-19h lun-ven, à partir de 10h sam-
dim ; **S**N/Q/R, J/Z, 6 jusqu'à Canal St)

Kiosk
CADEAUX

28 🔒 Plan p. 50, C4

Ses propriétaires parcourent la
planète à la recherche d'articles
originaux et insolites (des livres
aux abat-jour en passant par les
dentifrices), qu'ils rapportent à
Soho et vendent fièrement avec une
présentation digne d'un musée. Leurs
trouvailles proviennent notamment
du Japon, d'Islande, de Suède et de
Hong Kong. (📞212-226-8601 ; www.
kioskkiosk.com ; 2ᵉ niveau, 95 Spring St entre
Mercer St et Broadway ; ⊙12h-19h lun-sam ;

SN/R jusqu'à Prince St, B/D/F/M jusqu'à
Broadway-Lafayette St)

Adidas Originals
CHAUSSURES, MODE

29 🔒 Plan p. 50, B3

Vous trouverez ici les fameuses
baskets à triple bande – avec de
nombreux modèles évoquant la
grande époque des années 1960
à 1980 –, que vous pourrez même
personnaliser ! Également : sweat-
shirts à capuche, survêtements,
T-shirts et accessoires (lunettes de
soleil, montres, sacs rétro...). Des
DJs sont parfois invités. (📞212-673-
0398 ; 136 Wooster St, entre Prince St et
W Houston St ; ⊙11h-19h lun-sam,
12h-18h dim ; **S**N/R jusqu'à Prince St)

100% new-yorkais

Bunya Citispa

Las du shopping ? Rendez-vous au **Bunya Citispa** (plan p. 50, A3 ; ☎ 212-388-1288 ; www.bunyacitispa. com ; 474 W Broadway, entre Prince St et W Houston St ; ⏰ 10h-22h lun-sam, jusqu'à 21h dim ; 🚇 N/R jusqu'à Prince St ; C/E jusqu'à Spring St). Pour soulager les tensions, cet établissement d'inspiration asiatique propose des solutions variées : réflexologie, massage de la tête avec soin au thé vert pour les cheveux, massage aux pierres chaudes ou massage thaïlandais aux "compresses d'herbes orientales".

Opening Ceremony MODE

30 🔒 Plan p. 50, C6

Opening Ceremony présente une sélection changeante de marques indépendantes de toute la planète et ses propres créations. Dans tous les cas, l'allure est toujours plutôt chic, originale et avant-gardiste. (☎ 212-219-2688 ; www.openingceremony. us ; 35 Howard St, entre Broadway St et Lafayette St ; ⏰ 11h-20h lun-sam, 12h-19h dim ; 🚇 N/Q/R, J/Z, 6 jusqu'à Canal St)

Screaming Mimi's MODE VINTAGE

31 🔒 Plan p. 50, C1

Cette fantastique boutique offre une excellente sélection de vêtements vintage rangés par décennies, des années 1950 à 1990 (demandez à

voir le petit choix de modèles des années 1920 à 1940, rangés à part). Des accessoires et des bijoux vous permettront d'affiner votre look. (☎ 212-677-6464 ; 382 Lafayette St, entre E 4th St et Great Jones St ; ⏰ 12h-20h lun-sam, 13h-19h dim ; 🚇 6 jusqu'à Bleecker St, B/D/F/M jusqu'à Broadway-Lafayette St)

Piperlime MODE, CHAUSSURES

32 🔒 Plan p. 50, B4

Piperlime est spécialisé dans les vêtements pour femme contemporains et décontractés, de moyenne gamme. Connue pour laisser sa chance aux nouveaux créateurs, la boutique est organisée par catégories – certaines ont par exemple les faveurs de la styliste Rachel Zoe ou de l'actrice Jessica Alba. Fabuleux rayon de chaussures. (www.piperlime.com ; 121 Wooster St, entre Prince St et Spring St ; ⏰ 10h-20h lun-sam, 11h-19h dim ; 🚇 N/R jusqu'à Prince St, C/E jusqu'à Spring St)

INA Men MODE VINTAGE

33 🔒 Plan p. 50, D3

Les hommes qui ont du style adorent INA pour ses vêtements, chaussures et accessoires de luxe d'occasion. Parmi les modèles, de grande qualité, on trouve des articles très prisés comme des jeans Rag & Bone, des pantalons en laine Alexander McQueen, des chemises Burberry et des chaussures richelieu Church's. Boutique femme juste à côté. Autres enseignes à Noho et à Chelsea – plus de détails sur le site Web. (www.inanyc.com ; 19 Prince St, au niveau d'Elizabeth St ; ⊙12h-20h lun-sam, jusqu'à 19h dim ; **S**6 jusqu'à Spring St, N/R jusqu'à Prince St)

Scoop

MODE

34 Plan p. 50, C5

Cette enseigne réunit sous le même toit des créateurs contemporains comme Theory, Diane Von Furstenberg, Michael Kors et J. Brand. La sélection n'a rien de très pointu, mais l'offre est vaste (plus de 100 marques pour hommes et femmes) et les soldes de fin de saison sont intéressants. Plusieurs adresses dans New York. (☎212-925-3539 ; www.scoopnyc.com ; 473 Broadway, entre Broome St et Grand St ; ⊙11h-20h lun-sam, 11h-19h dim ; **S**N/Q/R jusqu'à Canal St, 6 jusqu'à Spring St)

Joe's Jeans

MODE

35 Plan p. 50, B5

Adoptez une allure sexy : offrez-vous un jean de cette marque culte de Los Angeles ! Optez pour un modèle denim vintage ou pour une coupe *slim* qui ne met pas uniquement en valeur les top models, choisissez parmi les chemises et les sweat-shirts (avec ou sans capuche) ultra confortables, ou craquez pour une veste en cuir – irrésistible. (☎212-925-5727 ; www.

joesjeans.com ; 77 Mercer St entre Spring St et Broome St ; ⊙11h-19h lun-sam, 12h-18h dim ; **S**N/R jusqu'à Prince St, 6 jusqu'à Spring St)

Resurrection

MODE VINTAGE

36 Plan p. 50, D4

Cette belle boutique aux murs rouges donne une nouvelle vie aux plus beaux modèles des dernières décennies. En excellent état, les articles reflètent des tendances oubliées et inspirent des stylistes réputés, tel Marc Jacobs. Les robes Halston, et les manteaux et vestes Courrèges comptent parmi les pièces les plus recherchées. (☎212-625-1374 ; www.resurrectionvintage.com ; 217 Mott St, entre Prince St et Spring St ; ⊙11h-19h lun-sam, 12h-19h dim ; **S**6 jusqu'à Spring St)

American Apparel

MODE

37 Plan p. 50, B4

Des basiques de qualité en version équitable : tous sont produits aux États-Unis, dans la plus grande transparence. Les sweat-shirts, chemises, sous-vêtements, maillots de bain et autres articles sont disponibles dans une large gamme de coloris. (☎212-226-4880 ; www.americanapparel.net ; 121 Spring St au niveau de Greene St ; ⊙10h-22h lun-sam, 10h-21h dim ; **S**N/R jusqu'à Prince Street)

Explorer

East Village et Lower East Side

Si vous rêvez de voir ces images authentiquement new-yorkaises – graffitis sur fond de brique écarlate, gratte-ciel vertigineux, voyous et grand-mères marchant côte à côte, cafés charmants aux tables bancales débordant sur le trottoir –, alors l'East Village et le Lower East Side sont votre terre promise.

L'essentiel en un jour

☀ Flânez dans le Lower East Side à l'heure où les jeunes rentrent en titubant d'une nuit de fête. Arrêtez-vous au **Lower East Side Tenement Museum** (p. 69) pour découvrir l'histoire des immigrés du quartier, puis revenez au temps présent en visitant le **New Museum** (p. 68) qui expose des œuvres d'art hallucinantes.

☼ Offrez-vous un tajine au **Cafe Mogador** (p. 73), le rendez-vous préféré d'East Village, puis un cappuccino à l'**Abraço** (p. 76). Si vous avez encore un petit creux, flânez sur **St Marks Place** (p. 68) en dégustant un dessert de **ChiKaLicious Dessert Club** (p. 75), avant de faire le plein d'articles punk chez **Trash & Vaudeville** (p. 83). S'il fait beau, allez brûler des calories en jouant au frisbee dans le **Tompkins Square Park** (p. 70).

☾ Dînez pour quelques dollars d'un bol de nouilles chez **Ippudo NY** (p. 74) ou **Minca** (p. 75), ou optez pour un repas gastronomique au **Hearth** (p. 72 ; mieux vaut réserver). Poursuivez avec un verre à la **McSorley's Old Ale House** (p. 78), une institution, avant de changer d'ambiance : façon États du du Sud au **Wayland** (p. 76), rétro au **Golden Cadillac** (p. 76), ou gay et coquine à l'**Eastern Bloc** (p. 78).

♥ Le meilleur du quartier

Se restaurer
Hearth (p. 72)
Freemans (p. 71)
Tacos Morelos (p. 73)

Prendre un verre
Death + Co (p. 76)
Angel's Share (p. 76)
Golden Cadillac (p. 76)

Shopping
Obscura Antiques (p. 81)

Musée
Lower East Side Tenement Museum (p. 69)

Comment y aller

Ⓢ **Métro** L'East Village n'est pas bien desservi par le métro, mais une courte marche suffit depuis l'arrêt de la ligne 6 à Astor Place ou de la L à First Ave. La ligne F vous conduira au cœur du Lower East Side.

🚌 **Bus** Si vous venez de l'ouest, mieux vaut prendre le M14, qui vous mènera plus loin dans l'East Village.

Map content:

500 m
0,25 mile

ALPHABET CITY

Tompkins Square Park

EAST VILLAGE

St Mark's in the Bowery

St Marks Place

Fourth Ave

E 14th St

Voir

St Marks Place

RUE

 Plan p. 66, C3

La magie de New York réside notamment dans la capacité de chaque rue à raconter une histoire, du présent qui se déroule sous nos yeux au passé dissimulé derrière les façades colorées. St Marks Place est particulièrement volubile en la matière. Chaque bâtiment ou presque de cette rue mythique frémit d'anecdotes remontant à une époque où l'East Village incarnait un esprit bien plus rebelle.

En avril 1966, Andy Warhol loua l'immeuble situé entre les n°s 19 et 25, dont il réaménagea l'intérieur et où il organisa Exploding Plastic Inevitable,

un mois de fêtes, de projections, de concerts et de *light shows*. (St Marks Pl, d'Ave A à 3rd Ave ; ⑤ N/R/W jusqu'à 8th St-NYU, 6 jusqu'à Astor Pl)

New Museum

MUSÉE

 Plan p. 66, B6

Pour tout musée actuel digne de ce nom, l'esthétique du bâtiment est aussi importante que les œuvres d'art qu'il abrite. Le New Museum en est la parfaite illustration, avec son remarquable design conçu par le fameux cabinet d'architectes japonais SANAA. Sa vocation est simple : "Nouvel art, nouvelles idées". Unique institution new-yorkaise consacrée à l'art contemporain, le musée montre aux New-Yorkais un flux régulier d'œuvres avant-gardistes.

Comprendre
La vision de SANAA

Tandis que les expositions se succèdent et modifient la teneur du New Museum, le bâtiment – un geste architectural inspiré – s'impose comme une constante immuable. Composante singulière d'un paysage urbain diversifié, il se fait pourtant oublier pour laisser les expositions sous le feu des projecteurs.

Cet édifice a été conçu par les architectes de SANAA (Sejima Kazuyo et Nishizawa Ryue). En 2010, l'agence tokyoïte a remporté le prestigieux prix Pritzker (le Nobel de l'architecture) pour sa contribution au monde du design. Ses façades qui semblent disparaître sont emblématiques de leur travail et connues mondialement pour leur esthétique qui adapte strictement la forme à la fonction. L'empilement de cubes qui constitue la partie extérieure du musée offre un contraste frappant avec les bâtiments de brique écarlate et les escaliers de secours en fer, tout en soulignant les ruptures géométriques entre les espaces d'exposition intérieurs.

Tompkins Square Park (p. 70)

Le premier samedi du mois, le New Museum accueille les familles pour des visites commentées, des ateliers et des activités à destination des 3-10 ans. L'entrée est alors gratuite pour les adultes (et comme toujours pour les enfants). (☏212-219-1222 ; www.newmuseum.org ; 235 Bowery, entre Stanton St et Rivington St ; adulte/enfant 16 $/gratuit, 19h-21h jeu entrée libre ; ⏱11h-18h mer et ven-dim, 11h-21h jeu ; Ⓢ N/R jusqu'à Prince St, F jusqu'à 2nd Ave, J/Z jusqu'à Bowery, 6 jusqu'à Spring St)

Lower East Side Tenement Museum

MUSÉE

3 ◉ Plan p. 66, D7

Aucun autre musée new-yorkais n'illustre mieux le passé cosmopolite de la ville. Cette institution décline l'héritage bouleversant et passionnant du quartier à travers plusieurs reconstitutions d'habitations du tournant du XXᵉ siècle. On y visite notamment le logis des années 1870 des Gumpertz, une famille juive allemande, et celui des Baldizzi, des catholiques italiens touchés par la crise de 1929. Le musée propose également des visites hors les murs, ainsi que des soirées débats (plusieurs par mois), souvent consacrées à la vie des immigrés dans l'Amérique d'aujourd'hui. (☏212-982-8420 ; www.tenement.org ; 103 Orchard St, entre Broome St et Delancey St ; entrée 22 $; ⏱10h-18h ; Ⓢ B/D jusqu'à Grand St, J/M/Z jusqu'à Essex St, F jusqu'à Delancey St)

100% new-yorkais

Les abords de St Marks Place

L'histoire inscrite dans les pierres de St Marks Place (p. 68) ravira les amateurs d'anecdotes. Le n°4, bâti par le fils d'Alexander Hamilton, a vu défiler quelques personnages hauts en couleur : James Fenimore Cooper y résida dans les années 1830, avant que les artistes du mouvement Fluxus de Yoko Ono n'y prennent leurs quartiers dans les années 1960. Et ne manquez pas les n°96 et 98, immortalisés sur la pochette de l'album *Physical Graffiti* de Led Zeppelin.

Tompkins Square Park   PARC

4 ◉ Plan p. 66, D3

Ce parc de plus de 4 ha est dédié à Daniel Tompkins, gouverneur de New York de 1807 à 1817 puis vice-président des États-Unis sous le mandat de James Monroe. Les habitants aiment s'y retrouver pour jouer aux échecs sur des tables en béton, pique-niquer sur les pelouses par beau temps et jouer de la guitare ou des percussions. En septembre, le Howl! Festival of East Village Arts programme de nombreuses manifestations culturelles (théâtre, musique, cinéma, danse, *spoken word*...), inspirées par le poète Allen Ginsberg, dans le parc et des salles du quartier. (www.nycgovparks.org ; E 7th St et 10th St, entre Ave A et Ave B ; ⊙6h-minuit ; Ⓢ6 jusqu'à Astor Pl)

Musée de la synagogue d'Eldridge Street   SYNAGOGUE

5 ◉ Plan p. 66, C8

Cet important lieu de culte, bâti en 1887, était jadis l'épicentre de la communauté hébraïque, avant de tomber en déshérence dans les années 1920. Restauré il y a peu, le bâtiment a retrouvé toute sa splendeur originale. Son musée propose des visites toutes les demi-heures (comprises dans le prix d'entrée), jusqu'à 16h. (☎212-219-0302 ; www.eldridgestreet.org ; 12 Eldridge St entre Canal St et Division St ; adulte/enfant 10/6 $; ⊙10h-17h dim-jeu, 10h-15h ven ; Ⓢ F jusqu'à East Broadway)

St Mark's in the Bowery   ÉGLISE

6 ◉ Plan p. 66, B2

Plus appréciée des habitants pour ses offres culturelles, telles des lectures de poésie du Poetry Project, et les ballets avant-gardistes du Danspace et de l'Ontological Hysteric Theater, cette église épiscopale est également un lieu historique. Elle a en effet été édifiée sur le site d'une ferme (*bouwerie*) qui appartenait au gouverneur hollandais Peter Stuyvesant. (☎212-674-6377 ; www.stmarksbowery.org ; 131 E 10th St, au niveau de 2nd Ave ; ⊙10h-18h lun-ven ; Ⓢ L jusqu'à 3rd Ave, 6 jusqu'à Astor Pl)

Synagogue d'Eldridge Street

Essex Street Market

MARCHÉ

7 👁 Plan p. 66, D7

Ce marché fondé en 1940 vend des produits alimentaires (poisson, viande, fromage) et des denrées latino-américaines. On y trouve même un barbier. Allez chez Rainbo's pour du poisson fumé ; chez Saxelby Cheesemongers pour des fromages, des saucisses fumées ou des pâtés artisanaux ; chez Pain d'Avignon pour du pain frais ; chez Boubouki pour des *pies* aux épinards et des baklavas ; et chez Roni-Sue's Chocolates pour des douceurs. On peut se régaler sur place au Shopsin's General Store, à la Brooklyn Taco Company et à la Davidovich Bakery. (📞212-312-3603 ; www.essexstreetmarket. com ; 120 Essex St, entre Delancey St et Rivington St ; 🕒8h-19h lun-sam ; Ⓢ F jusqu'à Delancey St, J/M/Z jusqu'à Essex St)

Se restaurer

Freemans

AMÉRICAIN $$$

8 🍴 Plan p. 66, B6

Cet établissement niché dans une allée charmante attire une clientèle branchée, qui vient siroter des cocktails aux tables en bois. Plantes en pot et bois de cerf donnent au lieu un cachet bucolique qui permet d'oublier le tohu-bohu extérieur (quand il n'y a pas foule). (📞212-420-0012 ; www.freemansrestaurant.com ; au bout de Freeman Alley ; plats déj 12-19 $, dîner 22-32 $; ⏱11h-23h30 lun-ven, à partir de 10h sam-dim ; **S**F jusqu'à 2nd Ave)

SL jusqu'à 1st Ave ; L, N/Q/R, 4/5/6 jusqu'à 14th St-Union Sq)

Hearth
ITALIEN $$$

9 Plan p. 66, C1

Fréquenté par une clientèle exigeante et aisée, le Hearth possède un intérieur en brique chaleureux. Prenez un verre de vin pour patienter et choisissez un plat de saison à la carte – filet d'esturgeon rôti aux lentilles et au bacon, *papardelle* au lapin servies avec des fèves, etc. (☎646-602-1300 ; www.restauranthearth.com ; 403 E 12th St, au niveau de First Ave ; plats 21-48 $; ⏱18h-22h dim-jeu, jusqu'à 23h ven, 11h-14h et 18h-23h sam, 11h-14h dim ;

Meatball Shop
ITALIEN $

10 Plan p. 66, C6

Le Meatball Shop prépare avec art les humbles boulettes de viande, déclinées en cinq variétés (dont une végétarienne). Faites votre choix, ajoutez de la mozzarella et de la sauce tomate épicée, et vous voici avec un bon repas, populaire et savoureux. Ici, l'ambiance et la musique sont plutôt rock (et les employés tatoués). Quatre autres enseignes dans la ville. (☎212-982-8895 ; www.themeatballshop.com ; 84 Stanton St, entre Allen St et Orchard St ;

Katz's Delicatessen

plats à partir de 10 $; ☉12h-2h dim-jeu, jusqu'à 4h jeu-sam ; **S** 2nd Ave ; F jusqu'à Delancey St ; J/M/Z jusqu'à Essex St)

Tacos Morelos

MEXICAIN $

11 🍴 Plan p. 66, D3

Depuis 2013, ce célèbre *food truck* s'est établi dans une échoppe d'East Village, qui s'est imposée comme l'une des adresses de tacos les plus prisées de Manhattan – au choix : poulet, steak, porc rôti, langue de bœuf ou légumes. Un conseil : payez 50 ¢ de plus pour une tortilla maison ! (438 E 9th St, entre First Ave et Ave A ; tacos à partir de 2,50 $; ☉12h-24h dim-jeu, jusqu'à 2h ven-sam ; **S** L jusqu'à 1st Ave)

Katz's Delicatessen ÉPICERIE FINE, TRAITEUR $$

12 🍴 Plan p. 66, D5

Katz's compte parmi les rares anciens restaurants juifs traditionnels du quartier. C'est ici que Meg Ryan simula le fameux orgasme dans le film *Quand Harry rencontre Sally* (1989). Si vous appréciez le pastrami et le salami sur du pain de seigle, cela aura peut-être le même effet sur vous. (☎212-254-2246 ; www.katzsdelicatessen. com ; 205 E Houston St, au niveau de Ludlow St ; pastrami sur pain de seigle 17 $; ☉8h-22h45 lun-mer et dim, 8h-2h45 jeu-sam ; **S** F jusqu'à 2nd Ave)

Lavagna

ITALIEN $$

13 🍴 Plan p. 66, E4

Avec ses bougies et la lumière émanant de la cuisine semi-ouverte, le Lavagna

est une bonne adresse de fin de soirée pour les amoureux. Dans tous les cas, on craque pour les pâtes *al dente*, les pizzas à pâte fine et les plats comme les côtes d'agneau fondantes. (☎212-979-1005 ; www.lavagnanyc.com ; 545 E 5th St, entre Ave A et Ave B ; plats 19-35 $; ☉18h-23h lun-jeu, jusqu'à 24h ven-dim ; 🖊️♿ ; **S** F jusqu'à 2nd Ave)

Fat Radish BRITANNIQUE MODERNE $$$

14 🍴 Plan p. 66, D8

Les jeunes branchés se pressent dans la salle à l'éclairage tamisé, avec briques apparentes chaulées et touches industrielles. L'endroit est bruyant, mais les plats, typiques des pubs gastronomiques (ingrédients locaux et de saison) méritent l'attention. Commencez par les huîtres, puis poursuivez avec un crumble betterave-bette, ou une raie de l'Atlantique et ses pommes au miel croustillantes. Bons plats végétariens. (www.thefatradishnyc.com ; 17 Orchard St, entre Hester St et Canal St ; plats 18-28 $; ☉12h-15h30 tlj, 17h30-24h lun-sam, jusqu'à 22h dim ; 🖊️ ; **S** F jusqu'à East Broadway, B/D jusqu'à Grand St)

Cafe Mogador MAROCAIN, MOYEN-ORIENTAL $$

15 🍴 Plan p. 66, C3

Cette institution tenue en famille sert des montagnes de semoule de couscous, d'agneau grillé sur du charbon et de merguez, ainsi que de bonnes assiettes composées notamment d'houmous et de caviar

d'aubergine (*baba ganoush*).
Toutefois, les tajines restent sa
spécialité. Une clientèle jeune et
volubile remplit l'espace et s'empare
des petites tables de café par beau
temps. Excellent brunch (9h-16h
le week-end). (☎212-677-2226 ; www.
cafemogador.com ; 101 St Marks Pl ; plats
déj 8-14 $, dîner 17-21 $; ☺9h-1h dim-jeu,
jusqu'à 2h ven-sam ; Ⓢ6 jusqu'à Astor Pl)

Upstate

POISSON $$

16 Plan p. 66, C4

Souvent négligé, le petit Upstate sert
de remarquables produits de la mer,
à accompagner éventuellement de
bières artisanales. Régalez-vous par
exemple d'une cassolette de moules
à la bière, de ragoûts de fruits de
mer, de crabes à carapace molle
et d'huîtres charnues et soyeuses !
(www.upstatenyc.com ; 95 First Ave, entre
5th St et 6th St ; plats 15-30 $; ☺17h-23h ;
Ⓢ F jusqu'à 2nd Ave)

> ☑ Bon plan
>
> **Décrocher une table
> dans le quartier**
>
> Comme de nombreux
> restaurants ne prennent pas de
> réservations, faites un détour par
> l'établissement de votre choix en
> début d'après-midi (14h devrait
> suffire) et laissez votre nom
> sur une liste ; il y a de grandes
> chances pour qu'on vous trouve
> rapidement une table à l'heure
> du dîner.

Angelica Kitchen

VÉGÉTARIEN, CAFÉ $$

17 Plan p. 66, B2

Depuis longtemps, les végétariens
apprécient la pérennité du personnel,
l'atmosphère apaisante (bougies,
tables intimes ou communes), ainsi
que la créativité culinaire, qui fait des
merveilles avec le *seitan*, les épices,
le tofu et d'autres produits à base
de soja, ainsi que des aliments crus.
(☎212-228-2909 ; www.angelickitchen.com ;
300 E 12th St, entre First Ave et Second Ave ;
plats 11-19 $; ☺11h30-22h30 ; 🖊 ; Ⓢ L jusqu'à
1st Ave)

Calliope

FRANÇAIS $$

18 Plan p. 66, B4

Ce restaurant français au charme
rustique sert une cuisine "fermière" à
la mode contemporaine. Il offre une
petite carte de plats remarquablement
bien préparés – maquereau épicé,
avec avocat et sésame noir, langue de
bœuf et petits oignons, *pappardelle* au
lapin, tête de porc moelleuse, poulet
rôti croustillant, steak, moules...
(☎212-260-8484 ; www.calliopenyc.com ;
84 E 4th St, au niveau de Second Ave ; plats
déj 12-17 $, dîner 26-39 $; ☺17h-23h lun,
11h-14h30 et 17h-23h mar-sam, 10h30-15h et
17h-22h dim ; Ⓢ F jusqu'à 2nd Ave)

Ippudo NY

NOUILLES $$

19 Plan p. 66, A2

La version new-yorkaise de l'Ippudo
est un peu plus haut de gamme que
son modèle tokyoïte. Les succulents
ramen sont servis dans un cadre

élégant (surfaces noires et brillantes, rehaussées de touches rouge cerise), avec du rock en fond sonore. (☎212-388-0088 ; www.ippudo.com/ny ; 65 Fourth Ave entre 9th St et 10th St ; ramen 15-16 $; ☺lun-sam 11h-15h30, lun-jeu 17h-23h30, ven-sam 17h-00h30, dim 11h-22h30 ; ⑤N/R jusqu'à 8th St-NYU, 4/5/6 jusqu'à 14th St-Union Sq, 6 jusqu'à Astor Pl)

Luzzo's
PIZZERIA $$

20 🍴 Plan p. 66, C1

Chaque soir, le populaire Luzzo attire les foules autour de fines pizzas, nappées de tomates généreuses et cuites au four à bois. (☎212-473-7447 ; 211-213 1st Ave entre 12th St et 13th St ; pizzas à partir de 20 $; ☺midi-23h mar-dim, 17h-23h lun ; ⑤1st Ave)

Minca
NOUILLES $

21 🍴 Plan p. 66, E4

Ce petit restaurant typique de l'East Village se concentre uniquement sur la cuisine : testez un bol gargantuesque de *ramen* (nouilles) fumants, accompagnés de *gyoza* (raviolis) frits. (☎212-505-8001 ; www.newyorkramen.com ; 536 E 5th St, entre Ave A et Ave B ; ramen 11-14 $; ☺midi-23h30 ; ⑤F jusqu'à 2nd Ave, J/M/Z jusqu'à Essex St, F jusqu'à Delancey St)

Vanessa's Dumpling House
CHINOIS $

22 🍴 Plan p. 66, C8

Les raviolis – à la vapeur, frits ou en soupe (nos préférés) – sont préparés

et engloutis à la même vitesse, pour un tarif imbattable. (☎212-625-8008 ; 118 Eldridge St, entre Grand St et Broome St ; raviolis 1-6 $; ☺7h30-22h30 ; ⑤B/D jusqu'à Grand St, J jusqu'à Bowery, F jusqu'à Delancey St)

Clinton Street Baking Company
AMÉRICAIN $

23 🍴 Plan p. 66, E5

Cet établissement remporte la palme dans tellement de catégories – pancakes, muffins, *po'boys* (sandwichs à la mode sudiste), biscuits, etc. – que vous pouvez difficilement vous tromper en vous y arrêtant. Des bouteilles de vin à moitié prix ajoutent à son charme les lundi et mardi. (☎646-602-6263 ; www.clintonstreetbaking.com ; 4 Clinton St, entre Stanton St et Houston St ; plats 9-17 $; ☺8h-16h et 18h-23h lun-sam, 9h-18h dim ; ⑤J/M/Z jusqu'à Essex St, F jusqu'à Delancey St, F jusqu'à Second Ave)

ChiKaLicious Dessert Club
DESSERTS $

24 🍴 Plan p. 66, B2

Et pourquoi pas une glace servie sur un éclair au lieu d'un cône ? Cet établissement populaire transforme les desserts standards en compositions, certes caloriques mais inspirées. Autre enseigne de l'autre côté de la rue. (☎212-995-9511 ; www.chikalicious.com ; 204 E 10th St, entre First Ave et Second Ave ; desserts à partir de 4 $; ☺7h-24h ; ⑤L jusqu'à 1st Ave, 6 jusqu'à Astor Pl)

Abraço

CAFÉ $

25 Plan p. 66, C3

Résultat du mariage entre l'excellent café et le bon goût, ce repaire exigu de l'East Village est l'un des meilleurs établissements de la ville. Dégustez un expresso impeccable avec une tranche d'un cake aux olives si délicieux que vous n'aurez aucune envie de le partager. (www.abraconyc.com ; 86 E 7th St entre 1st Ave et 2nd Ave ; en-cas 2-3 $; ⏲mar-sam 8h-16h, dim 9h-16h ; **S**F jusqu'à 2nd Ave, L jusqu'à 1st Ave, 6 jusqu'à Astor Pl)

Prendre un verre

Death + Co

BAR LOUNGE, COCKTAILS

26 Plan p. 66, D3

Le nom du lieu est gravé sur le sol du palier – seul indice que vous êtes bien arrivé dans l'un des temples du cocktail de la ville. Détendez-vous dans ce cadre aux lumières tamisées et au décor en bois tressé, puis laissez les talentueux barmen concocter le breuvage de votre choix. (☎212-388-0882 ; www.deathandcompany.com ; 433 E 6th St entre 1st Ave et Ave A ; ⏲18h-1h lun-jeu et dim, 18h-2h ven-sam ; **S**F jusqu'à 2nd Ave, L jusqu'à 1st Ave, 6 Astor Pl)

Angel's Share

BAR

27 Plan p. 66, B3

Arrivez de bonne heure pour trouver un siège dans ce bijou, niché derrière un restaurant japonais (au même étage). Calme et élégant, l'endroit

sert des cocktails originaux, qu'il faut impérativement consommer assis. (☎212-777-5415 ; 2ᵉ niveau, 8 Stuyvesant St, près de Third Ave et E 9th St ; ⏲17h-24h ; **S**6 jusqu'à Astor Pl)

Wayland

BAR À COCKTAILS

28 Plan p. 66, E3

Murs chaulés, vieux plancher et lampes de récupération : un parfum de Mississippi qui va bien avec la musique du week-end (bluegrass, jazz, folk). Toutefois, on vient avant tout pour les cocktails – surtout pour le I hear banjos – Apple Pie Moonshine (jus de pomme, cidre, épices, vodka et alcool Moonshine), rye whiskey (whisky de seigle) et fumée de pommier. Promotions intéressantes sur les boissons et huîtres à 1 $ de 17h à 19h en semaine. (☎212-777-7022 ; http://thewaylandnyc.com ; 700 E 9th St, à l'angle d'Ave C ; ⏲17h-4h ; **S**L jusqu'à 1st Ave)

Golden Cadillac

BAR

29 Plan p. 66, C5

Cette adresse évoque la grande époque des années 1970 avec ses boiseries, son papier à motifs et son ambiance musicale – sans parler des couvertures de *Playboy* de la fameuse décennie dans les toilettes. Les cocktails tropicaux sont appréciés (environ 14 $) – essayez le Mezcal Mule (mezcal, fruit de la Passion, gingembre et concombre) – comme les bons plats de pub à l'ancienne. (www.goldencadillacnyc.com ; 13 First Ave, angle

1st St ; 🕒17h-2h dim-mer, jusqu'à 4h jeu-sam ;
⑤2nd Ave)

Ten Bells

BAR À TAPAS

30 🍺 Plan p. 66, D8

Avec ses bougies, son plafond
en étain sombre, ses murs en brique
et son bar en U, cette adresse
aux faux airs de grotte est idéale
pour faire connaissance. La carte,
présentée sur des tableaux aux
murs, comprend d'excellents vins
au verre qui se marient bien avec
les *boquerones* (anchois marinés),
les *txipirones en su tinta* (calamars
à l'encre de seiche), les fromages
régionaux et les huîtres (1,25 $
avant 19h). (📞212-228-4450 ;
247 Broome St, entre Ludlow St et Orchard St ;
🕒17h-2h lun-ven, à partir de 15h sam-dim ;
⑤F jusqu'à Delancey St, J/M/Z jusqu'à
Essex St)

Beauty & Essex

BAR

31 🍺 Plan p. 66, D6

Derrière la triste vitrine d'un prêteur
sur gages, cette adresse glamour
s'étend sur quelque 900 m². L'élégance
est ici synonyme de banquettes en
cuir, d'éclairage ambré et d'escalier
courbe conduisant à un second espace
bar lounge.

Les dames voudront peut-être se
rendre directement aux toilettes,
où du champagne leur sera offert !
(📞212-614-0146 ; www.beautyandessex.com ;
146 Essex St, entre Stanton St et Rivington St ;
🕒17h-1h ; ⑤F jusqu'à Delancey St, J/M/Z
jusqu'à Essex St)

GARDEL BERTRAND/GETTY IMAGES ©

St Mark's Place (p. 68)

Proletariat   BAR

32 🚇 Plan p. 66, C3

Les amateurs de bière se pressent
dans ce minuscule bar doté de
dix tabourets, juste à l'ouest de
Tompkins Square Park. Le Proletariat,
qui promet des bières "rares, nouvelles
et originales", tient sa parole avec
une sélection changeante de mousses
introuvables ailleurs – productions
artisanales de Hitachino Nest
(Japon), BFM (Suisse), Mahr's Bräu
(Allemagne)… (102 St Marks Pl, entre First
Ave et Ave A ; ⏰17h-2h ; Ⓢ L jusqu'à 1st Ave)

Mayahuel   BAR À COCKTAILS

33 🚇 Plan p. 66, B3

On pourrait se croire dans la cave
d'un monastère au Mayahuel, où les
fidèles de la tequila vénèrent une
dizaine de variétés (tous les cocktails à
14 $). Entre deux verres, grignotez des
quesadillas et des *tamales* ! (☎212-253-
5888 ; www.mayahuelny.com ; 304 E 6th St, au
niveau de Second Ave ; ⏰18h-2h ; Ⓢ L jusqu'à
3rd Ave, L jusqu'à 1st Ave, 6 jusqu'à Astor Pl)

McSorley's Old Ale House   BAR

34 🚇 Plan p. 66, B3

Installé dans le quartier depuis 1854,
le McSorley's semble imperméable à
la branchitude de l'East Village. Vous
risquez davantage d'y croiser des
pompiers, des réfugiés de Wall St et
quelques touristes. Les toiles d'araignée,
la sciure sur le sol et les serveurs qui
tirent deux bières pression à la fois ont
un certain charme. (☎212-474-9148 ; 15 E
7th St, entre 2nd Ave et 3rd Ave ; ⏰11h-1h lun-
sam, à partir de 13h dim ; Ⓢ 6 jusqu'à Astor Pl)

Eastern Bloc   BAR GAY

35 🚇 Plan p. 66, D3

En dépit de l'inspiration "rideau de
fer" de l'établissement, la tendance est
plutôt au velours et au taffetas dans
ce bar gay de l'East Village. Mêlez-
vous à la foule masculine, entre ceux
qui draguent les barmen torse nu et
ceux qui prétendent ne pas regarder
les films pornographiques des
années 1970 projetés sur les écrans.
(☎222-777-2555 ; www.easternblocnyc.com ;
505 E 6th St entre Ave A et Ave B ; ⏰19h-4h ;
Ⓢ F jusqu'à 2nd Ave)

Immigrant   BAR À VINS ET À BIÈRES

36 🚇 Plan p. 66, C2

Ces deux bars jumeaux sans prétention,
grands comme des box de voiture,
pourraient bien devenir votre QG dans
le quartier si vous vous attardez en
ville. Entre deux tâches, le personnel,
aussi gentil que compétent, se mêle à
la clientèle d'habitués. (☎212-677-2545 ;
www.theimmigrantnyc.com ; 341 E 9th St
entre 1st Ave et 2nd Ave ; ⏰17h-1h lun-mer et
dim, 17h-2h jeu, 17h-3h ven-sam ; Ⓢ L jusqu'à
1st Ave, 4/6 jusqu'à Astor Pl)

Sortir

Sweet   CABARET

37 ⭐ Plan p. 66, C6

Si New York compte pléthore de cabarets
célèbres, vous n'avez probablement

jamais entendu parler de celui-ci. Chaque mardi, Seth Herzog invite ses camarades – des inconnus prometteurs aux piliers du *Saturday Night Live* – à tester leurs nouveaux sketches. Sa mère ne rechigne pas non plus à monter sur scène pour présenter sa nouvelle liste de doléances. (The Slipper Room, voir ci-dessous ; ☎212-253-7246 ; www.slipperroom. com ; 167 Orchard St, au niveau de Stanton St ; entrée 5 $; ◷spectacle 21h mar ; ⑤F jusqu'à 2nd Ave, F jusqu'à Delancey St, J/M/Z jusqu'à Essex St)

La MaMa ETC
THÉÂTRE

38 ⭐ Plan p. 66, B4

Bastion historique de l'expérimentation théâtrale (ETC signifie Experimental Theater Club), La MaMa abrite désormais trois scènes, un café, une galerie d'art et une annexe qui accueille des pièces d'avant-garde, des spectacles comiques et des lectures. (☎212-475-7710 ; www. lamama.org ; 74A E 4th St ; entrée 10-20 $; ⑤F jusqu'à Second Ave)

Slipper Room
BURLESQUE

39 ⭐ Plan p. 66, C6

Le Slipper Room, qui avait fermé en 2010, est de retour – plus beau que jamais ! Ce club sur 2 niveaux accueille une grande diversité de représentations, dont Sweet, le fameux spectacle de variété de Seth Herzog, ainsi que plusieurs

programmes burlesques par semaine – mélange d'acrobaties, de grivoiseries, d'humour et d'absurdité –, qui valent en général le détour. Réservation possible en ligne. (www.slipperroom.com ; 167 Orchard St, entrée par Stanton St ; 7-15 $; ⑤F jusqu'à 2nd Ave)

New York Theater Workshop
THÉÂTRE

40 ✪ Plan p. 66, B4

Ce théâtre, qui a récemment fêté ses 25 ans, reste un fleuron de l'avant-garde et monte des pièces contemporaines qui font débat ou suscitent, au moins, la réflexion. C'est là que sont nés deux grands succès de Broadway, *Rent* et *Urinetown*. Les pièces à l'affiche sont toujours de très haut niveau. (☎212-460-5475 ; www.nytw. org ; 79 E 4th St entre 2nd Ave et 3rd Ave ; ⑤F jusqu'à 2nd Ave)

 100% new-yorkais
Art et activisme
Fondé en 1980, l'**ABC No Rio** (☎212-254-3697 ; www.abcnorio. org ; 156 Rivington St (plan p. 66, E6 ; entre Suffolk St et Clinton St) ; tarif variable ; ◷variables ; ⑤F, J/M/Z jusqu'à Delancey-Essex St) est un centre d'art militant qui organise chaque semaine des concerts expérimentaux ou de hard-core/ punk, et régulièrement d'autres manifestations (expositions, lectures de poésie, etc.).

Bowery Ballroom

CONCERTS

41 ⭐ Plan p. 66, B7

Cette formidable salle de taille moyenne possède l'acoustique et l'ambiance adaptées aux concerts explosifs de rock indé (The Shins, Stephen Malkmus, Patti Smith). (📞212-533-2111 ; www.boweryballroom.com ; 6 Delancey St, au niveau de Bowery St ; **S** J/Z jusqu'à Bowery)

Landmark Sunshine Cinema

CINÉMA

42 ⭐ Plan p. 66, C5

Dans un ancien théâtre yiddish, le merveilleux Landmark projette des films étrangers et récents sur grand écran. Ses sièges, conçus comme ceux d'un stade, assurent une bonne vision, même si un géant vient s'asseoir devant vous après l'extinction des feux. (📞212-260-7289 ; www. landmarktheatres.com ; 143 E Houston St, entre Forsyth St et Eldridge St ; **S** F/V jusqu'à Lower East Side-Second Ave)

Delancey

CONCERTS

43 ⭐ Plan p. 66, E7

Étonnamment élégant pour le Lower East Side, le Delancey attire les fans de rock indé avec des groupes locaux populaires. C'est une bonne adresse pour prendre un verre en début de soirée, en particulier sur la terrasse du 2e niveau frangée de palmiers. (📞212-254-9920 ; www.thedelancey.com ; 168 Delancey St, au niveau de Clinton St ; **S** F jusqu'à Delancey St, J/M/Z jusqu'à Essex St)

Anthology Film Archives

CINÉMA

44 ⭐ Plan p. 66, B5

Cette salle fondée en 1970 présente les films indépendants de nouveaux réalisateurs et fait revivre des classiques et des vieux films obscurs – de Luis Buñuel aux visions psychédéliques de Ken Brown. (📞212-505-5181 ; www.anthologyfilmarchives. org ; 32 Second Ave, au niveau de 2nd St ; **S** F jusqu'à 2nd Ave)

Amore Opera

OPÉRA

45 ⭐ Plan p. 66, D4

Créée par des membres de feu l'Amato Opera, cette compagnie présente des grandes œuvres (*La Flûte enchantée*, *La Bohème*) et d'autres opéras bien connus (*Le Mikado* ou *Hansel et Gretel*) dans son théâtre de l'East Village. Tarifs abordables et ambiance plus intime que dans la plupart des salles. (www. amoreopera.org ; Connelly Theater, 220 E 4th St, entre Ave A et Ave B ; billets 40 $; **S** F jusqu'à 2nd Ave)

Sing Sing Karaoke

KARAOKÉ

46 ⭐ Plan p. 66, B3

Clin d'œil à la prison d'État voisine, le Sing Sing porte bien son nom – venez chanter à pleins poumons ! (📞212-387-7800 ; www.karaokesingsing. com/page/home ; 9 St Marks Pl ; **S** N/R jusqu'à 8th St-NYU, L jusqu'à 3rd Ave, 6 jusqu'à Astor Pl)

Shopping

Verameat

BIJOUX

47 Plan p. 66, C2

Dans cette jolie boutique de 9th St, la créatrice Vera Balyura fabrique avec art des petits bijoux en métal (pendentifs, bagues, boucles d'oreilles, bracelets), qui peuvent sembler bien raffinés, jusqu'à ce qu'on y regarde de plus près. On découvre alors zombies, robots, têtes d'animaux, dinosaures, griffes... Un nouveau niveau de complexité dans le royaume de la bijouterie ! (☎212-388-9045 ; www. veramat.com ; 315 E 9th St, entre First Ave et Second Ave ; ☺12h-20h ; ⑤6 jusqu'à Astor Pl)

Obscura Antiques

ANTIQUITÉS

48 Plan p. 66, D1

Ce petit cabinet de curiosités enchante aussi bien les amoureux du macabre que les passionnés d'objets anciens : animaux empaillés, papillons dans des boîtes en verre, anciennes fioles à poison, Zippo datant de la guerre du Vietnam... (☎212-505-9251 ; 207 Ave A, entre 12th St et 13th St ; ☺12h-20h lun-sam, jusqu'à 19h dim ; ⑤L jusqu'à 1st Ave)

Dinosaur Hill

JOUETS

49 Plan p. 66, B3

Une petite boutique de jouets à l'ancienne, formidable mine d'idées de cadeaux : marionnettes tchèques ou de théâtre d'ombres, jeux de construction, kits de calligraphie, pianos miniatures, coffrets sur les arts ou les sciences, CD de toute la planète et cubes en bois dans plusieurs langues. Sans oublier les vêtements en fibre naturelle pour les bébés. (☎212-473-5850 ; www.dinosaurhill. com ; 306 E 9th St ; ☺11h-19h ; ⑤6 jusqu'à Astor Pl)

Top Hat

ACCESSOIRES

50 Plan p. 66, D8

Cette boutique originale regorge de curiosités du monde entier : crayons italiens vintage, beaux carnets à couverture de cuir, sifflets en bois imitant le chant des oiseaux admirablement sculptés... Un endroit rêvé pour dénicher une clarinette miniature, des tissus japonais ou une carte du ciel étoilé ! (☎212-677-4240 ; 245 Broome St, entre Ludlow St et Orchard St ; ☺12h-20h ; ⑤B/D jusqu'à Grand St)

Tokio 7

DÉPÔT-VENTE

51 Plan p. 66, C3

Sur une portion ombragée d'E 7th St, ce dépôt-vente (une adresse culte) propose des vêtements de créateurs pour homme et femme en bon état à prix très intéressants (Issey Miyake et Yohji Yamamoto – les propriétaires sont japonais –, Dolce & Gabbana, Prada, Chanel et d'autres marques de luxe). (☎212-353-8443 ; www.tokio7.net ; 83 E 7th St, près de First Ave ; ☺midi-20h ; ⑤6 jusqu'à Astor Pl)

Patricia Field
MODE

52 🔒 Plan p. 66, B5

Styliste de la série *Sex and the City*, Patricia Field n'a peur de rien : boas en plumes, vestes roses, robes disco, T-shirts graphiques et colorés, escarpins imprimés léopard, perruques crépues de couleur vive, Lycra argenté et quelques idées de cadeaux loufoques. (📞212-966-4066 ; 306 Bowery St, au niveau de 1st St ; ⏱11h-20h dim-jeu, 11h-21h ven-sam ; Ⓢ F jusqu'à 2nd Ave)

Kiehl's
BEAUTÉ

53 🔒 Plan p. 66, B1

Fabricant et distributeur de produits de beauté depuis 1851, Kiehl's est devenu une chaîne internationale et a doublé la taille de ce magasin phare sans changer ses pratiques – ni le généreux format des échantillons. (📞212-677-3171 ; 109 3rd Ave, entre 13th St et 14th St ; ⏱10h-20h lun-sam, 11h-18h dim ; Ⓢ L jusqu'à 3rd Ave)

By Robert James
MODE

54 🔒 Plan p. 66, D8

Des costumes homme aux belles coupes franches : tel est le mantra de Robert James, qui s'approvisionne et fabrique ses modèles à New York (l'atelier de création est à l'étage). Les rayonnages sont chargés de denims *slim*, de belles chemises et de vestes classiques. (📞212-253-2121 ; www.byrobertjames.com ; 74 Orchard St ; ⏱12h-20h lun-sam, jusqu'à 18h dim ;

Ⓢ F jusqu'à Delancey St, J/M/Z jusqu'à Essex St)

Edith Machinist
MODE VINTAGE

55 🔒 Plan p. 66, D6

Edith Machinist peut vous aider à adopter le style savamment négligé du Lower East Side : une touche de glamour vintage avec des bottes hautes en daim, des robes en soie des années 1930 et des ballerines. (📞212-979-9992 ; 104 Rivington St, au niveau d'Essex St ; ⏱midi-19h mar-sam, midi-18h dim ; Ⓢ F jusqu'à Delancey St, J/M/Z jusqu'à Essex St)

Sustainable NYC
VÊTEMENTS

56 🔒 Plan p. 66, D3

En face de Tompkins Square Park, cette boutique *eco friendly* vend toutes sortes d'objets pour "vivre vert" à la maison et au bureau : T-shirts en coton bio, radios et torches à dynamo (pas besoin de piles), bougies à la cire de soja ou d'abeille, pendules fabriquées avec des vieux vinyles et espadrilles. Petit café sur place. (📞212-254-5400 ; 139 Ave A entre St Marks Pl et 9th St ; ⏱8h-22hlun-ven, 9h-22hsam-dim ; Ⓢ 6 jusqu'à Astor Pl)

John Varvatos
MODE, CHAUSSURES

57 🔒 Plan p. 66, B5

Aménagée dans l'ancien club punk CBGB, la boutique de John Varvatos tente d'associer mode et rock and roll en vendant des disques, du matériel audio des années 1970 et des guitares électriques à côté des

Trash & Vaudeville

PETER PTSCHELINZEW/GETTY IMAGES ©

vêtements en denim, des bottes en cuir, des ceintures et des T-shirts imprimés. (📞212-358-0315 ; 315 Bowery entre 1st St et 2nd St ; 🕐12h-20h lun-sam, 12h-18h dim ; **S**F jusqu'à 2nd Ave, 6 jusqu'à Bleecker St)

Trash & Vaudeville · MODE VINTAGE

58 🔒 Plan p. 66, B3

Capitale de l'empire punk-rock sur 2 niveaux, Trash & Vaudeville alimente la penderie de chanteurs célèbres comme Debbie Harry, qui ont trouvé leur style dans l'East Village à l'époque où il accueillait une scène bien plus tapageuse. Toute la semaine, vous y trouverez des clients en quête de chaussures, de chemises et de teintures capillaires les plus délirantes, drag queens ou invités à quelque soirée costumée. (4 St Marks Pl ; 🕐midi-20h lun-ven, 11h30-21h sam, 13h-19h30 dim ; **S**6 jusqu'à Astor Pl)

Moo Shoes · CHAUSSURES

59 🔒 Plan p. 66, D8

Cette boutique respectueuse de la Terre et des animaux vend des chaussures, sacs et portefeuilles en microfibres (faux cuir) étonnamment élégants – belles ballerines de chez Love Is Mighty, chaussures oxford de Novacos, portefeuilles chics de Matt & Nat... (📞212-254-6512 ; www.mooshoes. com ; 78 Orchard St entre Broome St et Grand St ; 🕐11h30-19h30 lun-sam, 12h-18h dim ; **S**F jusqu'à Delancey St, J/M/Z jusqu'à Essex St)

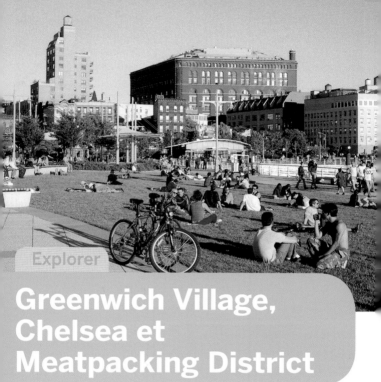

Explorer

Greenwich Village, Chelsea et Meatpacking District

Ce n'est pas un hasard si ce quartier s'appelle le "Village", il en a tout l'air ! De paisibles ruelles pittoresques serpentent entre les maisons de ville en briques brunes, offrant d'infinies possibilités de balades. Le Meatpacking District – ancien quartier des abattoirs regroupant aujourd'hui de nombreuses boutiques chics et des clubs animés – conduit à Chelsea, où les galeries et les bars *gay-friendly* sont légion.

L'essentiel en un jour

☀️ Commencez par une balade le long de la **High Line** (p. 86), une accueillante coulée verte, pour vous repérer dans ce charmant coin de la ville. Sortez au niveau de 14th St pour découvrir les boutiques de créateurs du Meatpacking District, puis pénétrez dans West Village, une adresse fameuse pour faire des achats encore plus exceptionnels.

☀️ Les galeries de Chelsea, situées dans d'anciens entrepôts, vous promettent un après-midi artistique. Reprenez des forces au **Chelsea Market** (p. 92 et p. 98) ou dans l'un des restaurants du quartier : le **Cookshop** (p. 99) ou **Le Grainne** (p. 101).

🌙 Des airs de blues résonnent souvent dans le **Washington Square Park** (p. 92) – traversez-le parc avant de vous attabler pour un délicieux dîner dans un lieu réputé comme le **Rosemary's** (p. 96) ou le **RedFarm** (p. 96). Puis remontez le temps au **Little Branch** (p. 101) ou au **Bathtub Gin** (p. 103), évoquant la Prohibition, ou finissez sur une note d'humour, dans un temple de la comédie comme l'**Upright Citizens Brigade Theatre** (p. 105) ou le **Comedy Cellar** (p. 106).

Pour une journée arty à Chelsea, reportez-vous p. 88.

👁 **Les incontournables**

La High Line (p. 86)

🔍 **100% new-yorkais**

Les galeries de Chelsea (p. 88)

❤️ **Le meilleur du quartier**

Se restaurer
Jeffrey's Grocery (p. 97)

Rosemary's (p. 96)

RedFarm (p. 96)

Prendre un verre
Little Branch (p. 101)

Top of the Standard (p. 102)

Jane Ballroom (p. 102)

Sortir
Upright Citizens Brigade Theatre (p. 105)

Comedy Cellar (p. 106)

Comment y aller

Ⓢ **Métro** Prenez le A/C/E ou le 1/2/3 et descendez à 14th St si vous cherchez un bon point de départ.

🚌 **Bus** Le M14 et le M8 permettent d'accéder à l'extrême ouest de Chelsea et de West Village.

Les incontournables
La High Line

Au début des années 1900, le secteur à l'ouest
de Chelsea était le plus grand quartier industriel
de Manhattan. Une voie ferrée y fut construite
en hauteur pour transporter les marchandises
et désengorger les rues en contrebas. Ces
rails, essentiellement destinés au transport de
marchandises, devinrent peu à peu obsolètes.
En 1999, on décida donc de les convertir en un
espace vert public. Le 9 juin 2009, le premier
tronçon de ce projet de rénovation urbaine ouvrit
en grande pompe. Le dernier, qui devrait être
achevé fin 2014, sinuera de 30th St à 34th St.

👁 Plan p. 90, C3

📞 212-500-6035

www.thehighline.org

Gansevoort St

gratuit et ⏱ 7h-19h

🚌 M11 (Washington St) ;
M11, M14 (9th Ave) ; M23,
M34 (10th Ave) ; 🅂 L,
A/C/E (14th St-8th Ave ;
C/E (23rd St-8th Ave)

À ne pas manquer

Art public

Plus qu'un refuge verdoyant, la High Line est aussi un espace artistique informel, qui accueille diverses installations liées au site ou indépendantes. Pour des renseignements détaillés concernant les œuvres exposées lors de votre visite, consultez le site www.art.thehighline.org.

Personnel du parc

Tout au long de la High Line, des employés, vêtus d'une chemise portant le logo constitué de deux "H", vous orienteront et vous renseigneront sur l'histoire de cette voie ferrée réhabilitée. À la belle saison, des circuits gratuits partent à 18h30 le mardi (inscription près de l'entrée dans 14th St).

Passé industriel

Difficile d'imaginer que la High Line – exemple remarquable de réhabilitation paysagère – était jadis une voie ferrée vétuste qui desservait le quartier des abattoirs, un monde interlope peuplé de voyous la nuit venue. Elle fut construite dans les années 1930 lorsque la municipalité décida de rehausser les rails situés au niveau de la rue après des années d'accidents, qui valurent à 10th Ave le surnom de "Death Avenue" (avenue de la Mort). Ce projet coûta plus de 150 millions de dollars (près de 2 milliards de dollars actuels) et dura cinq ans. Après deux décennies d'utilisation effective, l'essor du transport et du trafic routiers entraîna une diminution progressive de sa fréquentation et cette voie finit par devenir obsolète dans les années 1980. Les riverains signèrent alors des pétitions pour faire retirer ce qu'ils considéraient comme un affront esthétique au quartier. A contrario, fut créé en 1999 le comité Friends of the High Line, dont le projet était de transformer la voie en un vaste espace vert surélevé.

☑ À savoir

▶ Devancez la foule en démarrant tôt de 30th St ; partez vers le sud et sortez par 14th St pour un encas au Chelsea Market avant d'explorer le West Village. Pour le retour, remontez la High Line en sens inverse.

▶ Pour participer au financement de la High Line, devenez membre sur le site Web. Les adhérents bénéficient de réductions dans des établissements du quartier, comme la boutique de Diane von Furstenberg et Amy's Bread au Chelsea Market.

✕ Une petite faim ?

La High Line invite les établissements gastronomiques de la ville à installer des stands de plats à emporter. Les meilleurs cafés et glaces font leur apparition pendant l'été. Des restaurants se cachent derrière les murs de brique du Chelsea Market (p. 92 et p. 98), à la sortie 14th St de la High Line.

100% new-yorkais
Les galeries de Chelsea

Si la High Line est la coqueluche de cette partie de la ville, elle n'a pas le monopole de la vie du quartier. Chelsea abrite la plus forte concentration de galeries d'art de la ville – et leur nombre ne cesse de croître. La plupart se trouvent autour de 20th St, entre Tenth Ave et Eleventh Ave. Les vernissages, avec dégustation de vins et de fromages, ont généralement lieu le jeudi soir.

❶ **Greene Naftali**
Pointue, conceptuelle et privilégiant les artistes émergents, la galerie **Greene Naftali** (☎212-463-7770 ; www.greenenaftaligallery. com ; 526 W 26th St ; ⊙10h-18h mar-sam ; **S**C/E jusqu'à 23rd St) présente des œuvres sur tout support – vidéos, peintures, dessins et performances artistiques. Elle a donné leur chance à Tracy Emin et à Laura Owens.

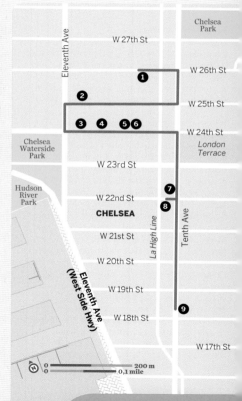

❷ Cheim & Read

La sculpture est l'art de prédilection de **Cheim & Read** (☎212-242-7727 ; www.cheimread.com ; 547 W 25th St entre 10th Ave et 11th Ave ; ◷10h-18h mar-sam ; Ⓢ C/E jusqu'à 23rd St). Les œuvres, renouvelées chaque mois, bénéficient d'installations lumineuses et dépouillées. Comme ici la sculpture est suivie de près par la photographie, vous pourrez aussi y découvrir de très bonnes expositions signées Diane Arbus ou William Eggleston.

❸ Gagosian

Gagosian (☎212-741-1111 ; www.gagosian.com ; 555 W 24th St ; ◷10h-18h mar-sam ; Ⓢ C/E jusqu'à 23rd St) dégage une atmosphère différente puisqu'elle fait partie d'un ensemble de showrooms répartis à travers le monde. Visitez aussi la galerie de 21st St, dont les installations d'envergure rivalisent avec certains musées de la ville.

❹ Mary Boone

La propriétaire de la **Mary Boone Gallery** (www.maryboonegallery.com ; 541 W 24th St ; ◷10h-18h mar-sam ; Ⓢ C/E, 1 jusqu'à 23rd St) a connu la gloire dans les années 1980 en exposant les œuvres de Jean-Michel Basquiat et de Julian Schnabel. Valeur sûre !

❺ Andrea Rosen

Les installations démesurées sont la norme à l'**Andrea Rosen Gallery** (☎212-627-6000 ; www.andrearosengallery.com ; 525 W 24th St ; ◷10h-18h mar-sam ; Ⓢ C/E, 1 jusqu'à 23rd St), et la galerie représente notamment John Currin, Felix Gonzalez-Torres et Tetsumi Kudo.

❻ Barbara Gladstone

La conservatrice de la **Barbara Gladstone Gallery** (☎212-206-9300 ; www.gladstonegallery.com ; 515 W 24th St entre 10th Ave et 11th Ave ; ◷10h-18h mar-sam, fermé sam-dim en juil-août ; Ⓢ C/E, 1 jusqu'à 23rd St) vit depuis trente ans dans l'univers artistique de Manhattan, une expertise reconnue puisque les expositions sont toujours encensées par la critique.

❼ Un repas espagnol

Le minuscule restaurant **Tía Pol** (☎212-675-8805 ; www.tiapol.com ; 205 Tenth Ave entre 22nd St et 23rd St ; petites assiettes 4-16 $; ◷midi-23h mar-dim, midi-17h30 lun ; Ⓢ C/E jusqu'à 23rd St) est idéal pour déguster d'authentiques tapas ibériques.

❽ Matthew Marks

Célèbre pour ses expositions de grands noms tels que Jasper Johns et Ellsworth Kelly, **Matthew Marks** (☎212-243-0200 ; www.matthewmarks.com ; 522 W 22nd St ; ◷10h-18h mar-sam ; Ⓢ C/E jusqu'à 23rd St) est un véritable pionnier à Chelsea. Trois autres adresses ont ouvert non loin, dans 22nd St et 24th St.

❾ Alexander & Bonin

La galerie **Alexander & Bonin** (☎212-367-7474 ; www.alexanderandbonin.com ; 132 Tenth Ave, près de 18th St ; ◷10h-18h mar-sam ; Ⓢ C/E jusqu'à 23rd St) utilise idéalement son vaste espace : plusieurs lauréats du prestigieux Turner Prize figurent dans sa sélection.

A

Pier 66

Hudson River Park

B

Twelfth Ave (West Side Hwy)

Eleventh Ave

Chelsea Waterside Park

W 27th St

47

41

La High Line

Tenth Ave

C

Chelsea Park

CHELSEA

W 26th St

W 25th St

W 24th St

W 23rd St

W 22nd St

W 21st St

W 20th St

W 19th St

W 18th St

W 17th St

W 16th St

W 15th St

W 14th St

Ninth Ave

Eighth Ave

D

45

23rd St

S

5

16

56

57

8th Av 14th St

S

1

2

3

4

5

Chelsea Piers Complex

Pier 62

Pier 61

Pier 60

Pier 59

9

Eleventh Ave (West Side Hwy)

63

29

20

2

Chelsea Market

Hudson

34

66

High Line

MEATPACKING DISTRICT

W 13th St

44

Little W 12th St

Gansevoort St

Horatio St

Jane St

22

Abingdon Sq

W 12th St

Bethune St

33

Washington St

Hudson St

Bank St

W 11th St

Perry St

Charles St

Hudson River Park

West Side Hwy

Pier 45

5

12

11

Christopher St

Barrow St

Morton St

Greenwich St

67

WEST VILLAGE

23

19

61

13

W 10th St

Hudson

W 27th St — E 27th St

Broadway

Madison Sq Park

E 24th St

Madison Ave

Seventh Ave

65 🔒

23rd St — 23rd St — 23rd St — E 23rd St — E 23rd St

Ⓢ

Chelsea Hôtel

FLATIRON DISTRICT

E 22nd St

Fifth Ave

E 21st St

Park Ave S

E 20th St

Gramercy Park

GRAMERCY PARK

E 20th St

E 19th St — Third Ave

E 18th St

18th St

Ⓢ

Sixth Ave (Avenue of the Americas)

E 17th St

E 18th St

E 17th St

Second Ave

Stuyvesant Sq

7 ◉

Rubin Museum of Art

UNION SQUARE

E 16th St

Union Square

E 15th St

E 15th St

14th St

Ⓢ

6th Ave-14th St

Ⓢ

E 14th St

Ⓢ 14th St-Union Sq Ⓢ

3rd Ave

E 14th St

Ⓢ

Nos adresses

◉ Les incontournables p. 86
◉ Voir p. 92
✕ Se restaurer p. 96
🍷 Prendre un verre p. 101
✪ Sortir p. 105
🔒 Shopping p. 109

500 m

0,25 mile

W 13th St

69

68 🔒

10 ◉

Forbes Collection

E 13th St

59

EAST VILLAGE

W 12th St

W 11th St

University Pl

E 12th St

E 11th St

Fourth Ave

E 11th St

46 ✪
41

14

32 ✕

60

W 10th St

E 10th St

6 ◉

Grace Church

Greenwich Ave

Waverly Pl

W 9th St

42 🔒

62 🔒

15 ✕

64

E 9th St

8th St-NYU Ⓢ

Astor Pl

Astor Place

4 ◉

Stuyvesant St

E 9th St

St Marks Pl

54 ✪

31 ✕

W 8th St

Ⓢ

2 ◉

E 7th St

Second Ave

MacDougal St

Washington Sq N

1 ◉ Washington Square Park

Cooper Sq

E 6th St

Christopher St-Sheridan Sq

Washington Pl

Waverly Pl

Broadway

Lafayette St

E 5th St

36

GREENWICH VILLAGE

3 ◉ New York University

W 4th St-Washington Sq Ⓢ

Washington Sq S

W 3rd St

Mercer St

E 4th St

NOHO

Great Jones St

27 ✕

39

Cornelia St

53

49

50

Bond St

Bleecker St

Bowery

Seventh Ave

28

25

Minetta La

40 ✕

E 2nd St

51

26

18 ✕

21

52 ✪

Broadway-Lafayette St Ⓢ

Lower East Side-2nd Ave Ⓢ

30 commerce St

Carmine St

Downing St

50

MacDougal St

Sullivan St

Thompson St

LaGuardia Pl

Bleecker St

E 1st St

37 ✪

W Houston St

E Houston St

3

Lukes Pl

Voir

Washington Square Park   PARC

1 Plan p 90, F4

Cette ancienne place où se déroulaient les exécutions publiques est désormais officiellement la place centrale du Village. Washington Square Park attire aussi bien les étudiants de New York University (NYU) que les cracheurs de feu, les habitants promenant leur chien et les joueurs d'échecs.

Entouré de riches demeures bien conservées et de superbes bâtiments modernes (tous propriété de la NYU), il compte parmi les plus beaux espaces verts de la ville – surtout lorsqu'on arrive par l'emblématique Stanford White Arch, au nord de la place. (5th Ave à la hauteur de Washington Sq N ; ⑤A/C/E, B/D/F/M jusqu'à W 4th St-Washington Sq ; N/R jusqu'à 8th St-NYU)

Chelsea Market   MARCHÉ

2 Plan p. 90, C3

Dans un effort exemplaire de réaménagement et de conservation, le Chelsea Market s'est installé dans une ancienne usine du fabricant de biscuits Nabisco (créateur des Oreo), métamorphosée en une galerie de produits alimentaires de près de 250 m de longueur. Et ce n'est que la partie inférieure d'un vaste ensemble de quelque 90 000 m² qui occupe un pâté de maisons entier. L'étage abrite le siège des chaînes télévisées The Food Network, Oxygen Network et NY1, la chaîne d'information locale.

(www.chelseamarket.com ; 75 9th Ave à la hauteur de 15th St ; ⊙7h-22h lun-sam, 8h-21h dim ; ⑤A/C/E jusqu'à 14th St ; L jusqu'à 8th Ave)

New York University   UNIVERSITÉ

3 Plan p. 90, G4

En 1831, Albert Gallatin, ancien ministre des Finances, fonda un petit centre de hautes études ouvert à tous les étudiants, indépendamment de leurs origines ou de leur classe sociale. Aujourd'hui, le fondateur reconnaîtrait à peine l'endroit, qui accueille désormais plus de 54 000 étudiants. Pour une expérience unique, inscrivez-vous à l'un des cours d'une journée – histoire des États-Unis ou photographie –, proposé par la School of Professional Studies and Continuing Education. (NYU ; ☎212-998-2222 ; www.nyu.edu ; 50 W 4th St (Information Center) ; ⑤A/C/E, B/D/F/M jusqu'à W 4th St-Washington Sq ; N/R jusqu'à 8th St-NYU)

Astor Place   PLACE

4 Plan p. 90, G4

Cette place tient son nom de la famille Astor, qui fit rapidement fortune dans la fourrure de castor à New York et habita Colonnade Row, au sud de la place. À l'origine, sur Astor Place se trouvait l'Astor Opera House (aujourd'hui disparu), dont les représentations régulières attiraient l'élite de la ville au milieu des années 1800. La place est désormais principalement connue comme siège du *Village Voice* et de l'université

Comprendre

Les gays du Village

Dès les années 1890, si le Lower East Side était connu pour ses maisons closes, ses dancings et ses saloons, Greenwich Village joua le premier rôle dans la longue et fameuse histoire *queer* de New York.

Village People

Au début du XXe siècle, la bohème se retrouvait à Greenwich Village. Attirés par le non-conformisme des artistes, les homosexuels de l'époque vinrent nombreux dans le quartier pour jouir d'un peu plus de liberté. Des commerces tenus par des gays bordaient alors MacDougall St, à l'image du légendaire Eve's Hangout, au n°129. Ce salon de thé, qui appartenait à Eva Kotchever (Eve Addams), d'origine polonaise, était célèbre pour deux choses : les lectures de poésie et le panneau sur la porte qui indiquait "Hommes acceptés mais non bienvenus".

À l'âge du puritanisme

Avec la crise de 1929, la Seconde Guerre mondiale et la guerre froide, la relative transgression du début du XXe siècle céda la place à un nouveau conservatisme. Dans les années 1940 et 1950, un durcissement de la législation, visant à faire disparaître l'homosexualité de la sphère publique, poussa les gays à entrer en clandestinité. Le sénateur Joseph McCarthy désigna les homosexuels de l'administration comme une menace pour la sécurité de l'Amérique et de ses enfants.

Le Gay Power

Le ressentiment LGBT culmina le 28 juin 1969, quand huit policiers firent une descente au Stonewall Inn, un bar *gay-friendly* de Greenwich Village. Las du harcèlement et de la corruption des policiers qui extorquaient des pots-de-vin aux patrons de bar, les clients du Stonewall Inn commencèrent à bombarder les forces de l'ordre avec des pièces, des bouteilles et des briques, en scandant *"Gay power"* ("le pouvoir aux gays") et *"We shall overcome"* ("Nous vaincrons"). Les affrontements tournèrent à l'émeute et des drag queens vinrent grossir les rangs des combattants. Les émeutes de Stonewall, fruits de la colère collective et de la solidarité, marquèrent un tournant et servirent d'élément déclencheur à la lutte pour la défense des droits des homosexuels.

Parole d'expert

Robert Hammond nous parle de la High Line

Robert Hammond, cofondateur et directeur exécutif de l'association Friends of The High Line, partage ses bons plans sur la High Line : "Ce que je préfère, ce sont les infimes détails qui se dévoilent aux plus attentifs. Ainsi, au niveau de l'avancée de 10th Ave Square, à hauteur de 17th St, les gens s'assoient sur les marches, mais s'ils regardaient de l'autre côté, ils apercevraient la statue de la Liberté, au loin. Les amateurs d'architecture observeront 18th St en contrebas, et au niveau de 30th se trouve mon endroit préféré : une découpe dans l'acier permettant d'observer les voitures en dessous."

Cooper Union. (8th St entre 3rd Ave et 4th Ave ; S N/R jusqu'à 8th St-NYU ; 6 jusqu'à Astor Pl)

Pier 45 AU BORD DE L'EAU

 5 ⊙ Plan p. 90, C5

Souvent appelée Christopher Street Pier, cette étroite bande de béton de 260 m de longueur s'élance vers la puissante Hudson River. Elle comprend une pelouse, des parterres de fleurs, un café en plein air, des auvents en toile et un arrêt du New York Water Taxi. L'endroit attire des citadins de tous horizons : familles avec enfants la journée ou bandes de jeunes gays en soirée. (W 10th St au niveau de l'Hudson ; S 1 jusqu'à Christopher St-Sheridan Sq)

Grace Church ÉGLISE

6 ⊙ Plan p. 90, G3

Cette église épiscopale néogothique, conçue en 1843 par James Renwick Jr, est constituée de marbre extrait par les prisonniers de "Sing Sing", le pénitencier d'État situé à 48 km de là. Négligée pendant des années, l'église a subi une rénovation majeure, elle est désormais classée monument national. Ses sculptures travaillées, son imposant clocher et son jardin verdoyant vous attireront à coup sûr si vous passez dans ce coin autrement quelconque du Village. (☎212-254-2000 ; www.gracechurchnyc.org ; 802 Broadway à la hauteur de 10th St ; ◷10h-17h, services quotidiens ; S N/R jusqu'à 8th St-NYU ; 6 jusqu'à Astor Pl)

Rubin Museum of Art MUSÉE

7 ⊙ Plan p. 90, E2

Premier musée occidental à s'intéresser à l'art de l'Himalaya et des régions environnantes, il comprend une collection impressionnante (IIᵉ-XIXᵉ siècle), constituée de broderies de Chine, de sculptures en métal du Tibet, de sculptures en pierre du Pakistan, de peintures élaborées du Bhoutan, ainsi que d'objets rituels et de masques de danseurs du Tibet. (☎212-620-5000 ; www.rmanyc.org ; 150 W 17th St, au niveau de Seventh Ave ; adulte/enfant 10 $/gratuit, 18h-22h ven gratuit ; ◷11h-17h lun et jeu,

jusqu'à 21h mer, jusqu'à 22h ven, jusqu'à 18h ;
Ⓢ 1 jusqu'à 18th St)

Chelsea Hotel
ÉDIFICE HISTORIQUE

8 ◉ Plan p. 90, E1

Malgré un futur incertain
(l'établissement a été acquis par un
promoteur de luxe en 2013), le statut
de légende du Chelsea Hotel paraît
inaltérable. Quelque sept plaques
signalent l'intérêt littéraire de ce
bâtiment, doté de balcons ouvragés en
fer forgé, qui tient une place de choix
dans l'histoire des lettres américaines
et de la culture pop. Jack Kerouac
y aurait écrit *Sur la route* et Arthur
C. Clarke, *2001 : L'Odyssée de l'espace*,
tandis que d'innombrables artistes y
ont vécu (ou y sont morts), du poète

Dylan Thomas ...
Janis Joplin. (☎...
23rd St, entre Sevent...
Ⓢ 1, C/E jusqu'à 23rd...

Chelsea Piers C...
SPORT

9 ◉ Plan p. 90, B2

Dans cet énorme complexe sportif, on
peut effectuer un parcours de golf sur
4 étages puis s'élancer sur la patinoire
couverte ou louer des rollers pour
se promener jusqu'à Battery Park, le
long de la piste cyclable de l'Hudson
River Park. Il dispose également
d'un bowling, d'un espace dédié au
basket-ball, d'une école de voile pour
enfants, de cages de base-ball, d'une
immense salle de sport avec piscine
couverte (50 $ la journée pour les

Comprendre
L'histoire du Washington Square Park

Le ravissant Washington Square Park cache une histoire mouvementée.
Cette terre appartenait à l'origine aux Amérindiens, qui furent chassés
quand les Hollandais s'établirent à Manhattan ; elle fut ensuite concédée aux
esclaves noirs affranchis. Au début du XIXᵉ siècle, le site devint un cimetière,
qui fut vite saturé au cours d'une épidémie de fièvre jaune. Aujourd'hui
encore, plus de 20 000 corps reposent dans le parc. Dans les années 1830,
le terrain servit à des parades militaires. Il fut ensuite fréquenté par la
bourgeoisie fortunée qui fit construire des hôtels particuliers alentour.

L'emblématique Stanford White Arch, communément appelée
Washington Square Arch, domine le parc du haut de ses 22 m d'un
éclatant marbre blanc de Dover. D'abord construit en bois pour célébrer
le centenaire de l'investiture de George Washington en 1889, cet arc
de triomphe eut un tel succès qu'il fut reconstruit en marbre quelques
années plus tard. En 1916, Marcel Duchamp grimpa au sommet de l'arc par
l'escalier intérieur et déclara le parc "république libre et indépendante de
Washington Square".

...bres) et d'un mur d'escalade ...eur. (☎212-336-6666 ; www. ...elseapiers.com ; Hudson River au bout de W 23rd St ; §C/E jusqu'à 23rd St)

Forbes Collection

MUSÉE

10 Plan p. 90, F3

Dans le hall du siège du magazine *Forbes*, ces galeries accueillent des expositions tournantes et des pièces de la collection personnelle de feu Malcolm Forbes, grand ponte de l'édition. Œufs de Fabergé, bateaux miniatures, premières versions du Monopoly et plus de 10 000 petits soldats figurent parmi les divers objets exposés. (☎212-206-5548 ; www. forbesgalleries.com ; 62 5th Ave à la hauteur de 12th St ; entrée libre ; ☺10h-16h mar-sam ; §L, N/Q/R, 4/5/6 jusqu'à 14th St-Union Sq)

Downtown Boathouse

KAYAK

11 Plan p. 90, D5

Le complexe nautique le plus important de New York propose des balades gratuites de 20 minutes en kayak (matériel compris) dans la baie protégée de l'Hudson, le week-end et certains soirs en semaine. (www.downtownboathouse. org ; Pier 40 près de Houston St ; balades gratuites ; ☺10h-18h sam-dim, 17h-19h jeu mi-mai à mi-oct ; §1 jusqu'à Houston St)

New York Trapeze School

ARTS DU CIRQUE

12 Plan p. 90, C5

Telle Carrie dans *Sex and the City*, réalisez vos rêves en volant de trapèze en trapèze dans ce chapiteau à ciel ouvert au bord de l'eau, ouvert de mai à septembre en haut de Pier 40. L'école possède aussi des locaux couverts dans le Circus Warehouse, à Long Island City (Queens), qui fonctionnent d'octobre à avril. (www. newyork.trapezeschool.com ; Pier 40 à la hauteur de West Side Hwy ; à partir de 50 $/cours ; §1 jusqu'à Houston St)

Se restaurer

RedFarm

FUSION $$$

13 Plan p. 90, D4

Le RedFarm mêle avec panache les saveurs asiatiques et occidentales : bruschetta crabe-aubergine, entrecôte marinée (avec papaye, gingembre et soja), pâté impérial au pastrami... Arrivez tôt, car l'attente peut être longue (pas de réservations), ou allez siroter un excellent cocktail au bar du niveau inférieur. (☎212-792-9700 ; www. redfarmnyc.com ; 529 Hudson St, entre 10th St et Charles St ; plats 19-49 $; ☺17h-23h45 lun-sam, jusqu'à 23h dim et 11h-14h30 sam-dim ; §A/C/E, B/D/F/M jusqu'à W 4th St ; 1 jusqu'à Christopher St-Sheridan Sq)

Rosemary's

ITALIEN $$

14 Plan p. 90, E4

Cet excellent restaurant italien mérite bien l'engouement qu'il suscite. Venez savourer les pâtes maison servies généreusement, les copieuses salades, les fromages fermiers et les assiettes de charcuterie. Pour un

Rubin Museum of Art (p. 94)

festin, commandez un plat unique familial (*piatti unici*), comme l'*acqua pazza* (ragoût de produits de la mer) ou le *carne misti* (côtelettes de porc, épaule d'agneau et demi-poulet). Arrivez tôt pour échapper à la foule (pas de réservations). (☎212-647-1818 ; rosemarysnyc.com ; 18 Greenwich Ave, au niveau de W 10th St ; plats 12-26 $; ☺8h-24h ; Ⓢ1 jusqu'à Christopher St-Sheridan Sq)

Jeffrey's Grocery

AMÉRICAIN MODERNE $$

15 Ⓧ Plan p. 90, E4

Cette institution, qui se double d'un bar à huîtres, brille par ses fruits de mer. Côté terre, on y déguste par exemple du poulet rôti avec des topinambours et des burgers de pastrami. Le soir, l'heure avançant, on vient plus boire que manger. Brunch fantastique. (☎646-398-7630 ; jeffreysgrocery.com ; 172 Waverly Pl, au niveau de Christopher St ; plats 18-35 $; ☺8h-23hdim-mer,jusqu'à2hjeu-sam ; Ⓢ1 jusqu'à Christopher St-Sheridan Sq)

Foragers City Table

AMÉRICAIN MODERNE $$

16 Ⓧ Plan p. 90, D2

Les patrons de cette table possèdent une ferme d'une dizaine d'hectares dans l'Hudson Valley, qui alimente en grande partie leur carte. Nous aimons le principe et adorons le résultat – soupe avec topinambours et truffe noire, quinoa grillé avec un savoureux mélange de légumes de saison, etc. Le brunch plaît aussi beaucoup.

100% new-yorkais

Repaires de gourmets au Chelsea Market

À la place des anciens fours qui débitaient des biscuits à la chaîne, des boulangeries emplissent désormais les allées rénovées du **Chelsea Market** (p. 90 ; plan p. 90, C3 ; ☎212-255-6804 ; Ⓢ A/C/E jusqu'à 14th St, L jusqu'à 8th Ave). Mention spéciale à **Eleni's** – Eleni Gianopulos fut l'une des premières à s'installer et ses biscuits réalisés de main de maître rencontrent un franc succès. Tuck Shop mérite également le détour pour ses savoureux *pies*, *rolls*, *lamingtons* et sodas maison à l'australienne. Les becs sucrés craqueront pour les délices glacés d'Arte Del Gelato – préparés chaque jour (plus de 20 parfums), ils accompagnent bien une balade sur la High Line !

(www.foragerscitygrocer.com ; 300 W 22nd St, angle Eighth Ave ; plats 22-28 \$; ☻18h-22h mar-sam, à partir de 10h30 sam-dim ; 🖉 ; Ⓢ C/E, 1 jusqu'à 23rd St)

Blue Hill   AMÉRICAIN \$\$\$

17 Plan p. 90, F4

Prisé des adeptes du Slow Food, le Blue Hill défend le mouvement locavore. Le chef, Dan Barber, originaire d'une famille de paysans des Berkshires (Massachusetts), emploie des produits issus de sa région et de l'État de New York. Au menu, cabillaud dans un court-bouillon aux amandes, ou agneau de pâturage aux haricots blancs et pommes de terre nouvelles. (☎212-539-1776 ; www.bluehillfarm.com ; 75 Washington Pl, entre Sixth Ave et Washington Sq W ; plats 32-38 \$; ☻17h-23h lun-sam, jusqu'à 22h dim ; Ⓢ A/C/E, B/D/F/M jusqu'à W 4th St-Washington Sq)

Minetta Tavern   BISTROT \$\$

18 Plan p. 90, F5

Réservez ou venez tôt un soir de semaine pour trouver une table dans cette taverne légendaire, aux banquettes de cuir rouge, aux boiseries sombres et au carrelage en damier. Dans les assiettes, de bons plats de bistrot : os à moelle, gros burgers et *French dip sandwiches* (sandwichs chauds à la viande, souvent au bœuf). (☎212-475-3850 ; www.minettatavernny.com ; 113 MacDougal St ; plats 19-35 \$; ☻17h30-1h lun-mar, 11h-15h et 17h30-1h mer-dim ; Ⓢ A/C/E, B/D/F/M jusqu'à W 4th St)

Spotted Pig   BISTRONOMIE \$\$

19 Plan p. 90, D4

Ce gastropub étoilé au Michelin attire sur ses deux niveaux (décorés de souvenirs) les habitants du Village avec des plats copieux et hauts de gamme originaires d'Italie ou du Royaume-Uni. Pas de réservations : il faut souvent attendre pour avoir une table. Si vous êtes impatient, venez le midi en semaine. (☎212-620-0393 ; www.thespottedpig.com ; 314 W 11th St, au niveau

Se restaurer   99

de Greenwich St ; plats 16-35 $; 11h-2h ;
 ; A/C/E jusqu'à 14th St ; L jusqu'à
8th Ave)

Cookshop AMÉRICAIN MODERNE $$

20 Plan p. 90, C2

Excellent pour un brunch, avant ou
après une balade sur la High Line de
l'autre côté de la route, Cookshop est
un établissement animé maîtrisant
avec brio l'art du brunch. Le service
excellent, les cocktails matinaux
(comme le Bloody Maria !), le pain
parfaitement cuit et un choix de plats
d'œufs inventifs en font une adresse
incontournable à Chelsea le dimanche
après-midi. Succès garanti au dîner
également. Places en extérieur pour
les jours de beau temps. (212-924-
4440 ; www.cookshopny.com ; 156 10th Ave
entre 19th St et 20th St ; plats 15-35 $;
11h30-16h et 17h30-23h30 lun-ven, à partir
de 10h30 sam-dim ; L jusqu'à 8th Ave ;
A/C/E jusqu'à 23rd St)

Saigon Shack VIETNAMIEN $

21 Plan p. 90, F5

Des bols de *pho* (soupe de nouilles)
fumants, des sandwichs *bahn mi*
piquants et des rouleaux de printemps
croustillants nourrissent les foules
dans cet établissement populaire. Tout
près de Washington Square Park, il
séduit les étudiants qui apprécient
aussi la rapidité du service. Il faut
parfois attendre pour trouver une
table. (212-228-0588 ; saigonshacknyc.
com ; 114 MacDougal St, entre Bleecker St
et 3rd St ; plats 7-10 $; 11h-23h dim-jeu,

jusqu'à 1h ven-sam ; A/B/C, B/D/F/M
jusqu'à W 4th St)

Barbuto ITALIEN MODERNE $$

22 Plan p. 90, C4

Dans un ancien garage doté de
portes vitrées ouvertes à la belle
saison, le Barbuto concocte un
délicieux assortiment de nouveaux
plats italiens, comme le filet de
porc avec de la polenta à la pomme
et la bruschetta foie de canard-
pistache-vinaigre balsamique.
(212-924-9700 ; www.barbutonyc.com ;
775 Washington St, entre 12th St et Jane St ;
plats 19-27 $; 12h-23h lun-mer, jusqu'à
24h jeu-sam, jusqu'à 22h dim ; L jusqu'à
8th Ave ; A/C/E jusqu'à 14th St ; 1 jusqu'à
Christopher St-Sheridan Sq)

Café Cluny BISTROT $$

23 Plan p. 90, D4

Comme son nom le suggère, le Café
Cluny amène un petit air de Paris
dans le West Village. Au milieu
d'un décor composé d'un étonnant
mélange d'oiseaux empaillés et
d'autres curiosités du même genre,
sa carte annonce d'intéressantes
créations de bistrot, comme la
lotte servie avec des lentilles et du
chorizo, ou le gratin de chou frisé
toscan au gouda affiné. (212-255-
6900 ; www.cafecluny.com ; 284 W 12th St ;
plats déj 14-24 $, dîner 18-34 $; 8h-23h30
lun-ven, 9h-23h sam-dim ; L jusqu'à 8th
Ave ; A/C/E, 1/2/3 jusqu'à 14th St)

Taïm

ISRAÉLIEN $

24 Plan p. 90, E4

Les falafels du minuscule Taïm
sont parmi les meilleurs de la ville.
Choisissez-les Green ("verts", la recette
traditionnelle), Harissa (avec des
épices tunisiennes) ou Red ("rouges",
aux poivrons rôtis). Tous sont servis
dans une pita, avec une sauce
crémeuse à la purée de sésame et une
belle portion de salade israélienne.
Également : assortiments, salades
piquantes et délicieux smoothies
– essayez le mélange dattes, citron
vert et banane. (☏212-691-1287 ; www.
taimfalafel.com ; 222 Waverly Pl, entre Perry St
et W 11th St ; plats 6-12 $; ☉11h-22h ;
Ⓢ1/2/3 jusqu'à 14th St)

Joe's Pizza

PIZZERIA $

25 Plan p. 90, E5

Maintes fois récompensées au cours
des trente dernières années, les pizzas
sans prétention de Joe's sont servies
aux étudiants, aux touristes et aux
célébrités (Kirsten Dunst et Bill Murray
les ont goûtées !). (☏212-366-1182 ; www.
joespizzanyc.com ; 7 Carmine St entre 6th Ave et
Bleecker St ; part à partir de 3 $; ☉10h -4h30 ;
Ⓢ A/C/E, B/D/F/ M jusqu'à W 4th St ; 1 jusqu'à
Christopher St-Sheridan Sq ou Houston St)

Cafe Blossom

VÉGÉTARIEN $

26 Plan p. 90, E5

Ce restaurant romantique éclairé par
des bougies régale ses clients avec des

BARRY WINIKER/GETTY IMAGES ©

Chelsea Market (p. 92 et p. 98)

plats bio et végétaliens. Il privilégie les assiettes originales à partager – cakes de pleurotes en huîtres, pizzas aux noix de cajou, à la ricotta et au fenouil fumé, tofu *agedashi* croustillant et son curry thaïlandais rouge... Vins, bières et cocktails bio. (blossomnyc.com ; 41 Carmine St, entre Bleecker et Bedford ; petites assiettes 8-16 $; ☺17h-22h lun-ven, 12h-22h sam, jusqu'à 21h dim ; ✒ ; ⑤A/C/E, B/D/F/M jusqu'à W 4th St)

Murray's Cheese Bar

FROMAGES **$$**

 27 Plan p. 90, E5

Le roi du fromage à New York célèbre à l'américaine tout ce qui est crémeux et artisanal, des gourmands gratins de macaronis aux sandwichs au fromage fondu, en passant par la soupe à l'oignon. Mention spéciale aux assiettes de fromage, et notamment au Cheesemongers Choice ("le choix du fromager" ; 5 à 8 fromages et de la charcuterie). Bonne carte des vins. (www.murrayscheesebar.com ; 246 Bleecker St ; plats 12-17 $, assiettes de fromages 12-16 $; ☺12h-22h dim-mar, jusqu'à 24h mer-sam ; ⑤A/C/E, B/D/F/M jusqu'à W 4th St)

Victory Garden

GLACIER **$**

28 Plan p. 90, E5

Vous n'avez jamais goûté de glace au lait de chèvre ? Rendez-vous dans ce joli petit café pour vous délecter de recettes onctueuses : caramel au beurre salé, chocolat (issu de fèves mexicaines meulées à la pierre) ou

 100% new-yorkais

Brunch sur 8th Ave

Au cœur de Chelsea, quartier d'adoption de la communauté gay de NYC, 8th Ave a la faveur des habitants pour le brunch de fin de semaine. Idéal pour reprendre des forces, en jeans et T-shirts moulants, après les excès de la veille !

parfums de saison, de la pastèque à la prune rôtie. Le choix change chaque semaine ; environ 4 parfums disponibles chaque jour. (31 Carmine St, entre Bleecker St et Bedford St ; glaces 4-6 $; ☺12h-23h lun-sam, jusqu'à 22h dim ; ⑤A/C/E, B/D/F/M jusqu'à W 4th St)

Le Grainne

FRANÇAIS **$$**

29 Plan p. 90, C2

Ici, on déguste de la soupe à l'oignon dans un cadre rappelant *Le Fabuleux Destin d'Amélie Poulain*. Ce restaurant exigu, au plafond de zinc, excelle au déjeuner. Sandwichs et crêpes délicieuses. (☎646-486-3000 ; www.legrainnecafe.com ; 183 9th Ave entre 21st St et 22nd St ; plats 10-24 $; ☺8h-minuit ; ⑤C/E, 1 jusqu'à 23rd St ; A/C/E jusqu'à 14th St)

Prendre un verre

Little Branch

BAR À COCKTAILS

30 Plan p. 90, E5

Sans la présence du videur en pantalon et bretelles, on ne devinerait pas que l'une des meilleures adresses de New York se cache derrière la banale porte en métal. Une fois entré, on trouve pourtant un bar en sous-sol qui évoque le temps de la Prohibition. Musique en sourdine et admirables cocktails à l'ancienne. (☎212-929-4360 ; 22 Seventh Ave, au niveau de Leroy St ; ☺19h-3h ; 🟩1 jusqu'à Houston St)

Stumptown Coffee Roasters

CAFÉ

 31 Plan p. 90, F4

Les amateurs acclament ce torréfacteur de Portland, ses crus produits en quantité limitée et ses méthodes d'infusion artisanales et innovantes. Nous adorons le plafond à caissons et le bar en noyer, mais c'est bel et bien le breuvage qui attire les foules – onctueux, complexe et aromatique. Avec de la chance, vous obtiendrez peut-être l'une des rares tables. (30 W 8th St, au niveau de MacDougal St ; ☺7h-20h ; 🟩A/C/E, B/D/F/M jusqu'à W 4th St)

Bell Book & Candle

BAR

32 Plan p. 90, E4

Les jeunes d'une vingtaine d'années adorent les cocktails forts et originaux (essayez la *canela margarita*, avec de la tequila parfumée à la cannelle) et les plats copieux (pour beaucoup avec des légumes cultivés en aéroponie dans le jardin sur le toit 6 étages au-dessus) de ce gastropub éclairé par des bougies. Glissez-vous autour du petit bar ou essayez de trouver

un box à l'arrière. Huîtres à 1 $ et *happy hour* en début de soirée. (141 W 10th St, entre Waverley Ave et Greenwich Ave ; 🟩A/B/C, B/D/F/M jusqu'à W 4th St, 1 jusqu'à Christopher St-Sheridan Sq)

Jane Ballroom

LOUNGE

 33 Plan p. 90, C4

Boule à facettes, fauteuils en velours, imprimés animaliers et animaux empaillés : le lounge à l'intérieur du Jane Hotel est en tout point extravagant. S'il est paisible en semaine, la fête y bat son plein le week-end et on danse alors sur les tables ! On vous aura prévenus. (113 Jane St, angle West St ; 🟩L jusqu'à 8th Ave ; A/C/E, 1/2/3 jusqu'à 14th St)

Standard

BAR

 34 Plan p. 90, C3

Construit sur des piliers en béton au-dessus de la High Line, le Standard est un lieu à la mode. Il comprend un lounge et un night-club aux étages supérieurs – le Top of the Standard (ci-dessous) et **Le Bain** –, un grill, un grand espace extérieur (transformé en patinoire en hiver) et un *beer garden* avec plats allemands et bières à la pression. (☎212-645-4646, 877-550-4646 ; www.standardhotels.com ; 848 Washington St ; 🟩A/C/E jusqu'à 14th St ; L jusqu'à 8th Ave)

Top of the Standard

LOUNGE

Ton beige, musique douce et beaucoup d'espace : le Top of the Standard, installé dans le Standard (ci-dessus) est une adresse réservée aux VIP, très prisée du milieu de la mode – top models, photographes et quelques célébrités. (☏212-645-4646 ; standardhotels.com/high-line ; 848 Washington St, entre 13th St et Little W 12th St ; ⏱16h-2h ; Ⓢ L jusqu'à 8th Ave ; 1/2/3, A/C/E jusqu'à 14th St)

Employees Only BAR

35 Plan p. 90, D4

Ce repaire caché derrière une enseigne au néon indiquant "Psychic" se remplit au fil de la nuit. Les barmen experts concoctent des mélanges incroyables et addictifs comme le Ginger Smash et le Mata Hari. Idéal pour prendre un verre tard le soir – et même pour manger (le restaurant sert après minuit). (☏212-242-3021 ; 510 Hudson St, près de Christopher St ; ⏱18h-4h ; Ⓢ 1 jusqu'à Christopher St-Sheridan Sq)

Buvette BAR À VINS

36 Plan p. 90, E5

Plafond en étain, comptoir en marbre et chic rustique : un décor évocateur pour cette gastrothèque, une adresse formidable pour boire un verre de vin à toute heure. Pour en profiter pleinement, choisissez un ou deux petits plats savoureux pour accompagner votre nectar. (☏212-255-3590 ; www.ilovebuvette.com ; 42 Grove St, entre Bedford St et Bleecker St ; ⏱8h-2h lun-ven, à partir de 10h sam-dim ; Ⓢ 1 jusqu'à Christopher St-Sheridan Sq ; A/C/E, B/D/F/M jusqu'à W 4th St)

Clarkson BAR

37 Plan p. 90, E5

Installez-vous au bar en bois poli et en fer à cheval (avec un bon cocktail) pour observer la foule qui afflue presque tous les soirs. Un petit creux ? Attablez-vous dans la salle voisine pour profiter, au milieu des rayures de zèbre, d'une cuisine française créative. Carte de fin de soirée pour les noctambules. (225 Varick St, au niveau de Clarkson St ; ⏱11h-1h30 lun, jusqu'à 2h30 mar-sam, jusqu'à 22h dim ; Ⓢ 1 jusqu'à Houston St)

Bathtub Gin BAR À COCKTAILS

38 Plan p. 90, D2

Avec son entrée secrète cachée derrière un mur aux airs de simple café, le Bathtub Gin se démarque des nombreux *speakeasies* de New York. À l'intérieur, l'atmosphère détendue, la musique douce et le service plaisant en font un endroit idéal pour déguster des cocktails entre amis. (☏646-559-1671 ;

 Conseil

S'orienter dans le quartier

N'hésitez pas à vous déplacer carte (ou Smartphone) en main pour vous orienter dans les rues, charmantes mais déroutantes, de West Village. Certains habitants ont aussi du mal à s'y retrouver ! Mémo d'expert du Village : souvenez-vous que 4th St décrit un virage en diagonale vers le nord, rompant avec le quadrillage est-ouest des rues.

www.bathtubginnyc.com ; 132 9th Ave entre 18th St et 19th St ; ⏰18h-1h30 dim-mar, jusqu'à 3h30 mer-sam ; **S** A/C/E jusqu'à 14th St ; L jusqu'à 8th Ave ; A/C/E jusqu'à 23rd St)

Vol de Nuit PUB

39 Plan p. 90, F4

Ce bar à bières cosy sert de la Delirium Tremens à la pression et quelques dizaines de mousses comme la Duvel et la Lindemans Framboise, ainsi que des moules-frites à partager dans le patio à l'avant, dans le *lounge*, aux tables communes en bois ou sous les lumières rouges qui pendent au bar. (☎212-982-3388 ; 148 W 4th St ; ⏰16h-1h dim-jeu, jusqu'à 3h ven-sam ; **S** A/C/E, B/D/F/M jusqu'à W 4th St-Washington Sq)

124 Old Rabbit Club BAR

40 Plan p. 90, F5

Vous pourrez vous féliciter si vous parvenez à trouver ce grand bar bien caché (un conseil : repérez les mots "Rabbit Club Craft Beer Bar" écrits en tout petit au-dessus de la porte). Sur place, installez-vous au bar mal éclairé et offrez-vous en récompense une stout bien fraîche ou l'une des dizaines de bières importées. (☎212-254-0575 ; 124 MacDougal St ; ⏰18h-4h ; **S** A/C/E, B/D/F/M jusqu'à W 4th St ; 1 jusqu'à Houston St)

Eagle NYC CLUB GAY

41 Plan p. 90, B1

Ce club, situé dans une ancienne écurie rénovée, est très apprécié des hommes amateurs de cuir et autres

fétichistes. Ses 2 niveaux et la terrasse sur le toit laissent un maximum d'espace pour boire et danser sans retenue. Des soirées thématiques sont organisées régulièrement. (☎646-473-1866 ; www.eaglenyc.com ; 555 W 28th St, entre Tenth Ave et Eleventh Ave ; ⏰22h-4h lun-sam ; **S** C/E jusqu'à 23rd St)

Julius Bar BAR GAY

42 Plan p. 90, E4

Le Julius fait partie des premiers bars gays de New York – il est même le plus ancien encore en activité. Semblable à un simple bar de quartier, seule sa clientèle laisse deviner ses origines gays : un mélange de fidèles habitués et de nouveaux venus. Une adresse sans prétention à quelques pas seulement du Stonewall et du Duplex, plus connus. (☎212-243-1928 ; 159 W 10th St à la hauteur de Waverly Pl ; ⏰midi-2h dim-jeu, midi-4h ven et sam ; **S** A/C/E, B/D/F/M jusqu'à W 4th St, 1 jusqu'à Christopher St-Sheridan Sq)

Henrietta Hudson BAR LESBIEN

43 Plan p. 90, E5

Toutes sortes de jeunes et jolies jeunes filles, venant souvent du New Jersey voisin ou de Long Island, prennent d'assaut cet élégant *lounge*, où officient de bons DJs lors de soirées thématiques (hip-hop, house, rock). La propriétaire, Lisa Canistraci, originaire de Brooklyn, fait souvent des apparitions à la table de mixage, pour la plus grande joie de ses fans.

Spotted Pig (p. 98)

(☑212-924-3347 ; 438 Hudson St ;
🕑17h-2h lun-mar, 16h-4h mer-ven,
14h-4h sam-dim ; Ⓢ1 jusqu'à
Houston St)

Cielo
CLUB

44 Ⓜ Plan p. 90, C3

Le Cielo séduit depuis longtemps
une clientèle libérée, attirée
par l'excellent *sound system*.
Soirée Deep House (dub et rythmes
underground) avec DJ François K
le lundi. D'autres DJs européens
sont à l'honneur certains soirs
– et tout le monde se retrouve
sur la piste ! (☑212-645-5700 ;
www.cieloclub.com ; 18 Little W 12th St ;
entrée 15-25 $; 🕑22h30-5h lun-sam ;
Ⓢ A/C/E, L jusqu'à 8th Ave-14th St)

Sortir

Upright Citizens Brigade
Theatre
SPECTACLES COMIQUES

45 ⭐ Plan p. 90, D1

Professionnels de l'humour et
de l'improvisation se produisent
dans cette petite salle de 74 places,
fréquentée par les directeurs de
casting. L'entrée n'est pas chère, tout
comme la bière et le vin. Vous pourrez
y voir les humoristes des shows
télévisés nocturnes. Entrée gratuite
à partir de 21h30 le dimanche et de
23h le mercredi, quand les débutants
entrent en scène. (☑212-366-9176 ;
www.ucbtheatre.com ; 307 W 26th St
entre 8th Ave et 9th Ave ; entrée 5-10 $;
Ⓢ C/E jusqu'à 23rd St)

Village Vanguard

JAZZ

46 ⭐ Plan p. 90, E4

Ce club de jazz, probablement le plus prestigieux de la ville, a vu défiler tous les grands noms de ces 50 dernières années. Il a débuté avec des représentations de *spoken word* et revient parfois à ses origines. La plupart du temps, toutefois, on y joue du jazz toute la nuit. (☎212-255-4037 ; www.villagevanguard.com ; 178 Seventh Ave, au niveau de 11th St ; entrée 25-30 $, plus au moins 1 boisson ; Ⓢ1/2/3 jusqu'à 14th St)

Sleep No More

THÉÂTRE

47 ⭐ Plan p90, B1

Dans une série d'entrepôts de Chelsea, le Sleep No More offre une plongée au cœur du théâtre. Il s'agit d'une expérience interactive, dans laquelle le public est libre de se promener et de communiquer avec les comédiens. Vous devrez laisser veste, sac et téléphone portable à l'arrivée, et enfiler un masque, façon *Eyes Wide Shut*. (www.sleepnomorenyc.com ; McKittrick Hotel, 530 W 27th St ; billets à partir de 106 $; ⌚19h-minuit lun-sam ; Ⓢ C/E jusqu'à 23rd St)

Le Poisson Rouge

CONCERTS

48 ⭐ Plan p. 90, F5

Dépassez vos limites dans cet espace artistique conceptuel (avec un aquarium suspendu), connu pour l'éclectisme de sa programmation. L'expérimentation et la rencontre entre le classique, le folk ethnique, l'opéra et d'autres genres musicaux y

sont la norme ; Deerhunter, Marc Ribot et Cibo Matto s'y sont déjà produits. (☎212-505-3474 ; www.lepoissonrouge.com ; 158 Bleecker St ; Ⓢ A/C/E, B/D/F/M jusqu'à W 4th St-Washington Sq)

Comedy Cellar

SPECTACLES COMIQUES

49 ⭐ Plan p. 90, F5

Ce club établi de longue date dans un sous-sol de Greenwich Village accueille des habitués (comme Colin Quinn, Darrell Hammond du Saturday Night Live, Wanda Sykes) ainsi que des artistes plus connus, comme Dave Chappelle, qui viennent y faire un saut. Son succès ne faiblit pas : désormais, on le trouve également à l'angle de W 3rd St. (☎212-254-3480 ; www.comedycellar.com ; 117 MacDougal St entre W 3rd St et Minetta Ln ; entrée 12-24 $; ⌚début des spectacles autour de 21h dim-ven, 19h et 21h30 sam ; Ⓢ A/C/E, B/D/F/M jusqu'à W 4th St-Washington Sq)

Blue Note

JAZZ

50 ⭐ Plan p. 90, F5

De loin le plus célèbre (et le plus cher) des clubs de jazz de New York. Vous devrez généralement payer 30 $ pour rester au bar et 45 $ pour une table – parfois beaucoup plus quand des stars se produisent (quelques soirées à 20 $ et brunch jazz à 11h30 le dimanche). Préférez un soir de semaine et profitez du spectacle. (☎212-475-8592 ; www.bluenote.net ; 131 W 3rd St entre 6th Ave et MacDougal St ; Ⓢ A/C/E, B/D/F/M jusqu'à W 4th St-Washington Sq)

Cherry Lane Theater

THÉÂTRE

51 Plan p. 90, E5

Créé par la poétesse Edna St Vincent Millay, cette institution du West Village a accueilli de nombreux dramaturges et comédiens au fil des années. Il est toujours fidèle à sa mission, celle de proposer un théâtre "vivant" accessible à tous. Lectures, pièces et sessions de poésie orale. (☏ 212-989-2020 ; www.cherrylanetheater.org ; 38 Commerce St ; Ⓢ 1 jusqu'à Christopher St-Sheridan Sq)

Angelika Film Center

CINÉMA

52 Plan p. 90, G5

Cinéma au charme particulier (grondement du métro, longue attente et parfois mauvaise bande-son), spécialisé dans les films indépendants et étrangers. Le vaste café est un superbe endroit pour se retrouver entre amis et la beauté de l'édifice Beaux-Arts, conçu par Stanford White, est indéniable. (☏ 212-995-2570 ; www. angelikafilmcenter.com ; 18 W Houston St à la hauteur de Mercer St ; places 10-14 $; 📶 ; Ⓢ B/D/F/M jusqu'à Broadway-Lafayette St)

IFC Center

CINÉMA

53 Plan p. 90, E5

Au cœur du territoire de la NYU, ce cinéma d'art et d'essai programme des films indépendants et étrangers, ainsi que des classiques cultes. On y voit aussi des courts-métrages, des documentaires, des reprises de films des années 1980, des rétrospectives

100% new-yorkais

Le terrain de basket de W 4th St

Également appelé la "Cage", ce petit **terrain de basket-ball** (plan p. 90, F4 ; 6th Ave entre 3rd St et 4th St ; Ⓢ A/C/E, B/D/F/V jusqu'à W 4th St-Washington Sq), entouré de grillage, accueille certains des meilleurs matchs du pays. Il est plus touristique que le Rucker Park à Harlem, mais c'est aussi ce qui fait son charme. Les matchs attirent un large public en délire, qui vient en nombre pour encourager les joueurs talentueux en pleine compétition.

consacrées à des réalisateurs, des séries thématiques… (☏ 212-924-7771 ; www.ifccenter.com ; 323 Sixth Ave, au niveau de 3rd St ; Ⓢ A/C/E, B/D/F/M jusqu'à W 4th St-Washington Sq)

Duplex

CABARET, KARAOKÉ

54 Plan p. 90, E4

Cabaret, karaoké et piste de danse font la réputation du légendaire Duplex. Des photos de l'actrice Joan Rivers tapissent les murs, et sur scène on se plaît à imiter son impertinence et son autodérision, tout en raillant le public. Un endroit amusant et sans prétention, déconseillé aux timides. (☏ 212-255-5438 ; www.theduplex. com ; 61 Christopher St ; entrée 5-15 $, plus 2 boissons au minimum ; ⏰ 16h-4h ; Ⓢ 1 jusqu'à Christopher St-Sheridan Sq)

Chelsea Bow Tie Cinema CINÉMA

55 ⭐ Plan p. 90, D1

Ce multiplexe ne montre pas que des nouveaux films. Il projette le *Rocky Horror Picture Show* à minuit le week-end et programme des soirées thématiques, comme les Chelsea Classics du jeudi – pour revoir des grands acteurs comme James Dean, Audrey Hepburn ou Clark Gable. (☎212-777-3456 ; www.bowtiecinemas.com ; 260 W 23rd St, entre Seventh Ave et Eighth Ave ; ⑤C/E jusqu'à 23rd St)

Atlantic Theater Company THÉÂTRE

56 ⭐ Plan p. 90, D2

Fondé en 1985 par David Mamet et William H. Macy, l'Atlantic Theater est une pierre angulaire des productions "off-Broadway" (théâtre alternatif). Depuis plus de 25 ans, il accueille de nombreux lauréats des Tony Awards et des Drama Desk Awards. (☎212-691-5919 ; www.atlantictheater.org ; 336 W 20th St entre 8th Ave et 9th Ave ; ⑤C/E jusqu'à 23rd St, 1 jusqu'à 18th St)

Joyce Theater DANSE

57 ⭐ Plan p. 90, D2

Les amateurs apprécient la programmation et la visibilité offerte par cette salle aménagée dans un cinéma rénové, qui privilégie les compagnies modernes traditionnelles (Pilobolus, Stephen Petronio Company, Parsons Dance) et les grands noms de la scène mondiale (DanceBrazil, Ballet Hispanico, MalPaso Dance Company). (☎212-242-0800 ; www.joyce.org ; 175 Eighth Ave ; ⑤C/E jusqu'à 23rd St ; A/C/E jusqu'à Eighth Ave-14th St ; 1 jusqu'à 18th St)

New York Live Arts DANSE

58 ⭐ Plan p. 90, E2

Ce beau centre de danse dirigé par Carla Peterson accueille plus de 100 représentations expérimentales et contemporaines chaque année. Des troupes venues de Serbie, d'Afrique du Sud, de Corée et d'autres pays apportent une belle diversité. Fréquentes discussions avec les chorégraphes et les danseurs avant et après les spectacles. (☎212-924-0077 ; www.newyorklivearts.org ; 219 W 19th St, entre Seventh Ave et Eighth Ave ; ⑤1 jusqu'à 18th St)

100% new-yorkais
Marie's Crisis

Reines de Broadway âgées, gays nouveaux venus en ville, jeunes touristes gloussantes et autres fans de comédies musicales se rassemblent autour du piano du **Marie's Crisis** (plan p. 90, E4 ; ☎212-243-9323 ; 59 Grove St, entre Seventh Ave et Bleecker St ; ⊙16h-4h ; ⑤1 jusqu'à Christopher St-Sheridan Sq) pour pousser la chansonnette dans cette ancienne maison close. Ambiance bon enfant, un peu vieille école.

Duplex (p. 107)

Shopping

Strand Book Store LIBRAIRIE

59 Plan p. 90, G3

Voici la librairie préférée des New-Yorkais ! Ouverte depuis 1927, elle renferme plus de 2,5 millions de volumes sur près de 30 km de rayonnages, répartis sur 3 niveaux. Sans oublier un petit rayon de livres en français. (☎212-473-1452 ; www.strandbooks.com ; 828 Broadway à la hauteur de 12th St ; ☼9h30-22h30 lun-sam, 11h-22h30 dim ; ⑤L, N/Q/R, 4/5/6 jusqu'à 14th St-Union Sq)

Personnel of New York MODE

60 Plan p. 90, E4

Dans les petits pots se trouvent les meilleurs onguents. Le proverbe ne ment pas dans cette boutique de vêtements de créateurs pour homme et femme (des États-Unis et de l'étranger). Repérez les magnifiques tissages de chez Ace & Jig, les coupes franches pour homme de Hiroshi Awai, les modèles de haute couture de Rodobjer et les chemises en batik d'All Nations. (9 Greenwich Ave, entre Christopher St et W 10th St ; ☼11h-20h lun-sam, 12h-19h dim ; ⑤A/C/E, B/D/F/M jusqu'à W 4th St ; 1 jusqu'à Christopher St-Sheridan Sq)

Monocle ACCESSOIRES, MODE

61 Plan p. 90, D4

Ce minuscule magasin fondé par Tyler Brûlé, le gourou des magazines de mode, vend des éditions chics de produits de qualité destinés à une clientèle urbaine et de grands voyageurs – carnets à couverture cuir et autres articles de papeterie, étuis pour passeport, savons japonais, shorts de bain… On y trouve aussi le magazine *Monocle*. (535 Hudson St, au niveau de Charles St ; ☺11h-19h lun-sam, 12h-18h dim ; Ⓢ1 jusqu'à Christopher St-Sheridan Sq)

CO Bigelow Chemists

SANTÉ, BEAUTÉ

62 🔒 Plan p. 90, F4

La "plus vieille pharmacie d'Amérique" est devenue un temple de la beauté. Elle vend sa propre ligne de baumes (lèvres, mains ou pieds), de crèmes à raser et de produits à l'eau de rose, ainsi que des lotions, shampooings, parfums et autres articles de marques comme Weleda, Yu-Be et Vichy. (☎212-473-7324 ; 414 Sixth Ave, entre 8th St et 9th St ; ☺7h30-21h lun-ven, 8h30-19h sam, 8h30-17h30 dim ; Ⓢ1 jusqu'à Christopher St-Sheridan Sq ; A/C/E, B/D/F/M jusqu'à W 4th St-Washington Sq)

Printed Matter

LIBRAIRIE

63 🔒 Plan p. 90, C2

Cette merveilleuse librairie est consacrée aux monographies d'artistes en édition limitée et à d'étranges magazines. Vous ne verrez rien de ce que l'on trouve dans les librairies habituelles, mais des manifestes incendiaires, des essais critiques sur la bande dessinée et des *flip books* où le visage de Jésus apparaît derrière des codes-barres. (☎212-925-0325 ; 195 Tenth Ave, entre 21st St et 22nd St ; ☺11h-19h sam et lun-mer, jusqu'à 20h jeu-ven ; Ⓢ C/E jusqu'à 23rd St)

Aedes de Venustas

BEAUTÉ

64 🔒 Plan p. 90, E4

Aedes de Venustas (le "temple du charme") distribue 40 marques européennes de parfums de luxe (Hierbas di Ibiza, Mark Birley for Men, Costes, Odin, Shalini…). Vous pourrez y associer des produits pour la peau de chez Susanne Kaufmann et Acqua di Rose, et des bougies parfumées de Diptyque. (☎212-206-8674 ; www.aedes.com ; 9 Christopher St ; ☺12h-20h lun-sam, 13h-19h dim ; Ⓢ A/C/E, B/D/F/M jusqu'à W 4th St ; 1 jusqu'à Christopher St-Sheridan Sq)

Antiques Garage Flea Market

ANTIQUITÉS, MARCHÉ

65 🔒 Plan p. 90, E1

Le week-end, ce marché aux puces investit les 2 niveaux d'un parking, avec plus de 100 vendeurs. Vêtements, chaussures, disques, globes terrestres, meubles, tapis, lampes, verrerie, peintures, œuvres d'art et nombreuses autres reliques du passé… Recommandé aux amateurs. (112 W 25th St, au niveau de Sixth Ave ; ☺9h-17h sam-dim ; Ⓢ1 jusqu'à 23rd St)

Earnest Sewn

MODE, ACCESSOIRES

66 🔒 Plan p. 90, C3

Les denims d'Earnest Sewn sont si réputés que les clients s'inscrivent sur une liste d'attente pour obtenir un jean sur mesure de cet artisan. Sa boutique offre aussi un curieux mélange de bijoux, de manteaux et de couteaux de poche, au milieu de vieilles machines. Seconde boutique dans le Lower East Side. (☎212-242-3414 ; www.earnestsewn.com ; 821 Washington St ; ⏰11h-19h dim-ven, 11h-20h sam ; ⑤A/C/E jusqu'à 14th St ; L jusqu'à Eighth Ave)

Yoyamart
ENFANTS

67 🔒 Plan p. 90, D3

Destiné aux plus jeunes, Yoyamart séduit aussi les adultes. Vous y trouverez évidemment d'adorables vêtements pour bébés et tout-petits, mais aussi des robots en peluche, des peluches ninjas, des ukulélés en kit, des CD et bien d'autres articles et gadgets. (☎212-242-5511 ; www.yoyamart. com ; 15 Gansevoort St ; ⏰11h-19h lun-sam, 12h-18h dim ; ⑤A/C/E jusqu'à 14th St ; L jusqu'à Eighth Ave)

Beacon's Closet
BOUTIQUE D'OCCASION CARITATIVE

68 🔒 Plan p. 90, F3

La sélection de vêtements d'occasion en bon état (un tout petit peu plus chers que dans l'autre boutique à Williamsburg) séduit les branchés. La rareté des enseignes du même genre dans le secteur ajoute encore à l'attrait

de l'endroit. Venez en semaine si vous craignez la foule. (10 W 13th St, entre Fifth Ave et Sixth Ave ; ⏰11h-20h ; ⑤L, N/R, 4/5/6 jusqu'à Union Sq)

Bonnie Slotnick Cookbooks
LIBRAIRIE

À proximité du Julius Bar (voir **42** 🍸 plan p. 90, E4), la propriétaire, Bonnie, est aux petits soins avec ses clients qui cherchent le livre de cuisine parfait. Ses rayonnages sont chargés de trouvailles qui vous permettront de renouveler votre carte gustative. (☎212-989-8962 ; www. bonnieslotnickcookbooks.com ; 163 W 10th St entre Waverly Pl et 7th Ave ; ⑤1/2 jusqu'à Christopher St-Sheridan Sq ; A/C/E, B/D/F/M jusqu'à W 4th St)

Flight 001
MATÉRIEL DE VOYAGE

69 🔒 Plan p. 90, E3

Les voyages sont amusants et les préparatifs, très excitants ! Rêvez à votre prochaine aventure en découvrant la sélection de valises et de sacs, de kits d'urgence kitsch (spray pour rafraîchir l'haleine, baume pour les lèvres, détachant, etc.), de flasques décorées de pin-up, d'étuis pour passeport colorés, de porte-étiquettes en cuir, de guides de voyage, de trousses de toilette... (☎212-989-0001 ; www.flight001.com ; 96 Greenwich Ave ; ⏰11h-20h lun-sam, 12h-18h dim ; ⑤A/C/E jusqu'à 14th St ; L jusqu'à Eighth Ave)

Explorer

Union Square, Flatiron District et Gramercy

Le nom "Union Square" est plutôt approprié puisque, véritable ciment urbain, ce quartier réunit plusieurs parties disparates de la ville. Ici, l'ambiance du Village, bien perceptible dans les cafés, les devantures branchées et les musiciens à dreadlocks qui jouent sur la place, se conjugue à une singulière atmosphère commerciale, avec des restaurants et des bars bondés au déjeuner et à la sortie des bureaux.

L'essentiel en un jour

☀ Démarrez la journée en côtoyant la foule bigarrée de **Union Square** (p. 115), des travailleurs fonçant au bureau aux artistes jonglant sur les marches. Si c'est un jour de marché, parcourez l'**Union Square Greenmarket** (p. 124) et ses étals de produits fraîchement cueillis dans les fermes de l'Hudson Valley voisine.

☀ Promenez-vous vers le **Flatiron Building** (p. 115) à l'emblématique forme triangulaire, puis passez chez **ABC Carpet & Home** (p. 124) pour acheter quelques souvenirs. Mangez sur place à l'**ABC Kitchen** (p. 118) ou testez l'en-cas new-yorkais typique à **Ess-a-Bagel** (p. 118). N'oubliez pas de terminer par un bon café au **Toby's Estate** (p. 122).

☽ Baladez-vous dans **Gramercy Park** (p. 116), puis passez à la grande épicerie italienne **Eataly** (p. 124), paradis des gourmets. Trouvez l'ascenseur et montez boire une bière artisanale ou déguster un plat au *beer garden* **Birreria** (p. 122), installé sur le toit. Pour sortir le grand jeu, optez plutôt pour un dîner gastronomique à l'**Eleven Madison Park** (p. 117). Finissez la soirée par un cocktail au **Flatiron Lounge** (p. 121).

♥ Le meilleur du quartier

Se restaurer
Eleven Madison Park (p. 117)

Maialino (p. 118)

Birreria (p. 122)

Prendre un verre
Flatiron Lounge (p. 121)

Raines Law Room (p. 121)

Boxers NYC (p. 123)

Shopping
ABC Carpet & Home (p. 124)

Idlewild Books (p. 125)

Books of Wonder (p. 125)

Comment y aller

Ⓢ **Métro** De nombreuses lignes convergent à Union Square. Les passagers empruntent les lignes 4, 5 et 6 pour rejoindre l'East Side de Manhattan, la ligne L pour atteindre Williamsburg, ou les lignes N, Q et R pour monter jusqu'au Queens.

🚌 **Bus** Les lignes M14 et M23 assurent la liaison est-ouest respectivement dans 14th St et 23rd St.

A   **B**   **C**   **D**

🔵 34th St-Herald Sq   **W 34th St**   **E 34th St**
W 33rd St   *Empire State Building*   33rd St
W 32nd St (Korea Way)   E 33rd St 🔵   ⊙ 0 ──── 500 m
   E 32nd St   0 ──── 0,25 mile

1

KOREATOWN
W 31st St   E 31st St

W 30th St   E 30th St

W 29th St   E 29th St

28th St   **LITTLE INDIA**
W 28th St 🔵   28th St 🔵   28th St   E 28th St

2
W 27th St   E 27th St

W 26th St   E 26th St

W 25th St   E 25th St
Madison Square Park
3⊙   W 24th St 29 🔒   🔴7   27 ☆   E 24th St
15 🔴
23rd St 🔵 23rd St 🔵   23rd St   E 23rd St
6⊙ *Institute of Culinary Education*   ⊙ *Flatiron Building* 2
W 22nd St   E 22nd St

3
W 21st St   **FLATIRON DISTRICT**   8 🔴   E 21st St   **GRAMERCY**
23 🔵 21 🔒   *Maison natale de Theodore Roosevelt*   4⊙ *Gramercy Park*   10 🔴
14 🔴 18 🔵   W 20th St   ⊙🔴🔴11   **GRAMERCY PARK**   E 20th St
31 🔒   W 19th St   5 13   E 19th St
32 🔒   W 18th St   28   26 🔒   24 🔵   E 18th St
19 🔵   W 17th St   30   12 🔴
4   W 16th St   17 🔴   E 17th St   9
UNION SQUARE   E 16th St   *Union Square*   E 16th St   *Stuyvesant Sq*
W 15th St   E 15th St   ⊙1   E 15th St
6th Ave 🔵   14th St-   14th St-Union Sq 🔵
14th St   **W 14th St** 🔵   Union Sq 🔵   **E 14th St** 🔵   20 🔵   22 🔵 1st Av
33 🔒   14th St-Union Sq   25 🔵🔴16
W 13th St   E 13th St   13th St   E 13th St
5   W 12th St   E 12th St   **EAST VILLAGE**
W 11th St   E 11th St   E 11th St

Nos adresses
⊙ Voir   p. 115
🔴 Se restaurer   p. 117
🔵 Prendre un verre   p. 121
☆ Sortir   p. 124
🔒 Shopping   p. 124

RACHEL LEWIS/GETTY IMAGES ©

Flatiron Building

Voir

Union Square PLACE, PARC

 1 Plan p. 114, B4

Telle l'Arche de Noé, Union Square
est un refuge pour tous, à l'abri d'une
mer de béton déchaînée. Difficile, en
effet, de trouver un échantillon de
population plus éclectique rassemblé
dans un seul endroit. Parmi les
escaliers en pierre et le feuillage
dense, il n'est pas rare d'y croiser
des habitants de toutes sortes :
des employés en costume prenant
l'air pendant leur pause déjeuner,
des joueurs de percussion coiffés
de dreadlocks, des jeunes skaters
réalisant des figures de skateboard
dans les escaliers du coin sud-est, des

étudiants chahuteurs déjeunant et
des manifestants en nombre
défendant ardemment diverses causes.
(www.unionsquarenyc.org ; 17th St entre
Broadway et Park Ave S ; ⑤L, N/Q/R, 4/5/6
jusqu'à 14th St-Union Sq)

Flatiron Building ÉDIFICE NOTABLE

2 Plan p. 114, B3

Conçu par Daniel Burnham et érigé
en 1902, ce bâtiment de 20 étages
possède une façade classique de style
Beaux-Arts en pierre et en terre cuite
(qui apparaît de plus en plus belle et
complexe à mesure qu'on l'observe),
et une étroite silhouette triangulaire
unique en son genre, évoquant la
proue d'un bateau. Le bâtiment,
que l'on distingue mieux depuis

23rd St, entre Broadway et 5th Ave, dominait la place pendant la vague de construction de gratte-ciel, au début des années 1900. Il fut même le plus grand immeuble du monde jusqu'en 1909. (Broadway angle 5th Ave et 23rd St ; Ⓢ N/R, F/M, 6 jusqu'à 23rd St)

Madison Square Park PARC
3 Plan p. 114, B3

Ce parc signalait la limite nord de Manhattan avant l'explosion démographique qui suivit la guerre de Sécession sur l'île. Aujourd'hui, il constitue une oasis bienvenue dans la frénésie de Manhattan. Les habitants viennent faire courir leurs chiens dans le périmètre dédié, les enfants batifolent dans l'impressionnante aire de jeux et les gourmands font la queue pour prendre un burger au Shake Shack (p. 120). (www.nycgovparks.org/parks/madisonsquarepark ; de 23rd St à 26th St entre 5th Ave et Madison Ave ; ☺ 6h-23h ; Ⓢ N/R, F/M, 6 jusqu'à 23rd St)

Gramercy Park PARC
4 Plan p. 114, C3

Superbe parc de style anglais que Samuel Ruggles créa en 1831, après avoir drainé un marécage et installé des rues à l'anglaise. C'est l'un des endroits les plus calmes de la ville. Le parc est privé, l'accès y est donc

---

Comprendre
Le Flatiron : hier, aujourd'hui et demain

En 1902, la construction du Flatiron Building (originellement appelé Fuller Building) coïncida avec le développement de la production de cartes postales en série – un partenariat tout destiné. Avant même qu'il ne soit achevé, des images du futur édifice le plus haut jamais érigé circulaient dans le monde, suscitant émerveillement et excitation.

La société de presse Frank Munsey fut l'une des premières locataires de l'immeuble. Depuis ses bureaux du 18ᵉ étage, *Munsey's Magazine* publia les écrits de l'auteur de nouvelles William Sydney Porter, plus connu sous le nom de "O. Henry". Ses rêveries, ainsi que les peintures de John Sloan et les photographies d'Alfred Stieglitz contribuèrent à immortaliser le Flatiron de l'époque – tout comme l'actrice Katharine Hepburn qui déclara, au cours d'une interview télévisée, qu'elle aimerait être autant admirée que ce majestueux immeuble.

Au niveau de la proue du bâtiment, le rez-de-chaussée a été transformé en un espace artistique vitré, où exposent des artistes invités. En 2013, on a ainsi pu y admirer une reconstitution grandeur nature de *Nighthawks* (1942), une peinture d'Edward Hopper représentant un *diner*, dont la forme évoque le Flatiron.

interdit, mais vous pouvez toujours jeter un coup d'œil à travers les grilles en fer. (E 20th St entre Park Ave et 3th Ave ; **S** N/R, F/M, 6 jusqu'à 23rd St)

Maison natale de Theodore Roosevelt SITE HISTORIQUE

5 Plan p. 114, B4

La Theodore Roosevelt Birthplace n'a d'historique que le nom, la vraie maison natale du 26e président des États-Unis ayant été démolie de son vivant. Le bâtiment actuel n'en est qu'une reconstitution fidèle, ajoutée par des parents à une demeure familiale voisine. Visitez cette maison si vous vous intéressez au destin exceptionnel de ce président des États-Unis (1901-1909), quelque peu éclipsé par son jeune cousin Franklin Delano Roosevelt. La visite guidée dure 30 minutes. (☎212-260-1616 ; www.nps.gov/thrb ; 28 E 20th St, entre Park Ave S et Broadway ; adulte/enfant 3 $/gratuit ; ⊙visites guidées 10h, 11h, 13h, 14h, 15h et 16h mar-sam ; **S** N/R/W, 6 jusqu'à 23rd St)

Institute of Culinary Education (ICE) COURS DE CUISINE

6 Plan p. 114, A3

Cette école de cuisine propose le programme le plus vaste du pays dans les domaines de la cuisine, de la pâtisserie et de l'œnologie (des cours de 1 heure 30 aux séances sur plusieurs jours). Les thèmes sont variés : gastronomie toscane, cuisine de rue japonaise, vins californiens, café… Envie de bouger ? Choisissez

☑ Bon plan

Affluence dans 14th St

La foule peut être impressionnante sur Union Square, en particulier dans 14th St. Si vous êtes pressé ou que vous souhaitez vous déplacer à pied, empruntez plutôt 13th St, vous parcourrez une plus grande distance en beaucoup moins de temps.

parmi les nombreux circuits thématiques proposés dans la ville. (ICE ; http://recreational.ice.edu ; 50 W 23rd St, entre Fifth Ave et Sixth Ave ; cours 30-605 $; **S** F/M, N/R, 6 jusqu'à 23rd St)

Se restaurer

Eleven Madison Park AMÉRICAIN MODERNE $$$

7 Plan p. 114, B3

Joyau longtemps oublié dans une ville qui ne manque pas d'étoiles, cet établissement a remporté en 2013 la 5e place dans le classement San Pellegrino des cinquante meilleurs restaurants du monde. Ce n'est guère étonnant : cette table de cuisine américaine moderne et durable figure parmi les sept restaurants new-yorkais à avoir obtenu trois étoiles au Michelin.

Le jeune chef, Daniel Humm, emploie des ingrédients régionaux irréprochables pour créer des plats absolument sublimes. Réservez.

(212-889-0905 ; www.elevenmadisonpark.
com ; 11 Madison Ave, entre 24th St et 25th
St ; menu dégustation 225 $; 12h-13h
jeu-sam, 17h30-22h lun-dim ; N/R, F/M,
6 jusqu'à 23rd St)

ABC Kitchen AMÉRICAIN MODERNE $$$

L'avatar culinaire du grand magasin
d'articles pour la maison ABC Carpet
& Home (voir 28 plan p. 114, B4)
évoque la rencontre d'une galerie
et d'une ferme. Les produits bio
sont ici employés pour des recettes
gastronomiques : tartare de saint-
jacques au raisin et à la verveine
citronnée, cochon de lait rôti avec
navets et marmelade au bacon fumé...
Délicieuses pizzas au blé complet.
(212-475-5829 ; www.abckitchennyc.com ;
35 E 18th St, au niveau de Broadway ; pizzas
15-19 $, plats dîner 24-34 $; 12h-15h et
17h30-22h30 lun-mer, jusqu'à 23h jeu, jusqu'à
23h30 ven, 11h-15h30 et 17h30-23h30 sam,
jusqu'à 22h dim ; ; L, N/Q/R, 4/5/6
jusqu'à Union Sq)

Maialino ITALIEN $$$

8 Plan p. 114, C3

Danny Meyer vous emmène pour
des vacances romaines dans le
toujours branché Gramercy Park
Hotel. Réalisées avec des produits
du marché voisin de Union Sq, ses
interprétations de la cuisine rustique
italienne sont exquises. Une seule
bouchée du *brodetto* (ragoût de
fruits de mer) et vous nous donnerez
raison !

Au déjeuner, le menu à 35 $ offre
un bon rapport qualité/prix, surtout si

vous choisissez les mets les plus chers.
(212-777-2410 ; www.maialinonyc.com ;
2 Lexington Ave, au niveau de 21st St ; plats
déj 19-26 $, dîner 28-72 $; 7h30-22h30
lun-ven, à partir de 10h sam-dim ; 6, N/R
jusqu'à 23rd St)

Casa Mono TAPAS $$$

9 Plan p114, C4

Cette adresse à succès des chefs
Mario Batali et Andy Nusser, étoilé
au Michelin, est dotée d'un long
comptoir, où vous pouvez vous asseoir
et observer la préparation des tapas,
et de tables, pour plus d'intimité. Les
bouchées sont toujours savoureuses,
à l'image des choux-fleurs à la crème
au vadouvan, avec de l'oursin cru. À
l'angle de la rue, le **Bar Jamón** est
un autre établissement de Batali à
l'ambiance chaleureuse. (212-253-
2773 ; www.casamononyc.com ; 52 Irving Pl
entre 17th St et 18th St ; petites assiettes
9-24 $; 12h-minuit ; L, N/Q/R, 4/5/6
jusqu'à Union Sq)

Ess-a-Bagel ÉPICERIE, TRAITEUR $

10 Plan p. 114, D3

Impossible de résister aux effluves
de sésame grillé qui flottent dans
1st Ave. À l'intérieur, sous des lustres
clinquants, une foule de clients
alléchés commandent des bagels
dodus nappés d'une généreuse dose
de *cream cheese*. (212-260-2252 ;
www.ess-a-bagel.com ; 359 1st Ave, à la
hauteur de 21st St ; bagels à partir de 1,65 $;
6h-21h lun-ven, jusqu'à 17h sam-dim ;
L, N/Q/R, 4/5/6 jusqu'à Union Sq)

Union Square Greenmarket (p. 124)

Gramercy Tavern

AMÉRICAIN $$$

11  Plan p. 114, B4

Cet établissement au chic rustique, avec appliques en cuivre, fresques lumineuses et importantes compositions florales, privilégie les ingrédients locaux et de saison. La "Gramercy" est divisée en deux : une taverne qui sert des plats à la carte (pas de réservation) et une salle plus haut de gamme, dont les menus sont autant de festins gastronomiques.

Dans les deux cas, vous n'oublierez pas des plats comme le "poulet fermier et saucisse", avec boulettes de sarrasin aux pommes et au chou-rave. (✆ 212-477-0777 ; www.gramercytavern. com ; 42 E 20th St, entre Broadway et Park Ave S ; menu dégustation déj/dîner 58/120 $;

⊘ taverne 12h-23h dim-jeu, jusqu'à 12h ven-sam ; salle 12h-14h et 17h30-22h lun-jeu, jusqu'à 23h ven, 17h30-23h sam, 17h30-22h dim ; Ⓢ N/R, 6 jusqu'à 23rd St)

Pure Food & Wine

VÉGÉTARIEN $$$

12 Plan p. 114, C4

Ici, le chef réussit l'impossible : réaliser des créations exquises à base de produits bio crus, passés au mixeur et au déshydrateur – et entre les mains expertes des cuisiniers. Le résultat est frais et séduisant : lasagnes tomates-courgettes (sans pâtes ni fromage), croquettes aux algues et aux noix brésiliennes, formidable bar au citron dans une croûte amande-noix de coco et sa crème citronnée… (✆ 212-477-1010 ;

100% new-yorkais

Marché gourmand

Au printemps et à l'automne, les gourmands se retrouvent sur le minuscule General Worth Square – entre Fifth Ave et Broadway, en face de Madison Square Park – pour le marché des **Mad Sq Eats** (plan p. 114, A2 ; www.madisonsquarepark. org/tag/mad-sq-eats ; General Worth Sq ; **S**N/R, F/M, 6 jusqu'à 23rd St), organisé pendant un mois. Parmi la trentaine de vendeurs, figurent quelques-uns des restaurants les plus en vue de la ville, qui préparent aussi bien de bonnes pizzas que des tacos à la poitrine de bœuf, avec des produits locaux de qualité.

www.oneluckyduck.com/purefoodandwine ; 54 Irving Pl, entre 17th St et 18th St ; plats 19-26 \$; ⏱12h-16h et 17h30-23h ; 📋 ; **S**L, N/Q/R, 4/5/6 jusqu'à 14th St-Union Sq)

Trattoria Il Mulino ITALIEN \$\$\$

14 🍽 Plan p. 114, B4

Les plats admirables de Michele Mazza incarnent la *dolce vita* – un peu à l'image de Marcello Mastroianni au cinéma ! Les pâtes et les pizzas au feu de bois sont mémorables, tout comme les adaptations de classiques tel le tiramisu au limoncello. Service attentif, dans une ambiance chic et cordiale : l'endroit *perfetto* pour une occasion spéciale ! (📞212-777-8448 ; www.trattoriailmulino.com ; 36 E 20th St, entre Broadway et Park Ave ;

pâtes 24 \$, plats 28-45 \$; ⏱11h30-23h dim-jeu, jusqu'à 2h ven-sam ; **S**6, N/R jusqu'à 23rd St)

Boqueria Flatiron TAPAS \$\$

14 🍽 Plan p. 114, A4

Grâce à une excellente sélection de petites assiettes et de plus grosses *raciones*, fruit du mariage réussi des tapas espagnoles et des produits du marché, le Boqueria Flatiron est très fréquenté à la sortie des bureaux. Venez vous régaler de champignons sauvages sautés au manchego et au thym, ou de calamars *a la plancha* avec frisée, confit de tomates et échalotes croustillantes. (📞212-255-4160 ; www.boquerianyc.com ; 53 W 19th St, entre Fifth Ave et Sixth Ave ; plats 5-22 \$; ⏱12h-22h30 dim-mer, jusqu'à 23h30 jeu-sam ; **S**F/M, N/R, 6 jusqu'à 23rd St)

Shake Shack HAMBURGERS \$

15 🍽 Plan p. 114, B3

L'adresse phare de la chaîne de burgers gourmands concoctés par Danny Meyer sert des hamburgers ultra frais, des frites artisanales et une sélection changeante de crèmes glacées. Les végétariens apprécieront le burger croustillant aux champignons panés. L'attente est longue mais cela en vaut la peine. (📞212-989-6600 ; www.shakeshack.com ; Madison Square Park, angle 23rd St et Madison Ave ; hamburgers à partir de 3,60 \$; ⏱11h-23h ; **S**N/R, F/M, 6 jusqu'à 23rd St)

Artichoke Basille's Pizza

PIZZERIA **$**

16 Plan p. 114, D5

Tenu par deux Italiens de Staten Island, cet établissement prépare des pizzas authentiques, relevées et bien garnies. Sa spécialité est une recette riche en fromage, aux artichauts et aux épinards. La Sicilienne, toute simple et plus fine, a une pâte croustillante et une sauce savoureuse. Fréquente file d'attente. (☎ 212-228-2004 ; www.artichokepizza.com ; 328 E 14th St, entre First Ave et Second Ave ; part de pizza à partir de 4,50 $; ☺11h-5h ; Ⓢ L jusqu'à First Ave)

Republic

ASIATIQUE **$$**

17 Plan p. 114, B4

On se presse pour manger sur le pouce les plats frais et savoureux du Republic : bols de soupe de nouilles fumantes, *pad thai*, salade de papaye verte et de mangue... Sur Union Square et donc pratique pour un repas simple et bon marché. (www. thinknoodles.com ; 37 Union Sq W ; plats 12-15 $; ☺11h30-22h30 dim-mer, jusqu'à 23h30 jeu-sam ; Ⓢ L, N/Q/R, 4/5/6 jusqu'à 14th St-Union Sq)

Prendre un verre

Flatiron Lounge

BAR À COCKTAILS

18 Plan p. 114, A4

Franchissez l'impressionnante porte pour pénétrer dans un univers sombre inspiré du fantastique, où l'on sirote des cocktails de saison assis sur des canapés rouges, en écoutant du jazz. Le Beijing Mule (vodka au jasmin, jus de citron vert, sirop de gingembre et mélasse de grenade) est délicieux, et le formidable Flight of the Day (trio de mini cocktails) donne des ailes. (www. flatironlounge.com ; 37 W 19th St, entre Fifth Ave et Sixth Ave ; ☺16h-2h lun-mer, jusqu'à 3h jeu, jusqu'à 4h ven, 17h-4h sam, 17h-2h dim ; Ⓢ F/M, N/R, 6 jusqu'à 23rd St)

Raines Law Room

BAR À COCKTAILS

19 Plan p. 114, A4

Rideaux de velours, canapés en cuir confortables, plafond moulé en étain, briques nues et cocktails savamment préparés à partir de spiritueux idéalement vieillis : rien n'est laissé au hasard dans ce bar. Il y règne une atmosphère calme et détendue. Passez l'entrée quelconque et laissez-vous transporter à une époque beaucoup plus faste. (www.raineslawroom.com ; 48 W 17th St entre 5th Ave et 6th Ave ; ☺17h-2h lun-jeu, 17h-3h ven-sam, 20h-1h dim ; Ⓢ F/M jusqu'à 14th Ave, L jusqu'à 6th Ave, 1 jusqu'à 18th St)

Beauty Bar

BAR À THÈME

20 Plan p114, D5

Très prisé depuis le milieu des années 1990, ce bar kitsch rend hommage aux salons de beauté d'autrefois. On vient pour la musique entraînante, l'ambiance nostalgique et les séances de manucure à 10 $ (avec une margarita Blue Rinse gratuite) de

18h à 23h en semaine, et de 15h à 23h le week-end. Soirée thématique (de l'humour au karaoké). (📞212-539-1389 ; http://thebeautybar.com/home-new-york ; 531 E 14th St, entre 2nd Ave et 3rd Ave ; ⏱17h-4h lun-ven, 14h-4h sam-dim ; 🚇L jusqu'à 3rd Ave)

Birreria   BAR À BIÈRES

Joyau sur le toit de la grande épicerie fine italienne Eataly (voir **29** 🍴 plan p 114, A3), ce *beer garden* est situé entre les tours du Flatiron. La carte des bières, digne d'une encyclopédie, offre parmi les meilleurs crus de la planète. Une petite faim ? L'épaule de porc est toujours un bon choix. (www.eataly.com/birreria ; 200 Fifth Ave, au niveau de 23rd St ; plats 17-26 $; ⏱11h30-24h dim-mer, jusqu'à 1h jeu-sam ; 🚇N/R, F/M, 6 jusqu'à 23rd St)

Toby's Estate   CAFÉ

21 🍴 Plan p. 114, A3

Nouvelle preuve de l'évolution du monde du café new-yorkais, cette enseigne nichée dans le magasin Club Monaco possède une machine à expresso Strada, spécialement conçue pour elle. Joignez-vous aux amateurs pour savourer les arômes riches et onctueux – mention spéciale pour le mélange Flatiron Espresso Blend. Les pâtisseries et sandwichs proviennent des boutiques du secteur. (www.tobysestate.com ; 160 Fifth Ave, entre 20th St et 21st St ; ⏱7h-21h lun-ven, 9h-21h sam, 10h-19h dim ; 🚇N/R, F/M, 6 jusqu'à 23rd St)

Comprendre
Le Metronome d'Union Square

Autour d'Union Square trônent près d'une douzaine d'œuvres d'art remarquables, dont un monument de 3 m de Rob Pruitt rendant hommage à Andy Warhol (érigé à l'endroit exact où Valerie Solanas tira sur lui) et une imposante statue équestre de George Washington (l'une des premières grandes œuvres d'art publiques de New York). Au sud de la place, une installation massive suscite au mieux la perplexité, au pire l'indifférence, des passants. Représentation symbolique du temps, le Metronome est composé de trois éléments : au centre, un mur en brique construit en cercles concentriques recouverts d'une feuille d'or et qui rejettent de la vapeur à midi et minuit ; à gauche de ce mur, une horloge numérique affiche quatorze chiffres orange à décomposer en deux séries de sept – à partir de la gauche, l'heure actuelle (heures, minutes, secondes et 10e de seconde) et, à partir de la droite en sens inverse, le temps restant dans la journée. Enfin, à la droite du mur, une façade métallique s'orne d'une sphère mi-noire, mi-dorée, qui suit les phases de la Lune. Les nuits de pleine lune, la sphère apparaît entièrement dorée.

Crocodile Lounge LOUNGE

22 Plan p. 114, D5

Le fameux Alligator Lounge de Brooklyn, avec ses pizzas gratuites, a ouvert cette succursale très populaire parmi les jeunes gens de l'East Village. Rejoignez-les pour faire une partie de Skee-Ball, siroter une bière artisanale et participer aux soirées *open mic* (micro ouvert). (212-477-7747 ; www.crocodileloungenyc.com ; 325 E 14th St, entre 1st Ave et 2nd Ave ; midi-4h ; L jusqu'à 1st Ave)

Boxers NYC BAR GAY

23 Plan p. 114, A3

Restaurant, espace de jeux et bar sportif au cœur du Flatiron District, dont le programme peut se résumer à "football US à la TV, ailes de poulet au bar et serveurs torse nu". Le thème drag queen du lundi rappelle clairement que Boxers est un établissement pour les hommes qui aiment les hommes. (212-255-5082 ; www.boxersnyc.com ; 37 W 20th St, entre 5th Ave et 6th Ave ; 16h-2h lun-mer, 16h-4h jeu et ven, 13h-4h sam, 13h-2h dim ; F/M, N/R, 6 jusqu'à 23rd St)

Pete's Tavern BAR

24 Plan p. 114, C4

Un classique au décor sombre, où dominent le bois et l'étain, dans une ambiance très littéraire. Les burgers corrects et les 17 bières à la pression attirent aussi bien des couples à la sortie du théâtre, que des expatriés irlandais et des étudiants. (212-473-7676 ; www.petestavern.com ; 129 E 18th St,

Metronome, Union Square

au niveau d'Irving Pl ; 11h-2h ; L, N/Q/R, 4/5/6 jusqu'à 14th St-Union Sq)

Nowhere BAR GAY

25 Plan p. 114, D5

Froid, humide et fréquenté par des types en chemise de flanelle : un bon vieux bar gay de quartier (avec un billard). La bière n'est pas chère et les pizzas vendues à côté permettent de s'attarder jusqu'au petit matin. (212-477-4744 ; www.nowherebarnyc.com ; 322 E 14th St, entre 1st Ave et 2nd Ave ; 15h-4h ; L jusqu'à 1st Ave)

71 Irving Place CAFÉ

26 Plan p. 114, C4

Dans ce charmant établissement, à quelques pas du paisible Gramercy

Park, le café est une affaire sérieuse. Les grains cueillis à la main sont torréfiés dans une ferme de l'Hudson Valley (à environ 145 km de NYC) et ça se sent : c'est l'un des meilleurs cafés de Manhattan. (Irving Farm Coffee Company ; www.irvingfarm.com ; 71 Irving Pl entre 18th St et 19th St ; ⏰7h-22h lun-ven, 8h-22h sam-dim ; Ⓢ4/5/6, N/Q/R jusqu'à 14th St-Union Sq)

Sortir

Peoples Improv Theater   COMÉDIE

 27 ⭐ Plan p. 114, C3

Sous les lumières rouges au néon, ce *comedy club* animé garantit une belle tranche de rire pour trois fois

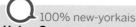

100% new-yorkais
Union Square Greenmarket

Ne soyez pas surpris de croiser des grands chefs new-yorkais à l'**Union Square Greenmarket** (plan p. 114, B4 ; Union Square, 17th St, entre Broadway et Park Ave S ; ⏰8h-18h lun, mer et ven-sam ; Ⓢ L, N/Q/R, 4/5/6 jusqu'à 14th St-Union Sq), du côté ouest d'Union Square : il s'agit du plus célèbre marché fermier de New York. Pour vous ouvrir l'appétit, faites le tour des étals chargés de fruits et légumes régionaux, de pains artisanaux, de cidre et même de miels produits sur les toits de la ville.

rien (gratuit-20 $). Les spectacles quotidiens, qui vont du *stand-up* à la comédie musicale, ont lieu sur la scène principale ou au sous-sol. (PIT ; ☎212-563-7488 ; www.thepit-nyc.com ; 123 E 24th St, entre Lexington Ave et Park Ave ; 📶 ; Ⓢ6, N/R, F/M jusqu'à 23rd St)

Shopping
ABC Carpet
& Home   ARTICLES POUR LA MAISON, CADEAUX

 28 🔒 Plan p. 114, B4

Décorateurs et designers viennent chercher l'inspiration dans ce beau magasin aménagé sur 6 niveaux, avec toutes sortes d'objets pour la maison, gros ou petits, des bijoux et des meubles de créateurs, des cadeaux du monde entier, des lampes originales et des tapis anciens. À Noël, cette adresse est un plaisir pour les yeux. (☎212-473-3000 ; www.abchome.com ; 888 Broadway, au niveau de 19th St ; ⏰10h-19h lun-mer et ven-sam, jusqu'à 20h jeu, 12h-18h dim ; Ⓢ L, N/Q/R/, 4/5/6 jusqu'à 14th St-Union Sq)

Eataly   GRANDE ÉPICERIE FINE

 29 🔒 Plan p. 114, A3

Le temple gastronomique du chef Mario Batali, version new-yorkaise des ravissants marchés toscans, est un hommage de plus de 4 600 m² à la *dolce vita*. Rempli d'un bout à l'autre de mets raffinés, Eataly est une adresse idéale pour acheter de quoi pique-niquer, mais assurez-vous de garder de la place pour l'échine de porc de la Birreria (p. 122), le *beer garden* sur le toit-terrasse. (www.eatalyny.com ; 200 5th Ave, à la hauteur de 23rd St ; ☉8h-23h ; Ⓢ F/M, N/R, 6 jusqu'à 23rd St)

Bedford Cheese Shop
FROMAGES

30 🔒 Plan p. 114, C4

Envie d'un fromage de vache local au lait cru lavé à l'absinthe ou d'un chèvre à l'ail australien ? Vous trouverez sans doute votre bonheur parmi les quelque 200 fromages de cette succursale du plus célèbre fromager de Brooklyn. Également : charcuterie artisanale, plats de traiteur, sandwichs (9 $) et beau choix de produits Made-in-Brooklyn. (www.bedfordcheeseshop.com ; 67 Irving Pl, entre 18th St et 19th St ; ☉8h-21h lun-sam, jusqu'à 20h dim ; Ⓢ L, N/Q/R, 4/5/6 jusqu'à 14th St-Union Sq)

Idlewild Books
LIBRAIRIE

31 🔒 Plan p. 114, A4

Cette librairie de voyage indépendante, qui porte le nom d'origine de l'aéroport JFK, vous donne des fourmis dans les jambes. Classés par régions, les ouvrages comprennent des guides et récits de voyage, des romans, ainsi que des livres d'histoire et de cuisine, entre autres. Consultez le site Web pour connaître le programme des lectures et des séances de dédicaces. (☎212-414-8888 ; www.idlewildbooks.com ; 12 W 19th St, entre 5th Ave et 6th Ave ; ☉midi-19h30 lun-jeu, midi-18h ven-sam, midi-17h dim ; Ⓢ L, N/Q/R, 4/5/6 jusqu'à 14th St-Union Sq)

Books of Wonder
LIBRAIRIE

32 🔒 Plan p. 114, A4

À tout âge, vous tomberez sous le charme de cette librairie spécialisée dans la littérature jeunesse. Par temps pluvieux, l'endroit est idéal pour les bambins, en particulier quand il accueille un auteur pour une lecture ou un conteur. Grand choix d'ouvrages illustrés sur New York, parfaits en guise de souvenirs. (☎212-989-3270 ; www.booksofwonder.com ; 18 W 18th St, entre 5th Ave et 6th Ave ; ☉11h-19h lun-sam, 11h-18h dim ; 👶 ; Ⓢ F/M, L jusqu'à 6th Ave-14th St)

Whole Foods
ALIMENTATION

33 🔒 Plan p. 114, B5

L'une des adresses de la chaîne alimentaire qui a envahi la ville, parfaite pour préparer un pique-nique grâce à d'interminables rayons d'excellents produits (bio ou conventionnels) ; boucherie, pâtisserie, plats préparés, section santé et beauté, et nombreux produits naturels emballés. (☎212-673-5388 ; www.wholefoodsmarket.com ; 4 Union Sq S ; ☉7h30-23h ; 📶 ; Ⓢ L, N/Q/R, 4/5/6 jusqu'à 14th St-Union Sq)

Explorer

Midtown

Midtown, c'est le New York des cartes postales : les néons, les enseignes de Times Square, les fameux théâtres de Broadway, les grands musées comme le MoMA, des rangées de gratte-ciel, des rues bétonnées à l'infini et une foule tourbillonnante presque toujours présente. La multitude d'hôtels aux tarifs compétitifs en fait aussi un très bon point de chute pour explorer la ville.

L'essentiel en un jour

☀️ Vaste et agité, Midtown se découvre mieux à pied. La partie supérieure de 5th Ave (à partir de 50th St environ) est un bon endroit pour commencer. Elle regroupe les icônes glamour comme **Tiffany & Co** (p. 153), **Saks Fifth Ave** (p. 153) et le Plaza Hotel, sans parler de l'incroyable **Museum of Modern Art** (MoMA ; p. 132). On pourrait facilement y passer une journée entière, à admirer les chefs-d'œuvre, déjeuner, boire un verre, voir un film et acheter des livres ou des objets design.

☀️ Avalez l'un des fameux burgers de Danny Meyer au Shake Shack, puis promenez-vous parmi les gratte-ciel emblématiques de la ville, comme le **Chrysler Building** (p. 136), le **Rockefeller Center** (p. 136) et le superbe **Empire State Building** (p. 130).

🌙 Lumineux et éblouissant, **Times Square** (p. 128) est plus spectaculaire de nuit. Profitez d'un spectacle de Broadway, comme **Kinky Boots** (p. 148), allez manger des tapas au **Danji** (p. 141), une table étoilée, puis étourdissez-vous dans Hell's Kitchen, connu pour ses excellents bars et sa scène gay, qui comprend l'**Industry** (p. 145), le **Therapy** (p. 146) et le **Flaming Saddles** (p. 146).

👁 Les incontournables

💙 Le meilleur du quartier

Sortir

Musée

Architecture

Comment y aller

S Métro Les principales stations d'interconnexion de Midtown sont Times Sq-42nd St, Grand Central-42nd St et 34th St-Herald Sq.

🚌 Bus Pratique pour l'ouest et l'est de Midtown. La ligne 11 se dirige vers le nord sur Tenth Ave et vers le sud sur Ninth Ave ; la M15 part vers le nord sur First Ave et vers le sud sur Second Ave.

Les incontournables
Times Square

Qu'on l'aime ou qu'on la déteste, l'intersection de Broadway et de 7th Ave, plus connue sous le nom de Times Square (voir aussi p. 138), est le cœur palpitant de New York : une vague continue et hypnotique de lumières scintillantes, de panneaux d'affichage géants et d'agitation urbaine intense. Times Square n'est pas particulièrement tendance mais qu'importe, tous les emblèmes de la ville sont là : taxis jaunes, fast-food à l'arche dorée, gratte-ciel et enseignes tape-à-l'œil de Broadway.

Plan p. 134, D4

www.timessquare.com

Broadway, au niveau de la 7th Ave

S N/Q/R, S, 1/2/3, 7 jusqu'à Times Sq-42nd St

À ne pas manquer

Nouvel An tous les jours

À chaque Saint-Sylvestre, plus d'un million de personnes se réunissent à Times Square pour voir un globe de cristal descendre le long d'un mât à minuit – un spectacle de 90 secondes seulement, figurant probablement parmi les plus décevants de New York. Heureusement, nul besoin de subir la foule et le froid pour vivre cette courte expérience : le **Times Square Museum & Visitor Center** (plan p. 134, D3 ; ☎212-452-5283 ; www.timessquarenyc.org ; 1560 Broadway, entre 46th St et 47th St, Midtown West ; ☺8h-20h ; Ⓢ N/Q/R, S, 1/2/3, 7 jusqu'à Times Sq-42nd St) propose à l'année une simulation de ce spectacle toutes les 20 minutes.

Broadway

Le quartier des théâtres (Theater District) s'étend de 40th St à 54th St entre 6th Ave et 8th Ave. Des dizaines de théâtres de Broadway et off-Broadway (théâtres alternatifs) y accueillent aussi bien des comédies musicales à gros budget que des pièces de théâtre classique et nouveau. À moins de vouloir assister à un spectacle en particulier, le mieux (et le plus économique) est de faire la queue au **kiosque TKTS** (plan p. 134, D3 ; www.tdf.org/tkts ; Broadway à la hauteur de W 47th St, Midtown West ; ☺15h-20h lun, mer-sam, 14h-20h mar, 15h-19h dim, et 10h-14h mar-sam, 11h-15h dim pendant les matinées ; Ⓢ N/Q/R, S, 1/2/3, 7 jusqu'à Times Sq-42nd St), où l'on peut obtenir des billets pour les meilleurs spectacles à moitié prix pour le jour même.

Vue depuis le kiosque TKTS

Le kiosque TKTS est une attraction à lui tout seul avec son toit illuminé composé de 27 marches rouge rubis s'élevant à 5 m au-dessus du trottoir de 47th St. Inutile de préciser que la vue sur Times Square depuis cet endroit est appréciée des foules.

☑ **À savoir**

▶ À l'angle nord-ouest de Broadway et de 49th St, le Brill Building est le plus important générateur de chansons à succès d'Occident. En 1962, plus de 160 noms de l'industrie musicale (auteurs, managers, agents...) travaillaient ici. Les artistes, comme Carol King, Bob Dylan et Joni Mitchell, y trouvaient tout ce dont ils avaient besoin.

🍷 **Une petite soif ?**

Pour une vue panoramique de la place, rendez-vous au bar du Renaissance Hotel, le **R Lounge** (plan p. 134, D3 ; Renaissance Hotel ; www.rloungetimessquare.com ; Two Times Square, 714 7th Ave, à la hauteur de 48th St ; ☺11h-minuit dim-jeu, 11h30-1h ven-sam ; Ⓢ N/Q/R jusqu'à 49th St), dont les grandes baies vitrées donnent sur le spectacle de néons. Ce n'est pas donné, mais un tel panorama n'a pas de prix.

Les incontournables
Empire State Building

Le Chrysler Building est peut-être plus beau et le One World Trade Center (541 m) peut-être plus haut, mais l'Empire State Building reste le roi de l'horizon new-yorkais ! C'est aussi une véritable star hollywoodienne, car il a le privilège d'apparaître dans près d'une centaine de films, de *King Kong* à *Independence Day*. Aucun autre édifice ne symbolise autant New York, et grimper à son sommet est une expérience aussi fondamentale que de déguster un sandwich au pastrami chez Katz's Delicatessen (p. 73).

◉ Plan p. 134, E5

www.esbnyc.com

350 5th Ave,
au niv. de 34th St

86e ét. adulte/enfant
27/21 $, 102e ét. 44/38 $

⏱8h-2h, derniers départs
des ascenseurs 1h15

Ⓢ B/D/F/M, N/Q/R
(34th St-Herald Sq)

À ne pas manquer

Observatoires

L'Empire State Building possède deux plates-formes d'observation. Celle en plein air du 86e étage dispose de télescopes à pièces pour zoomer sur la métropole, bruissante d'activité, à vos pieds. Au-dessus, l'observatoire clos du 102e étage est le plus haut de New York, du moins jusqu'à l'ouverture, en 2015, de celui du One World Trade Center. La vue sur les cinq *boroughs* de la ville (et sur les cinq États voisins, par temps clair) y est tout simplement sublime. Particulièrement spectaculaire au coucher du soleil, lorsque la ville se prépare pour la nuit sous les dernières lueurs du jour.

Code couleur

Depuis 1976, les 30 étages supérieurs de la tour sont illuminés chaque soir en fonction de la saison et du jour, et notamment en rouge et rose pour la Saint-Valentin ; en rouge et vert pour Noël ; et aux couleurs de l'arc-en-ciel pour le week-end de la Gay Pride en juin (pour plus de détails, consultez le site Web).

Quelques statistiques étonnantes

Les statistiques de la tour la plus emblématique de New York sont surprenantes : 10 millions de briques, 60 000 tonnes d'acier, 6 400 fenêtres et près de 30 500 m² de marbre. Sa construction sur l'emplacement originel du Waldorf-Astoria se fit en un temps record de 410 jours, nécessita sept millions d'heures de main-d'œuvre et coûta quelques 41 millions de dollars. Ce colosse en pierre calcaire de 102 étages et 449 m (antenne comprise) fut inauguré le 1er mai 1931.

☑ À savoir

▶ Hélas, pour atteindre le paradis, vous devrez traverser le purgatoire : il faut s'armer de patience pour grimper au sommet. Pour éviter l'attente trop longue, arrivez très tôt ou très tard, ou achetez vos tickets à l'avance sur Internet, le supplément de réservation de 2 $ vaut bien le gain de temps.

▶ Au 86e étage, entre 22h et 1h du jeudi au samedi, un joueur de saxophone accompagne les jeux de lumière en contrebas (vous pouvez lui suggérer un morceau).

✗ Une petite faim ?

Échappez à la nuée de touristes en allant à Koreatown, à seulement quelques rues de là, pour un dîner tardif après avoir admiré l'horizon au coucher du soleil. Arrêtez-vous au Hangawi (p. 141) ou au Gahm Mi Oak (p. 144) pour combler les petits creux de minuit.

Les incontournables
Museum of Modern Art (MoMA)

Superstar de la scène artistique moderne, le MoMA possède une collection à en faire pâlir d'envie beaucoup d'autres. Il regroupe plus de grands noms que la soirée des Oscars : Van Gogh, Matisse, Picasso, Warhol, Lichtenstein, Rothko, Pollock. Depuis sa création en 1929, le musée a rassemblé plus de 150 000 œuvres, épousant l'émergence des idées et des mouvements créatifs depuis la fin du XIXᵉ siècle à nos jours. Pour les amateurs d'art, c'est le paradis. Pour les non-initiés, c'est un passionnant cours intensif d'histoire picturale.

◉ Plan p. 134, E2

www.moma.org

11 W 53rd St, entre 5th Ave et 6th Ave

adulte/enfant 25 \$/gratuit, 16h-20h ven gratuit

🕙10h30-17h30 sam-jeu, jusqu'à 20h ven ; jusqu'à 20h jeu juil-août

Ⓢ E, M (5th Ave-53rd St)

À ne pas manquer

Les temps forts de la collection

Si la collection permanente du MoMA s'étale sur 4 niveaux, la plupart des grandes œuvres se trouvent aux deux derniers étages (mieux vaut donc commencer par le haut). Parmi les immanquables figurent *La Nuit étoilée* de Van Gogh, *Le Baigneur* de Cézanne, *Les Demoiselles d'Avignon* de Picasso et *La Bohémienne endormie* du Douanier Rousseau, sans oublier des œuvres américaines emblématiques comme *Campbell's Soup Cans* et *Gold Marilyn Monroe* de Warhol, *Girl with Ball* de Lichtenstein et *House by the Railroad* de Hopper.

Abby Aldrich Rockefeller Sculpture Garden

Suite à la rénovation, unanimement saluée, de l'architecte Yoshio Taniguchi en 2004, le jardin des sculptures a également été rénové. Il a retrouvé son aspect original, doté d'une perspective plus large, imaginé par Philip Johnson en 1953. Johnson décrivait l'espace comme une "sorte de salle extérieure" – par beau temps, c'est en effet un apaisant salon de plein air. Parmi les pièces célèbres figurent *La Rivière* d'Aristide Maillol et des œuvres de grands sculpteurs comme Auguste Rodin, Alexander Calder et Henry Moore. Le jardin des sculptures est en accès libre chaque jour de 9h à 10h15 (sauf par mauvais temps et pour l'entretien).

Projections de films

Le MoMA projette une sélection de joyaux tirés de sa collection de plus de 22 000 films, dont les œuvres des frères Maysles. Tout y passe, du court-métrage documentaire récompensé par un Oscar aux classiques hollywoodiens et aux travaux expérimentaux, en passant par les rétrospectives internationales. Bonne nouvelle, le billet d'entrée comprend les projections.

☑ À savoir

▶ Pour optimiser votre temps et organiser votre visite, téléchargez l'application gratuite du musée (consultez le site Internet).

✗ Une petite faim ?

Cap sur le **Cafe 2** (⊙11h-17h sam-lun et mer-jeu, jusqu'à 19h30 ven ; Ⓢ E, Ⓜ jusqu'à Fifth Ave-53rd St), aux faux airs italiens et sans prétention. Le service est plus formel au **Terrace Five** (plats 11-18 $; ⊙11h-17h sam-lun et mer-jeu, jusqu'à 19h30 ven ; Ⓢ E, Ⓜ jusqu'à Fifth Ave-53rd St). Le luxueux **Modern** (☎212-333-1220 ; www.themodernnyc.com ; 9 W 53rd St, entre Fifth Ave et Sixth Ave ; déj 3/4 plats 62/76 $, dîner 4 plats 108 $; ⊙restaurant 12h-14h et 17h-22h30 lun-ven, 17h-22h30 sam ; bar 11h30-22h30 lun-sam, jusqu'à 21h30 dim ; Ⓢ E, Ⓜ jusqu'à Fifth Ave-53rd St), étoilé au Michelin, propose une cuisine contemporaine d'inspiration française.

A **B** **C** **D**

West End Ave
W 60th St
W 59th St

Amsterdam Ave
Fordham University

Columbus Ave

59th St-Columbus Circle Ⓢ

Center Dr
Central Park

Columbus Circle

Central Park South

Time Warner Center **59** Ⓢ **32**

57th St-7th Ave Ⓢ

57th St Ⓢ

W 58th St

W 57th St

W 56th St

W 55th St

W 54th St

W 53rd St **33**

W 52nd St

W 51st St

W 50th St

W 49th St

W 48th St

W 47th St

W 46th St

W 45th St **35**

W 44th St

W 43rd St

Broadway

Eighth Ave

Ninth Ave

Tenth Ave

Eleventh Ave

Twelfth Ave (West Side Hwy)

Hudson River Park

Dewitt Clinton Park

Seventh Ave

Sixth Ave (Avenue of the Americas)

☆ **37** ✖ **18**

☆ **47**

7th Ave

✖ **27** ✖ **14** ✖ **17**

NYC Information Center ⓘ ✖ **13**

50th St Ⓢ Ⓢ **45** ☆

Radio City Music Hall

☆ **40** ☆ **41**

49th St Ⓢ

THEATER DISTRICT 26 ⓔ

47th-50th Sts-Rockefeller Center Ⓢ ⓘ Times Square

☆ **46**

TIMES SQUARE ✖ **24**

42 International Cent of Photography

☆ **44** ☆ **39**

✖ **21**

✖ **23**

Times Square **10** ⊙

42nd St-Port Authority

42nd St-Bryant Park Ⓢ

HELL'S KITCHEN

W 42nd St **36**

W 41st St

W 40th St

Lincoln Tunnel

Pier 83

Pier 81

☆ **38** ☆

43

Port Authority Bus Terminal

42nd St-Times Sq Ⓢ

ⓐ **56**

W 39th St

60 ⓐ W 38th St

W 37th St

W 36th St

W 35th St

GARMENT DISTRICT

Eighth Ave

Seventh Ave

Broadway (Avenue of the Americas)

Dyer St

Ninth Ave

Tenth Ave

HERALD SQUARE Hera Sq

34th St-Penn Station Ⓢ

ⓘ ⓐ **57** Ⓢ

34th St-Herald Sq Ⓢ

W 34th St Ⓢ **55**

W 33rd St

Penn Station 🚆

☆ **48** **11** ⊙

Macy's Herald Square

W 31st St

⊙ 0 ⊢——————⊣ 500 m
0 ⊢——————⊣ 0,25 mile

E

49 🔒
5th Ave-
59th St

Lexington Ave-
59th St 🇸

51 🔒 🇸

🔒58 59th St

E 61st St G

Roosevelt Island
Tramway Station

E 60th St H
Queensboro-59th St Bridge
E 59th St
E 58th St

50 🔒
57th St

🔒54

🔒53

E 57th St
E 56th St
E 55th St
E 54th St
E 53rd St

Sutton Pl

East River

Museum of
odern Art
👁

ParkAve

Madison Ave

Lexington Ave

28 🇸
30
Lexington Ave-
53rd St
🇸

Third Ave

Second Ave

First Ave

Franklin D Roosevelt Dr

61 🔒 Fifth Ave-
53rd St
ckefeller
Plaza

7 St Patrick's
Cathedral

51st St
🇸

E 52nd St
E 51st St
E 50th St

Beekman
Pl

🔒52
ockefeller
enter

E 49th St
E 48th St

🗙20

Mitchell Pl

AMOND
STRICT

E 47th St
E 46th St
E 45th St

12
👁
Japan
Society

🔘29

Vanderbilt Ave

Grand Central
Terminal

Chrysler
Building

E 44th St
E 43rd St

9 👁 Siège
des Nations
unies

E 44th St

🇸

E 43rd St

2nd St

🔘5
ant New York
rk Public Library

5th Ave

◎2
Grand
Central
Terminal 🇸
42nd St-
Grand Central

◎1

Third Ave

E 42nd St

E 41st St

42nd St E 40th St
E 39th St

Second Ave

Tudor City Pl

Queens-Midtown
Tunnel

First Ave

East River

25 🇸

Fifth Ave

Madison Ave

Park Ave S

6
👁
Morgan
Library &
Museum

E 38th St
E 37th St
E 36th St

Lexington Ave

E 35th St

St Vartan
Park

Empire State
Building
👁 KOREATOWN

W 32nd St
1 (Korea Way)
🗙19

🇸 33rd St

🗙16

E 34th St

E 33rd St

E 32nd St
E 31st St

MURRAY
HILL

Franklin D Roosevelt Dr

Voir

Chrysler Building ÉDIFICE NOTABLE

1 Plan p. 134, F4

Ce gratte-ciel de 77 étages se distingue par son élégance. Conçu par William Van Alen en 1930, le Chrysler Building, orné d'aigles austères en acier et surmonté d'une flèche, mêle Art déco et style néogothique. Il fut édifié comme siège de l'empire automobile de Walter P. Chrysler. Près de 85 ans plus tard, l'ambitieuse construction reste l'un des symboles les plus poignants de New York. (Lexington Ave à la hauteur de 42nd St, Midtown East ; ☉hall 8h-18h lun-ven ; Ⓢ S, 4/5/6, 7 jusqu'à Grand Central-42nd St)

Grand Central Terminal GARE

2 Plan p. 134, F3

L'édifice de style Beaux-Arts le plus époustouflant de New York est plus qu'une simple gare, c'est une machine à remonter le temps ! Son décor (le plafond étoilé du hall principal, les lustres, l'horloge à quatre faces et le marbre dont le sol est paré), comme ses bars et restaurants historiques nous ramènent à une époque où voyage en train et romantisme n'étaient pas incompatibles. Aujourd'hui pourtant, les trains au départ desservent surtout la banlieue ! Envie de faire une pause ? Prenez un verre au fameux Campbell Apartment (p. 144). (www.grandcentralterminal.com ; 42nd St à la hauteur de Park Ave, Midtown East ; ☉5h30-2h ; Ⓢ S, 4/5/6, 7 jusqu'à Grand Central-42nd St)

Rockefeller Center ÉDIFICE NOTABLE

3 Plan p. 134, E2

Bâtie en 9 ans au plus sombre de la Grande Dépression, cette "ville dans la ville" de 9 ha fut le premier complexe américain regroupant vente de détail, loisirs et bureaux. Cet espace moderniste, composé de 19 immeubles (dont 14 sont encore les édifices Art déco d'origine) séparés par des places extérieures, accueille des locataires de renom. Le promoteur John D. Rockefeller Jr a dépensé une fortune (quelque 100 millions de dollars), mais cela en valait la peine ! Le Center fut déclaré monument national en 1987. (www.rockefellercenter.com ; entre 5th Ave et 6th Ave et 48th St et 51st St ; ☉24h/24, horaires des boutiques variables ; Ⓢ B/D/F/M jusqu'à 47th-50th St-Rockefeller Center)

Radio City Music Hall SALLE DE SPECTACLES

4 Plan p. 134, D2

Le Radio City Music Hall est une spectaculaire salle Art déco de 5 901 places, née d'une idée originale du metteur en scène de vaudevilles, Samuel Lionel "Roxy" Rothafel. Roxy, qui ne faisait jamais dans la discrétion, inaugura la salle le 23 décembre 1932 avec un somptueux spectacle comprenant une Symphonie des rideaux (avec dans le rôle principal... les rideaux) et la troupe de danse spécialiste du jeté de jambe, les Roxyettes (renommées plus tard les Rockettes). (www.radiocity.com ; 1260 6th Ave, à la hauteur de 51st St ; visites adulte/enfant

Comprendre

La skyline de Midtown

Il n'y a pas que l'Empire State Building et le Chrysler Building à Midtown. Ce quartier compte assez de joyaux modernistes et postmodernes pour satisfaire les rêves de grandeur les plus fous !

Lever House

À ses débuts, au seuil de la décennie 1950, le **Lever House** (plan p. 134, F2 ; 390 Park Ave, entre 53rd St et 54th St, Midtown East ; **S** E, M jusqu'à 5th Ave-53rd St) était à la pointe de la modernité. Avec l'immeuble du Secrétariat des Nations unies, il était le seul gratte-ciel à arborer un revêtement en verre. La forme de l'édifice était également audacieuse : deux rectangles perpendiculaires composés d'une tour élancée au-dessus d'une base peu élevée. La cour ouverte comporte des bancs en marbre réalisés par le sculpteur nippo-américain, Isamu Noguchi. Le hall expose des œuvres contemporaines commandées pour cet espace.

Hearst Tower

Signée par Foster & Partners, la **Hearst Tower** (plan p. 134, C1 ; 949 8th Ave, entre 56th Ave et 57th Ave, Midtown West ; **S** A/C, B/D, 1 jusqu'à 59th St-Columbus Circle) est l'une des œuvres d'architecture contemporaine les plus créatives de New York. Ses armatures diagonales évoquent un nid-d'abeilles de verre et d'acier, que l'on apprécie mieux de près et depuis un angle. La tour s'élève au-dessus du Hearst Magazine Building, conçu par John Urban en 1928, destiné à l'origine à être un gratte-ciel puis vidé de son intérieur. Dans le hall, Riverlines est une peinture murale de Richard Long.

Bank of America Tower

Achevée en 2009, la **Bank of America Tower** (plan p. 134, D4 ; Sixth Ave, entre 42nd St et 43rd St ; **S** B/D/F/M jusqu'à 42nd St-Bryant Park) est remarquable pour ses qualités écologiques : une turbine éolienne génère environ 65% de l'électricité nécessaire au fonctionnement de l'immeuble, des filtres à air détectent le CO_2, des ascenseurs répartissent les passagers en fonction de leur destination pour éviter les trajets à vide... Conçu par Cook & Fox Architects, ce modèle de 58 étages (dont l'une des flèches culmine à 366 m) a été désigné "meilleur immeuble de grande hauteur d'Amérique" par le Council on Tall Buildings & Urban Habitat en 2010.

20/15 $; ⊙visites 11h-15h ; Ⓢ B/D/F/M jusqu'à 47th-50th St-Rockefeller Center)

New York Public Library
BIBLIOTHÈQUE

5 Plan p. 134, E4

Fidèlement gardée par "Patience" et "Fortitude" (les fameux lions en marbre qui veillent sur 5th Ave), cette magnifique bibliothèque à l'architecture de style Beaux-Arts est l'un des meilleurs sites gratuits de la ville. Lors de son inauguration en 1911, c'était le plus grand édifice de marbre jamais construit aux États-Unis. Sa salle de lecture, dotée d'un somptueux plafond à caissons, est à couper le souffle. (www.nypl.org ; Stephen A Schwarzman Building ; ☎917-275-6975 ; 5th Ave à la hauteur de 42nd St ; entrée libre ;

⊙10h-18h lun et jeu-sam, jusqu'à 20h mar et mer, 13h-17h dim, visites guidées 11h et 14h lun-sam, 14h dim ; Ⓢ B/D/F/M jusqu'à 42nd St-Bryant Park, 7 jusqu'à 5th Ave)

Morgan Library & Museum
MUSÉE

6 Plan p. 134, E4

Dans une ancienne demeure de 45 pièces du magnat de l'acier J. P. Morgan, ce somptueux musée présente une extraordinaire collection de manuscrits, de tapisseries, de dessins, de peintures et de livres (avec trois bibles de Gutenberg). Il abrite la bibliothèque de l'East Room, dont les époustouflantes peintures au plafond sont l'œuvre de Henry Siddons Mowbray. (www.morganlibrary.org ; 29 E 36th St, au niveau de Madison Ave, Midtown East ; adulte/enfant 18/12 $; ⊙10h30-17h

---

Comprendre
Petite histoire de Times Square

Au tournant du siècle dernier, Times Square était connu sous le nom de Longacre Square, un carrefour ordinaire, loin de l'épicentre commercial de Lower Manhattan. La situation changea suite à un accord entre August Belmont, à l'origine du métro, et Adolph Ochs, éditeur du *New York Times*. En supervisant la construction de la première ligne de métro de la ville (allant de Lower Manhattan à l'Upper West Side et Harlem), Belmont réalisa qu'un centre d'affaires dans 42nd St permettrait d'augmenter les profits et le nombre de clients sur la ligne. Il expliqua ensuite à Ochs, qui avait récemment redressé l'économie du *New York Times,* ce qu'il avait à gagner en transférant les activités du journal au carrefour de Broadway et de 42nd St : une station de métro sur place accélérerait la distribution du journal et l'afflux de voyageurs ferait augmenter les ventes juste devant le siège. Et pour faire bonne mesure, Belmont persuada également le maire de New York, George B. McClellan Jr, de renommer la place en l'honneur du journal.

Radio City Music Hall (p. 136)

mar-jeu, jusqu'à 21h ven, 10h-18h sam, 11h-18h dim ; **S** 6 jusqu'à 33rd St)

St-Patrick Cathedral CATHÉDRALE

7 Plan p. 134, E2

Après l'achèvement des travaux et l'enlèvement des échafaudages fin 2015, la plus grande cathédrale d'Amérique gratifiera à nouveau Fifth Ave de sa splendeur néogothique. Sa construction pendant la guerre de Sécession coûta près de 2 millions de dollars. L'édifice d'origine ne comportait pas les 2 flèches à l'avant, ajoutées en 1888. Parmi les plus beaux éléments figurent l'autel, conçu par Louis Tiffany, et l'éblouissante rosace de Charles Connick. (www. saintpatrickscathedral.org ; 5th Ave entre

50th St et 51st St ; 6h30-20h45 ; **S** B/D/F/M jusqu'à 47th-50th St-Rockefeller Center)

Bryant Park PARC

8 Plan p. 134, E4

Stands de café, jeux d'échecs en plein air, projections de films en été et patinoire en hiver : difficile de croire que cette oasis verdoyante fut surnommée le "Parc des seringues" dans les années 1980. Niché derrière la magnifique New York Public Library, l'endroit est idéal pour échapper un moment à l'effervescence de Midtown. Les horaires varient au fil des saisons. Consultez le site Web. (www.bryantpark. org ; 42nd St entre 5th Ave et 6th Ave ; 7h-minuit lun-ven, 7h-23h sam-dim juin-sept, horaires réduits le reste de l'année ; S B/D/F/M jusqu'à 42nd St-Bryant Park, 7 jusqu'à 5th Ave)

Siège des Nations unies ONU

9 ⊙ Plan p. 134, H3

Bienvenue au siège de l'ONU, l'organisation mondiale qui veille au respect des lois, des droits de l'homme et de la sécurité à l'échelle internationale. La tour du Secrétariat, dessinée par Le Corbusier, n'est pas accessible, mais des visites d'une heure incluent les salles du Conseil de sécurité, du Conseil de tutelle et du Conseil économique et social (ECOSOC), ainsi que des présentations du travail de l'ONU et des œuvres d'art données par des États membres.

100% new-yorkais
Le Diamond District

Tel le chemin de Traverse qu'emprunte Harry Potter, le **Diamond District** (plan p 134, E3 ; www.diamonddistrict.org ; 47th St, entre Fifth Ave et Sixth Ave ; S B/D/F/M jusqu'à 47th-50th St-Rockefeller Center) est un monde à part. Vous serez étourdi par un tourbillon de marchands et de couples à la recherche de la pierre parfaite ! Plus de 2 600 enseignes vendent des diamants, mais aussi des des bijoux en or et autres métaux précieux. Cette portion de rue totalise près de 90% des diamants taillés vendus dans le pays.

En semaine, réservez votre visite en ligne au moins 2 jours à l'avance. (☎212-963-4475 ; http://visit.un.org/wcm/content ; entrée des visiteurs First Ave, au niveau de 47th St, Midtown East ; visite guidée adulte/enfant 20/11 $, moins de 5 ans non admis, accès gratuit sam-dim ; ⊙visites 9h15-16h15 lun-ven, centre d'information des visiteurs également ouvert 10h-17h sam-dim ; S S, 4/5/6, 7 jusqu'à Grand Central-42nd St)

International Center of Photography MUSÉE

10 ⊙ Plan p. 134, D3

Haut lieu de la photographie à New York, ce musée, qui privilégie le photojournalisme, présente aussi sur ses 2 étages des expositions temporaires variées. On a notamment pu voir des œuvres d'Henri Cartier-Bresson, de Man Ray et de Robert Capa. L'école de l'ICP propose des cours de photographie et des cycles de conférences. La boutique vend d'excellents livres de photos, des petits cadeaux originaux et des souvenirs de New York. (ICP ; www.icp.org ; 1133 Sixth Ave, au niveau de 43rd St ; adulte/enfant 14 $/gratuit, don libre ven 17h-20h ; ⊙10h-18h mar-jeu et sam-dim, jusqu'à 20h ven ; S B/D/F/M jusqu'à 42nd St-Bryant Park)

Museum at FIT MUSÉE

11 ⊙ Plan p. 134, D5

Le Fashion Institute of Technology (FIT) revendique l'une des plus riches collections mondiales de vêtements, de textiles et d'accessoires. Au dernier inventaire, il comptait quelque

50 000 pièces datant du XVIIIᵉ siècle à nos jours. Son musée présente à la fois une sélection de la collection permanente et des trésors prêtés. (www.fitnyc.edu/museum ; 227 W 27th St, au niveau de Seventh Ave, Midtown West ; gratuit ; ⊙12h-20h mar-ven, 10h-17h sam ; Ⓢ1 jusqu'à 28th St)

Japan Society
CENTRE CULTUREL

12 ◉ Plan p. 134, G3

Les expositions d'œuvres d'art, de textiles et de design japonais sont le principal attrait de ce centre culturel, qui programme aussi projections de films, représentations chorégraphiques, et théâtrales, ou concerts. Bibliothèque riche de 14 000 volumes et conférences. (www.japansociety.org ; 333 E 47th St, entre First Ave et Second Ave, Midtown East ; adulte/enfant 12 $/gratuit, 18h-21h ven gratuit ; ⊙11h-18h mar-jeu, jusqu'à 21h ven, jusqu'à 17h sam-dim ; Ⓢ S, 4/5/6, 7 jusqu'à Grand Central-42nd St)

Se restaurer

Le Bernardin
FRUITS DE MER $$$

13 ✕ Plan p. 134, D2

Malgré une légère rénovation qui visait à toucher une "clientèle plus jeune" (le triptyque de la tempête est l'œuvre de l'artiste de Brooklyn Ran Ortner), ce trois-étoiles, distingué par le guide Michelin, reste une table gastronomique luxueuse. Les fruits de mer dressés avec sobriété par le célèbre chef Éric Ripert font en revanche toujours voyager les papilles. (☎212-554-1515 ; www.le-bernardin.com ; 155 W 51st St, entre 6th Ave et 7th Ave,

Midtown West ; déj/dîner 76/135 $, menus dégustation 155-198 $; ⊙midi-14h30 et 17h15-22h30 lun-ven, 17h15-23h sam ; Ⓢ1 jusqu'à 50th St, B/D, E jusqu'à 7th Ave)

Danji
CORÉEN CONTEMPORAIN $$

14 ✕ Plan p. 134, C2

Le jeune et talentueux Hooni Kim capture les papilles avec ses "tapas" coréennes, étoilées au Michelin. Les *sliders* (mini hamburgers) sont les stars de la carte, un duo de *bulgogi* de bœuf et de poitrine de porc épicée, servis entre deux petits pains grillés. Arrivez tôt ou préparez-vous à patienter. (www.danjinyc.com ; 346 W 52nd St, entre 8th Ave et 9th Ave, Midtown West ; assiettes 6-20 $; ⊙midi-14h30 et 17h15-23h lun-jeu, midi-14h30 et 17h15-minuit ven, 17h15-minuit sam ; Ⓢ C/E jusqu'à 50th St)

Betony
AMÉRICAIN MODERNE $$$

15 ✕ Plan p. 134, E1

Fenêtres industrielles, briques apparentes, grand bar : un cadre idéal pour un cocktail après le travail. Au dîner, réservez une table dans la salle d'inspiration baroque à l'arrière, pour savourer la cuisine sophistiquée et amusante du chef Bryce Shuman. (☎212-465-2400 ; www.betony-nyc.com ; 41 W 57th St, entre Fifth Ave et Sixth Ave ; plats 27-38 $; ⊙17h-22h lun-jeu, jusqu'à 22h30 ven-sam ; Ⓢ F jusqu'à 57th St)

Hangawi
CORÉEN $$

16 ✕ Plan p. 134, E5

Déchaussez-vous à l'entrée et pénétrez dans un espace apaisant pour déguster des plats végétariens sublimes, assis sur des coussins, au son de la musique méditative. Parmi les incontournables figurent les pancakes aux poireaux et une marmite de tofu moelleux à la sauce au gingembre. (📞212-213-0077 ; www.hangawirestaurant.com ; 12 E 32nd St entre 5th Ave et Madison Ave ; plats déj 10-16 $, dîner 16-26 $; 🕐midi-14h45 et 17h-22h15 lun-jeu, jusqu'à 22h30 ven, 13h-22h30 sam, 17h-21h30 dim ; 🥢 ; Ⓢ B/D/F/M, N/Q/R jusqu'à 34th St-Herald Sq)

Totto Ramen

JAPONAIS $

17 🍴 Plan p. 134, C2

Notez votre nom et le nombre de clients sur le bloc-notes près de la porte et attendez votre *ramen* (pâtes en bouillon) – paiement en espèces uniquement. Préférez le porc au poulet, il agrémente des plats comme le *miso ramen* (avec pâte de soja fermentée, œuf, échalote, germes de soja, oignon et sauce piquante maison). (www.tottoramen. com ; 366 W 52nd St, entre 8th Ave et 9th Ave, Midtown West ; ramen à partir de 10 $; 🕐midi-minuit lun-ven, midi-23h sam, 17h-23h dim ; Ⓢ C/E jusqu'à 50th St)

Burger Joint

HAMBURGERS $

18 🍴 Plan p. 134, D1

Seule l'enseigne en forme de hamburger lumineux indique ce petit snack dissimulé derrière le rideau de

SIEGFRIED LAYDA/GETTY IMAGES ©

Théâtres dans 42nd St

l'hôtel Le Parker Meridien. Si vous le trouvez, vous découvrirez des murs couverts de graffitis, des box rétro, et un personnel décontracté préparant des hamburgers avec génie. (www.burgerjointny.com ; Le Parker Meridien, 119 W 56th St, entre 6th Ave et 7th Ave, Midtown West ; burgers à partir de 8 $; ⏱11h-23h30 dim-jeu, 11h-minuit ven-sam ; Ⓢ F jusqu'à 57th St)

NoMad   NOUVELLE CUISINE AMÉRICAINE $$$

19 ✕ Plan p. 134, E5

Plus branché et (un peu) plus détendu que l'Eleven Madison Park (p. 117), étoilé au Michelin, le NoMad comprend plusieurs espaces de restauration : l'Atrium, à la mode, le Victoriana, dans un petit salon, le Library, pour les en-cas… Les menus, éclectiques et plutôt d'inspiration européenne, ne sont pas trop sérieux – comptez toujours avec le chef Daniel Humm. (☏347-472-5660 ; www.thenomadhotel.com ; NoMad Hotel, 1170 Broadway, au niveau de 28th St ; plats 20-37 $; ⏱12h-14h et 17h30-22h30 lun-jeu, jusqu'à 23h ven, 11h-14h et 17h30-23h sam, 11h-15h et 17h30-22h dim ; Ⓢ N/R, 6 jusqu'à 28th St ; F/M jusqu'à 23rd St)

Smith   AMÉRICAIN $$

20 ✕ Plan p. 134, G2

Dans la partie est de Midtown, l'intérieur industriel chic du Smith propose un bar animé et une bonne cuisine de brasserie. La plupart des plats sont entièrement préparés sur place, l'accent est mis sur les produits régionaux et les saveurs d'inspiration

◯ 100% new-yorkais
Koreatown

En matière de *kimchi* et de karaoké, difficile de battre **Koreatown** (Little Korea ; plan p. 134, E5 ; entre 31st St et 36th St et Broadway et 5th Ave ; Ⓢ B/D/F/M, N/Q/R jusqu'à 34th St-Herald Sq). Ses nombreux restaurants, magasins, salons et spas coréens se concentrent dans 32nd St, tout en débordant au nord et au sud dans les rues avoisinantes. D'authentiques barbecues coréens sont ouverts 24h/24 dans de nombreux lieux nocturnes de 32nd St, dont certains font également office de karaoké.

rétro américaine et italienne. (☏212-644-2700 ; www.thesmithnyc.com ; 956 2nd Ave, à la hauteur de 51st St, Midtown East ; plats 17-33 $; ⏱7h30-minuit lun-mer, 7h30-1h jeu et ven, 10h-1h sam, 10h-minuit dim ; 📶 ; Ⓢ 6 jusqu'à 51st St)

Marseille   FRANÇAIS, MÉDITERRANÉEN $$$

21 ✕ Plan p. 134, C3

Quelque part entre un vieux hall de cinéma et une brasserie Art déco, cette institution est un lieu fabuleux pour boire un cocktail accompagné de bons plats d'inspiration franco-méditerranéenne, comme la tarte provençale au fromage de chèvre ou le poulet toscan au jus de truffe… (www.marseillenyc.com ; 630 Ninth Ave, au niveau de 44th St ; plats 20-29 $; ⏱11h30-23h dim-mar, jusqu'à 24h mer-sam ; Ⓢ A/C/E jusqu'à 42nd St-Port Authority)

Gahm Mi Oak
CORÉEN **$$**

22 Plan p. 134, E5

Même à 3h du matin, cette table de Koreatown vous sert un *yook hwe* (tartare de bœuf aux poires râpées). La cuisine est authentique, à l'image de la spécialité, le *sul long tang* (bouillon d'os de bœuf, mitonné pendant 12 heures, agrémenté de poitrine de bœuf et d'échalote). (43 W 32nd St, entre Broadway et 5th Ave ; plats 10-22 $; ⊘24h/24 ; Ⓢ N/Q/R, B/D/F/M jusqu'à 34th St-Herald Sq)

Shake Shack
BURGERS **$**

23 Plan p. 134, C3

Revoici la fameuse chaîne de burgers de Danny Meyer, cette fois à deux pas de Times Square et de Broadway. Pains moelleux, garnitures de premier choix, frites artisanales, crèmes glacées : joignez-vous à la file ! (www.shakeshack. com ; 691 Eighth Ave, au niveau de 44th St ; burgers à partir de 3,60 $; ⊘11h-24h ; Ⓢ A/C/E jusqu'à 42nd St-Port Authority, N/Q/R, S, 1/2/3, 7 jusqu'à Times Sq-42nd St)

El Margon
CUBAIN **$**

24 Plan p. 134, D3

On se croirait encore en 1973 dans ce bar toujours bondé, où le Formica orange et les bons plats caloriques sont toujours à la mode. Son *sandwich cubano* (rôti de porc, salami, fromage, cornichons, sauce *mojo* et mayonnaise) est délicieux. (136 W 46th St entre 6th Ave et 7th Ave, Midtown West ; sandwichs à partir de 4 $, plats 9-15 $; ⊘7h-17h ; Ⓢ B/D/F/M jusqu'à 47-50th St-Rockefeller Center)

Prendre un verre

Top of the Strand
BAR À COCKTAILS

25 Plan p. 134, E4

Pour vivre un moment tout à fait new-yorkais, grimpez au 21e étage du Strand Hotel pour siroter un martini sur son toit-terrasse. La vue sur l'Empire State Building y est époustouflante. (www. topofthestrand.com ; Strand Hotel, 33 W 37th St entre 5th Ave et 6th Ave ; ⊘17h-minuit lun et dim, 17h-1h mar-sam ; Ⓢ B/D/F/M jusqu'à 34th St)

Campbell Apartment
BAR À COCKTAILS

Ce sublime bar de Grand Central (voir 2 ⊙ plan p. 134, F3) occupe les bureaux d'un magnat des chemins de fer des années 1920, avec des tapis à la mode de Florence, des poutres ouvragées au plafond et une grande baie vitrée à petits carreaux. Il est accessible par l'ascenseur jouxtant l'Oyster Bar ou par l'escalier menant au West Balcony (balcon ouest). (www.hospitalityholdings. com ; Grand Central Terminal, 15 Vanderbilt Ave, au niveau de 43rd St ; ⊘12h-1h lun-jeu, jusqu'à 2h ven, 14h-2h sam, 12h-24h dim ; Ⓢ S, 4/5/6, 7 jusqu'à Grand Central-42nd St)

Rum House
BAR À COCKTAILS

26 Plan p. 134, C3

Il n'y a pas si longtemps, c'était le piano-bar vieillot de l'hôtel Edison. Puis est arrivée l'équipe du bar Ward III, de Tribeca, qui a arraché la moquette, astiqué le bar en cuivre et redonné vie à cette tranche du vieux

New York. Un pianiste joue encore tous les soirs (sauf mardi), et il y a désormais de bons cocktails, whiskies et rhums. (www.edisonrumhouse.com ; 228 W 47th St, entre Broadway et Eighth Ave, Midtown West ; 13h-4h ; N/Q/R jusqu'à 49th St)

Industry
BAR GAY

 27   Plan p. 134, C2

Cet ancien parking est aujourd'hui l'un des bars gays les plus tendances de Hell's Kitchen, un établissement chic de plus de 370 m² comprenant de jolis salons, un billard et une scène pour les excellentes drag queens. Venez de 16h à 21h pour profiter de deux boissons pour le prix d'une, ou plus tard pour vous joindre à la foule. Espèces uniquement. (www.industry-bar.com ; 355 W 52nd St, entre 8th Ave et 9th Ave, Midtown West ; 16h-4h ; C/E, 1 jusqu'à 50th St)

Little Collins
CAFÉ

28   Plan p. 134, F2

Une ambiance détendue et des espaces accueillants, pour déguster de formidables cafés et d'excellents plats. Les machines à café high-tech sous le comptoir ressemblent à des tireuses à bière chromées. (http://littlecollinsnyc. com ; 667 Lexington Ave, entre 55th St et 56th St, Midtown East ; 7h-18h lun-ven, 9h-16h sam-dim ; E, M jusqu'à 53rd St, 4/5/6 jusqu'à 59th St)

Lantern's Keep
BAR À COCKTAILS

29   Plan p. 134, E3

En traversant le hall de l'hôtel Iroquois, vous pénétrerez dans un salon sombre et intime, spécialisé dans les boissons de la période précédant la Prohibition, préparées par des barmen passionnés. (212-453-4287 ; www.thelanternskeep.com ; Iroquois Hotel, 49 W 44th St, entre 5th Ave et 6th Ave ; 17h-minuit lun-ven, 18h-1h sam ; B/D/F/M jusqu'à 42nd St-Bryant Park)

PJ Clarke's
BAR

30   Plan p. 134, F2

Cet adorable saloon en bois est ouvert depuis 1884. Le chanteur Buddy Holly y a demandé sa femme en mariage et Frank Sinatra était un habitué de la table 20. Sélectionnez un air au juke-box, commandez un burger et installez-vous au milieu d'une clientèle éclectique d'employés en costume, d'étudiants et de citadins nostalgiques. (www.pjclarkes.com ; 915 3rd Ave, à la hauteur de 55th St, Midtown East ; 11h30-4h ; E, M jusqu'à Lexington Ave-53rd St)

Stumptown Coffee Roasters
CAFÉ

31   Plan p. 134, E5

Un personnel branché préparant un café exceptionnel ? C'est possible à Manhattan, dans le café du torréfacteur le plus célèbre de Portland. L'attente est le petit prix à payer pour un véritable expresso dans Midtown. Il n'y a pas de place assise, mais les clients fatigués peuvent trouver un siège dans le hall adjacent de l'Ace Hotel. (www.stumptowncoffee.com ; 18 W 29th St, entre Broadway et 5th Ave ; 6h-20h lun-ven, 7h-20h sam-dim ; N/R jusqu'à 28th St)

Robert

BAR À COCKTAILS

32 Plan p. 134, C1

Perché au 9e niveau du Museum of Arts & Design, ce lieu coloré inspiré des années 1960 est en fait un restaurant de cuisine américaine moderne haut de gamme. Venez plutôt pour l'apéritif ou après le dîner, trouvez un canapé et admirez Central Park en buvant un MAD Manhattan (bourbon, vermouth à l'orange sanguine et cerises à l'eau-de-vie)… (www.robertnyc.com ; Museum of Arts & Design, 2 Columbus Circle, entre 8th Ave et Broadway ; ☉11h30-22h lun, 11h30-minuit mar-ven, 11h-minuit sam, 11h-22h dim ; ⑤A/C, B/D, 1 jusqu'à 59th St-Columbus Circle)

Flaming Saddles

GAY

33 Plan p. 134, B2

Incroyable mais vrai : il y a un bar gay country à Midtown ! Dans cet établissement de Hell's Kitchen à l'ambiance virile, on trouve de séduisants barmen dansant sur la musique country et des cow-boys urbains en herbe. Enfilez vos santiags pour une soirée endiablée ! (www.flamingsaddles.com ; 793 Ninth Ave, entre 52nd St et 53rd St, Midtown West ; ☉16h-4h lun-ven, 12h-4h sam-dim ; ⑤C/E jusqu'à 50th St)

Culture Espresso

CAFÉ

34 Plan p. 134, D4

Des expressos intenses et crémeux, au petit goût de noisette, des crus pour les adeptes du Third Wave Coffee (le café considéré comme un grand cru) et des cafés infusés à froid (nous adorons le café glacé à la mode de Kyoto). Paninis gourmands (prosciutto-confiture de figues-roquette), pâtisseries artisanales et formidables cookies aux pépites de chocolat. (www.cultureespresso.com ; 72 W 38th St, au niveau de Sixth Ave ; ☉7h-19h lun-ven, à partir de 8h sam-dim ; ⑨ ; ⑤B/D/F/M jusqu'à 42nd St-Bryant Park)

Rudy's

BAR DE QUARTIER

35 Plan p. 134, B3

Un cochon avec une veste rouge marque l'entrée de ce bar qui sert deux sortes de bières (au pichet) bon marché, à boire sur des banquettes semi-circulaires, et des hot dogs gratuits. Retransmissions de matchs des Knicks (basket), sans le son, et rock classique. (www.rudysbarnyc.com ; 627 Ninth Ave, au niveau de 44th St, Midtown West ; ☉8h-4h lun-sam, 12h-4h dim ; ⑤A/C/E jusqu'à 42nd St-Port Authority Bus Terminal)

Therapy

GAY

Près du Totto Ramen (voir 17 ⊗ plan p. 134, C2), cet espace sur plusieurs niveaux fut le premier lounge-club pour gays à attirer les foules à Hell's Kitchen. Ses spectacles quotidiens (de la musique au Broadway bingo) et sa bonne cuisine servie du dimanche au vendredi (brochettes de poulet, burgers, houmous, salades) lui valent toujours un franc succès. (www.therapy-nyc.com ; 348 W 52nd St, entre Eighth Ave et Ninth Ave, Midtown West ; ☉17h-2h dim-jeu, jusqu'à 4h ven-sam ; ⑤C/E, 1 jusqu'à 50th St)

XL Nightclub GAY

36 Plan p. 134, B4

Rendez-vous des garçons musclés, ce grand *dance club*, haut lieu de l'hédonisme, comprend deux pistes de danse, une salle de cabaret et un *lounge bar* – on y trouve bien sûr des *go-go boys* et des barmen sexy. Excellents spectacles (humour, revue de drag queens, etc.). (www.xlnightclub. com ; 512 W 42nd St, entre Tenth Ave et Eleventh Ave, Midtown West ; ⏱22h-4h ; S A/C/E jusqu'à 42nd St-Port Authority Bus Terminal)

Sortir

Jazz at Lincoln Center JAZZ

Perché au sommet du Time Warner Center (voir **59** Plan p. 134), Jazz at Lincoln Center est composé de 3 salles : Rose Theater, de taille moyenne, Allen Room, panoramique avec baie vitrée, et Dizzy's Club Coca-Cola, intime et charmante. Cette dernière salle accueille des concerts tous les soirs. Les artistes sont souvent excellents et la vue sur Central Park est éblouissante. (billets pour Dizzy's Club Coca-Cola 212-258-9595, billets pour Rose Theater et Allen Room 212-721-6500 ; www. jazzatlincolncenter.org ; Time Warner Center, Broadway à la hauteur de 60th St ; S A/C, B/D, 1 jusqu'à 59th St-Columbus Circle)

Carnegie Hall CONCERTS

37 ⭐ Plan p. 134, D1

Cette salle de concerts mondialement connue n'est ni la plus grande, ni la plus majestueuse de la ville mais elle possède une merveilleuse acoustique. L'Isaac Stern Auditorium accueille les pointures de l'opéra, du jazz et du folk. Jazz plus avant-gardiste, pop, musique classique et du monde se jouent dans le très populaire Zankel

---

Comprendre
Les débuts de Broadway

Le Broadway des années 1920 était connu pour ses comédies musicales enjouées, mêlant souvent vaudeville et traditions de music-hall. De ces spectacles naquirent des airs désormais classiques comme *Rhapsody in Blue* de George Gershwin et *Let's Misbehave* de Cole Porter. Au même moment, le Theatre District de Midtown devenait une plate-forme pour les nouveaux dramaturges américains. Eugene O'Neill fut l'un des plus grands. Né en 1888 à Times Square, au Barrett Hotel (1500 Broadway), O'Neill lança la plupart de ses œuvres ici, notamment *Beyond the Horizon* et *Anna Christie*, pour lesquels il reçut le prix Pulitzer. Son succès à Broadway ouvrit la voie à d'autres auteurs d'envergure comme Tennessee Williams, Arthur Miller et Edward Albee. Une vague de talents qui conduisit à la création en 1947 des Tony Awards, la réponse de Broadway aux Oscars hollywoodiens.

Hall. Plus intime, le Weill Recital Hall est réservé à la musique de chambre, aux concerts de débutants et aux tables rondes. (☎212-247-7800 ; www.carnegiehall.org ; W 57th St, à la hauteur de 7th Ave, Midtown West ; visites adulte/enfant 15/5 $; ⏱visites guidées 11h30, 12h30, 14h et 15h lun-ven, 11h30 et 12h30 sam, 12h30 dim oct-mai ; N/Q/R jusqu'à 57th St-7th Ave)

Signature Theatre   THÉÂTRE

38 ⭐ Plan p. 134, B4

Dans ses locaux conçus par Frank Gehry – trois théâtres, une librairie et un café –, le Signature Theatre consacre des saisons entières à l'œuvre de dramaturges qu'il a reçus ou accueille en résidence – comme Tony Kushner, Edward Albee et Athol Fugard. Réservez un mois à l'avance. (☎places 212-244-7529 ; www.signaturetheatre.org ; 480 W 42nd St, entre

Bon plan

Des billets pour Broadway

Pour les comédies musicales les plus demandées – dont *Kinky Boots* et *Book of Mormon* –, des tirages au sort sont organisés 2 heures 30 avant le spectacle ; les heureux gagnants bénéficient de places à moins de 40 $. Pour d'autres, comme *Chicago*, un nombre limité de places est vendu à la dernière minute, chaque matin à l'ouverture de la billetterie. Là encore, la demande est grande : venez tôt et préparez-vous à devoir attendre.

Ninth Ave et Tenth Ave, Midtown West ; A/C/E jusqu'à 42nd St-Port Authority Bus Terminal)

Kinky Boots   COMÉDIE MUSICALE

39 ⭐ Plan p. 134, C3

Cette comédie musicale de Harvey Fierstein et Cyndi Lauper, adaptée d'une comédie britannique sortie en 2005, raconte l'histoire d'une entreprise de chaussures menacée, sauvée par Lola, une drag queen dotée du sens des affaires. Le spectacle a remporté six Tony Awards, dont celui de la meilleure comédie musicale en 2013. (Hirschfeld Theatre ; ☎places 212-239-6200 ; www.kinkybootsthemusical.com ; 302 W 45th St, entre Eighth Ave et Ninth Ave, Midtown West ; A/C/E jusqu'à 42nd St-Port Authority Bus Terminal)

Book of Mormon   THÉÂTRE

40 ⭐ Plan p. 134, C3

Subversive, obscène et hilarante, cette satire irrévérencieuse est la comédie musicale des créateurs de *South Park,* Trey Parker et Matt Stone, et de Robert Lopez, compositeur d'*Avenue Q.* Le spectacle aux 9 Tony Awards raconte l'histoire de deux mormons naïfs partis "sauver" un village ougandais. Réservez plusieurs mois à l'avance ou tentez la loterie (voir ci-contre) ! (Eugene O'Neill Theatre ; ☎places 212-239-6200 ; www.bookofmormonbroadway.com ; 230 W 49th St entre Broadway et 8th Ave, Midtown West ; **S**N/Q/R jusqu'à 49th St, 1 jusqu'à 50th St, C/E jusqu'à 50th St)

 L'Allen Room du Jazz at Lincoln Center (p. 147)

Chicago
THÉÂTRE

41 ⭐ Plan p. 134, C3

Retour réussi pour ce classique de Bob Fosse, Kander et Ebb qui réunit Velma Kelly, danseuse de cabaret, l'ambitieuse Roxie Hart, l'avocat Billy Flynn et la pègre de Chicago. Cette version, relancée par le metteur en scène Walter Bobbie, rencontre un grand succès. (Ambassador Theater ; ☎ places 212-239-6200 ; www.chicagothemusical.com ; 219 W 49th St entre Broadway et 8th Ave, Midtown West ; Ⓢ N/Q/R jusqu'à 49th St, 1, C/E jusqu'à 50th St)

Matilda
COMÉDIE MUSICALE

42 ⭐ Plan p. 134, D3

Joyeusement subversive, cette comédie musicale à succès est tirée du roman pour la jeunesse de Roald Dahl. Elle a pour personnage principal une fillette de 5 ans qui se mesure au monde des adultes grâce à son intelligence et à la magie. Chaque soir, un tirage au sort, organisé au théâtre 2 heures 30 avant le spectacle, attribue un nombre limité de billets à 27 $. (Shubert Theatre ; ☎ places 212-239-6200 ; http://us.matildathemusical.com ; 225 W 44th St, entre Seventh Ave et Eighth Ave, Midtown West ; Ⓢ N/Q/R, S, 1/2/3, 7 jusqu'à Times Sq-42nd St, A/C/E jusqu'à 42nd St-Port Authority Bus Terminal)

Playwrights Horizons
THÉÂTRE

43 ⭐ Plan p. 134, B4

Ce théâtre d'auteur, chargé d'ans et d'expérience, se consacre à la promotion d'œuvres contemporaines américaines. On a notamment pu y applaudir *Clybourne Park*, de Bruce Norris (lauréat d'un Tony Award), ainsi que *I Am My Own Wife* et *Grey Gardens*, qui ont ensuite été montées à Broadway. (☎ places 212-279-4200 ; www. playwrightshorizons.org ; 416 W 42nd St, entre 9th Ave et 10th Ave, Midtown West ; **S** A/C/E jusqu'à 42nd St-Port Authority Bus Terminal)

Birdland   JAZZ, CABARET

44 ⭐ Plan p. 134, C3

À l'écart de Times Square, le Birdland est un club chic. Son nom fait référence à Charlie Parker (surnommé "Bird"), la légende du be-bop qui se produisait à l'ancienne adresse de

52nd St, avec Miles Davis, Thelonious Monk et bien d'autres musiciens hors pair (leurs photos ornent les murs). Programmation toujours excellente. (☎ 212-581-3080 ; www.birdlandjazz.com ; 315 W 44th St, entre 8th Ave et 9th Ave, Midtown West ; entrée 20-50 $; ⏱ 17h-1h ; 📶 ; **S** A/C/E jusqu'à 42nd St-Port Authority Bus Terminal)

Caroline's on Broadway   SPECTACLES COMIQUES

45 ⭐ Plan p. 134, D2

Vous reconnaîtrez peut-être l'endroit vaste et coloré car nombre de spectacles comiques y ont été filmés. Idéal pour croiser des stars américaines de comédies et de sitcoms. (☎ 212-757-4100 ; www.carolines.

Comprendre
Assister à un show télévisé

Vous souhaitez participer à l'enregistrement d'une émission télévisée en direct ? Vous êtes dans la bonne ville. Suivez ces quelques conseils et, pour plus de détails, visitez le site Web de chaque chaîne ou l'adresse www.tvtickets.com.

▶ **Saturday Night Live** Il est difficile d'y participer. Tentez votre chance à la loterie pour l'automne en envoyant un e-mail en août à snltickets@nbcuni. com. Ou faites la queue à 7h le jour du show, dans 49th St au niveau de Rockefeller Plaza, pour prendre un ticket "standby" (qui permet d'entrer uniquement s'il reste de la place).

▶ **Late Show with David Letterman** Il est possible de demander une date en ligne sur www.cbs.com/lateshow ou en se présentant au studio (1697 Broadway, entre 53rd St et 54th St) entre 9h30 et 12h du lundi au jeudi, et de 10h à 18h les samedi et dimanche. Vous pouvez également demander un ticket "standby" en appelant le ☎ 212-247-6497 à 11h le jour de l'enregistrement. Letterman, qui doit prendre sa retraite en 2015, sera remplacé par Stephen Colbert – lors de nos recherches, on ignorait encore si le lieu allait changer ; consultez le site Web.

com ; 1626 Broadway, à la hauteur de 50th St ;
bN/Q/R jusqu'à 49th St, 1 jusqu'à 50th St)

Don't Tell Mama
CABARET

46 ⭐ Plan p. 134, C3

Excellent piano-bar et cabaret,
Don't Tell Mama est un petit
établissement sans prétention ouvert
depuis plus de 25 ans, qui dure
grâce au talent. Ses artistes réguliers
sont peu connus mais, en véritables
amoureux du genre, se donnent
à fond à chaque représentation et
ne s'opposent pas à une petite aide
musicale du public. (📞212-757-0788 ;
www.donttellmamanyc.com ; 343 W 46th St,
entre 8th Ave et 9th Ave, Midtown West ;
⏰16h-3h lun-jeu, 16h-4h ven-dim ; **S**N/Q/R,
S, 1/2/3, 7 jusqu'à Times Sq-42nd St)

New York City Center
DANSE

47 ⭐ Plan p134, D2

Cet édifice mauresque, couronné d'un
dôme rouge, accueille des compagnies
de danse (comme l'Alvin Ailey American
Dance Theater), des productions
théâtrales, le New York Flamenco
Festival (février-mars) et le Fall for
Dance Festival (septembre-octobre).
(📞212-581-1212 ; www.nycitycenter.org ; 131 W
55th St entre 6th Ave et 7th Ave, Midtown West ;
SN/Q/R jusqu'à 57th St-7th Ave)

Madison Square Garden
STADE

48 ⭐ Plan p. 134, C5

Des grands noms, comme Kanye West
et Madonna, se produisent sur la plus
grande scène de la ville. C'est aussi un

stade où jouent les New York Knicks
et les New York Rangers. S'y tiennent
également des matchs de boxe et
d'autres événements comme l'Annual
Westminster Kennel Club Dog Show.
(www.thegarden.com ; 7th Ave entre 31st St
et 33rd St, Midtown West ; **S**1/2/3 jusqu'à
34th St-Penn Station)

Shopping

Barneys
GRAND MAGASIN

49 🔒 Plan p. 134, E1

Les véritables fashionistas font leurs
achats chez Barneys, connu pour
ses collections de marques pointues

HIROYUKI MATSUMOTO/GETTY IMAGES ©

Musicien des rues près de Carnegie Hall (p. 147)

comme Holmes & Yang, Kitsuné et Derek Lam. Pour des articles (un peu) moins coûteux et destinés à une clientèle plus jeune, rendez-vous au 8e niveau. (www.barneys.com ; 660 Madison Ave, au niveau de 61st St, Midtown East ; ⏰10h-20h lun-ven, jusqu'à 19h sam, 11h-18h dim ; **S**N/Q/R jusqu'à 5th Ave-59th St)

Bergdorf Goodman GRAND MAGASIN

50 Plan p. 134, E1

Très apprécié pour ses vitrines de Noël (les plus belles de la ville), "BG" règne sur le monde de la mode, sous la houlette de Linda Fargo. On y trouve notamment les collections de Tom Ford, un grand département de chaussures pour femme (avec des modèles de chez Chanel) et

une vaste collection de vêtements Thom Browne (homme et femme). (www.bergdorfgoodman.com ; 754 Fifth Ave, entre 57th St et 58th St ; ⏰10h-20h lun-ven, jusqu'à 19h sam, 12h-18h dim ; **S**N/Q/R jusqu'à 5th Ave-59th St, F jusqu'à 57th St)

Bloomingdale's GRAND MAGASIN

51 Plan p. 134, F1

Dans le monde des grands magasins, le "Bloomie's" occupe le même rang que le Metropolitan Museum of Art dans celui de l'art : mythique, gigantesque, incontournable... et bondé. Les rayons regroupent les vêtements et chaussures de créateurs américains et internationaux, dont un nombre croissant de collections de jeunes talents. (www.bloomingdales.com ; 1000 3rd Ave, à la hauteur de E 59th St, Midtown East ; ⏰10h-20h30 lun-sam, 11h-19h dim ; 📶 ; **S**4/5/6 jusqu'à 59th St, N/Q/R jusqu'à Lexington Ave-59th St)

MoMA Design & Book Store LIVRES, CADEAUX

Le fabuleux magasin du MoMA (voir ◉ plan p. 134, E2) vend notamment des livres sur l'art, des reproductions d'œuvres, des affiches et des bibelots originaux. En face, au MoMA Design Store, vous trouverez des meubles, des lampes, d'autres objets pour la maison, des bijoux, des sacs et des articles MUJI. (www.momastore.org ; 11 W 53rd St, entre Fifth Ave et Sixth Ave ; ⏰9h30-18h30 sam-jeu, jusqu'à 21h ven ; **S**E, M jusqu'à 5th Ave-53rd St)

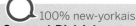

100% new-yorkais
Garment District

Dans Seventh Ave, entre 34th St et Times Sq, le fameux **Garment District** (quartier des Vêtements ; plan p. 134, D4 ; **S**N/Q/R, S, 1/2/3 et 7 jusqu'à Times Sq-42nd St) réunit un choix impressionnant de tissus, de paillettes et de dentelles. Observez le trottoir en arrivant au croisement de 7th St et 39th St, le Fashion Walk of Fame honore Betsey Johnson, Marc Jacobs et Halston, entre autres visionnaires de la mode. Il se trouve à l'angle où trône la sculpture, réalisée par Claes Oldenburg, du plus gros bouton au monde soulevé par une aiguille en acier de près de 10 m...

Saks Fifth Ave
GRAND MAGASIN

52 🔒 Plan p. 134, E2

Doté de beaux ascenseurs anciens, le magasin amiral de Saks, qui compte dix niveaux, possède notamment le plus grand département de chaussures pour femme de la ville (le "Shoe Salon"), et d'excellents rayons cosmétiques et homme. Les soldes de janvier sont légendaires. (www.saksfifthavenue.com ; 611 Fifth Ave, au niveau de 50th St ; ⊙10h-20h lun-sam, 11h-19h dim ; ⓈB/D/F/M jusqu'à 47th-50th St-Rockefeller Center, E/M jusqu'à 5th Ave-53rd St)

Tiffany & Co
BIJOUX ET DÉCORATION

53 🔒 Plan p. 134, E1

Cette bijouterie mythique, dont la statue d'Atlas soulevant une horloge trône au-dessus de la porte, a conquis d'innombrables cœurs grâce à ses bagues en diamants, ses montres, les pendentifs en cœur d'Elsa Peretti, les vases en cristal et objets en verre. Il y a de quoi s'extasier. (www.tiffany.com ; 727 5th Ave, à la hauteur de 57th St ; ⊙10h-19h lun-sam, midi-18h dim ; ⓈF jusqu'à 57th St, N/Q/R jusqu'à 5th Ave-59th St)

FAO Schwarz
JOUETS

54 🔒 Plan p. 134, E1

Cet immense magasin de jouets, où Tom Hanks saute sur un piano géant dans le film *Big*, est le préféré des enfants qui visitent la ville. Pourquoi ne pas leur faire plaisir ? Vous-même serez peut-être transporté par cet univers magique (et de consommation

Statue d'Atlas au Rockefeller Center (p. 136)

à outrance) : poupées à "adopter", animaux en peluche grandeur nature, décapotables motorisées pour enfants, tables de air-hockey et bien plus encore. (www.fao.com ; 767 5th Ave, à la hauteur de 58th St ; ⊙10h-20h dim-jeu, 10h-21h ven-sam ; Ⓢ4/5/6 jusqu'à 59th St, N/Q/R jusqu'à 5th Ave-59th St)

B&H Photo Video
APPAREILS PHOTO

55 🔒 Plan p. 134, C5

Visiter le magasin d'appareils photo le plus célèbre de New York est une expérience en soi : vaste et bondé, il bourdonne d'activité. Après avoir exprimé vos souhaits auprès d'un vendeur (pour la plupart des juifs hassidiques férus de technologie), votre article sera déposé dans une boîte, qui transitera au plafond jusqu'à la zone des caisses, où vous devrez à nouveau faire la queue. (www.bhphotovideo.com ; 420 9th Ave, entre 33rd St et 34th St, Midtown West ; ⏱9h-19h lun-jeu, jusqu'à 13h ven, 10h-18h dim ; Ⓢ A/C/E jusqu'à 34th St-Penn Station)

Drama Book Shop

LIBRAIRIE

56 🔒 Plan p. 134, C4

Cette grande librairie est spécialisée dans les pièces et les comédies musicales depuis 1917. On y trouve des textes, des ouvrages sur les arts du spectacle, ainsi que des journaux et magazines spécialisés. Calendrier des manifestations sur le site Internet. (www.dramabookshop.com ; 250 W 40th St, entre Seventh Ave et Eighth Ave, Midtown West ; ⏱11h-19h lun-mer et ven-sam, 11h-20h jeu, 12h-18h dim ; Ⓢ A/C/E jusqu'à 42nd St-Port Authority Bus Terminal)

Macy's

GRAND MAGASIN

57 🔒 Plan p. 134, D5

Le plus grand magasin du monde présente un éventail complet d'articles (vêtements, mobilier, ustensiles de cuisine, draps…), mais aussi des cafés, des salons de coiffure et même une boutique du Met. Plutôt milieu de gamme, il renferme des marques

FRANZ MARC FREI/GETTY IMAGES ©

Lèche-vitrines devant Bergdorf Goodman (p. 152)

grand public et de grands noms des cosmétiques. (www.macys.com ; 151 W 34th St, à la hauteur de Broadway ; 9h-21h30 lun-ven, 10h-21h30 sam, 11h-20h30 dim ; **S**B/D/F/M, N/Q/R jusqu'à 34th St-Herald Sq)

Argosy
LIBRAIRIE

58 Plan p. 134, F1

Librairie de livres d'occasion qui accumule des objets depuis 1925 : livres reliés en cuir, cartes anciennes, monographies d'art, entre autres. Elle réunit des pièces intéressantes liées à Hollywood : lettres personnelles, livres dédicacés, contrats, photos publicitaires signées, etc. Il y en a pour toutes les bourses. (www. argosybooks.com ; 116 E 59th St, entre Park Ave et Lexington Ave, Midtown East ; 10h-18h lun-ven toute l'année, jusqu'à 17h sam fin sept à fin mai ; **S**4/5/6 jusqu'à 59th St, N/Q/R jusqu'à Lexington Ave-59th St)

Time Warner Center
CENTRE COMMERCIAL

59 🔒 Plan p. 134

Le Time Warner Center abrite de nombreuses boutiques principalement haut de gamme comme Coach, Stuart Weitzman, Williams-Sonoma, True Religion, Sephora et J. Crew. Pour préparer un pique-nique, cap sur Whole Foods, au sous-sol. (www. theshopsatcolumbuscircle.com ; Time Warner Center, 10 Columbus Circle ; **S**A/C, B/D, 1 jusqu'à 59th St-Columbus Circle)

Nepenthes New York
MODE, ACCESSOIRES

60 🔒 Plan p. 134, C4

Dans un ancien atelier de couture du Garment District, cette fameuse coopérative japonaise vend des marques pour initiés comme Engineered Garments et Needles, réputées pour leur souci du détail et leur qualité artisanale – quelques vêtements féminins et une majorité de modèles homme. Également : cartables et autres sacs, gants, chaussures... (www.nepenthesny.com ; 307 W 38th St, entre Eighth Ave et Ninth Ave, Midtown West ; 12h-19h lun-sam, jusqu'à 17h dim ; **S**A/C/E jusqu'à 42nd St-Port Authority Bus Terminal)

Uniqlo
MODE

61 🔒 Plan p. 134, E2

Uniqlo a installé ici son sensationnel magasin amiral de plus de 8 000 m². Prenez un filet à l'entrée et montez au 3e niveau pour commencer la visite de ce paradis des basiques branchés, de qualité et à des prix abordables : T-shirts, sous-vêtements, jeans, pulls en cachemire, parkas sophistiquées, etc. (www.uniqlo.com ; 666 Fifth Ave, au niveau de 53rd St ; 10h-21h lun-sam, 11h-20h dim ; **S**E, M jusqu'à Fifth Ave-53rd St)

Explorer

Upper East Side

Les boutiques de luxe bordent Madison Avenue et les demeures élégantes occupent Fifth Avenue, la rue parallèle qui culmine en un fleuron architectural : le "Museum Mile", où sont situés certains des lieux culturels les plus emblématiques de la ville. On y découvre ainsi le gigantesque Metropolitan Museum of Art, entouré de ses semblables : le Guggenheim et le Whitney and Frick.

L'essentiel en un jour

☀️ Une journée dans l'Upper East Side peut facilement être consacrée à ses excellents musées ; et le quartier se découvre parfaitement par mauvais temps. Commencez par le **Metropolitan Museum of Art** (p. 158), la perle des musées. On pourrait y passer la journée, mais mieux vaut s'arrêter au bout de 2 heures si l'on veut aussi profiter des éblouissantes **Frick Collection** (p. 165) et **Neue Galerie** (p. 166).

☀️ Pour le déjeuner, joignez-vous à la clientèle BCBG du **Via Quadronno** (p. 170) ou du **Café Sabarsky** (p. 170), puis terminez par un café au **Sant Ambroeus** (p. 170) avant d'aller contempler des merveilles de l'art contemporain au **Guggenheim Museum** (p. 162), puis au **Whitney Museum of American Art** (p. 165).

🌙 Regagnez le Met pour un apéritif au **Metropolitan Museum Roof Garden Café & Martini Bar** (p. 171), puis optez pour un dîner à l'anglaise au **James Wood Foundry** (p. 168). Finissez la soirée avec humour au **Comic Strip Live** (p. 174) ou (le lundi) au son du jazz avec Woody Allen au **Café Carlyle** (p. 173).

👁 Les incontournables

Metropolitan Museum of Art (p. 158)

Guggenheim Museum (p. 162)

🖤 Le meilleur du quartier

Se restaurer

Tanoshi (p. 168)

James Wood Foundry (p. 168)

ABV (p. 169)

Musées

Metropolitan Museum of Art (p. 158)

Guggenheim Museum (p. 162)

Frick Collection (p. 165)

Neue Galerie (p. 166)

Architecture

Whitney Museum of American Art (p. 165)

Temple Emanu-El (p. 167)

Comment y aller

S Métro Les lignes 4/5/6, les seules du quartier, parcourent Lexington Ave du nord au sud.

🚌 Bus Les bus M1, M2, M3 et M4 suivent Fifth Ave le long de la lisière est de Central Park (un bel itinéraire). Le M15 est pratique pour rejoindre la partie est.

Les incontournables
Metropolitan Museum of Art

Cet immense musée, fondé en 1870, renferme l'une des plus vastes collections d'art du monde : plus de 2 millions de pièces, illustrant la civilisation égyptienne antique comme l'École flamande, la sculpture européenne du XIXe siècle, ou les artistes américains. Le "Met" attire plus de 6 millions de visiteurs par an dans ses 68 800 m² de galeries – ce qui en fait le plus grand site touristique de New York. Prévoyez donc d'y passer beaucoup de temps. Le site Internet, bien conçu, peut vous aider à établir votre parcours.

◉ Plan p. 164, A2

☎ 212-535-7710

www.metmuseum.org

1000 5th Ave,
au niv. de 82nd St

don suggéré (25 \$/adulte)

🕑 10h-17h30 dim-jeu,
jusqu'à 21h ven-sam

Ⓢ 4/5/6 (86th St)

Le temple de Dendour, situé dans un atrium et baigné de lumière naturelle

À ne pas manquer

Art égyptien

Le musée détient une collection inégalable d'objets de l'Égypte antique, dont certains datent du paléolithique. Situées à droite du grand hall, les 39 salles égyptiennes s'ouvrent de manière spectaculaire sur l'une des perles du Met : le mastaba de Perneb (prince et prêtre ayant vécu env. 2 300 av J.-C.), une chambre funéraire de l'Égypte antique édifiée en calcaire. Il est entouré d'un réseau de salles abritant des stèles funéraires, des bas-reliefs et des fragments de pyramides (notamment les modèles de Meketrê, des figurines en terre cuite destinées à servir le défunt dans l'au-delà, dans la salle 105), qui débouche sur le temple de Dendour (salle 131). Ce temple en grès dédié à la déesse Isis, présenté dans un atrium lumineux doté d'un bassin, est incontournable.

Peintures européennes

Au 1er étage (Second Floor), les galeries des peintures européennes abritent une collection remarquable de chefs-d'œuvre parmi plus de 1 700 toiles couvrant une période d'environ 500 ans allant du XIIIe siècle au XVIIIe siècle. Tous les peintres importants, de Duccio à Rembrandt, y sont représentés. En réalité, on ne trouve ici que des merveilles. La salle 621 réunit plusieurs toiles du Caravage, dont *Le Reniement de saint Pierre*. La 611 regorge de trésors espagnols, à commencer par la *Vue de Tolède* du Greco. La salle 632 présente des Vermeer, dont la *Jeune femme avec une carafe d'eau*. Dans la 634, vous verrez des Rembrandt, et notamment un *Autoportrait* de 1660. Pour une époque plus récente, citons le *Champ de blé avec cyprès* (salle 823) de Van Gogh, *Au bord de la mer*

☑ À savoir

▸ Dans le grand hall, un bureau loue des audioguides dans plusieurs langues (7 $), et des guides bénévoles proposent des visites gratuites de certaines salles.

▸ La foule est souvent dense. Si vous ne supportez pas la cohue, évitez les week-ends.

▸ En général, les enfants apprécient particulièrement les galeries consacrées à l'Égypte, à l'Afrique et à l'Océanie, et la collection d'armes et d'armures médiévales. Procurez-vous la brochure du musée conçue pour eux.

🍷 Une petite soif ?

Aux beaux jours (avril-octobre), le jardin sur le toit offre une superbe vue sur Central Park et les gratte-ciel. Vous pouvez aussi faire une pause au Roof Garden Café & Martini Bar (p. 171), le meilleur endroit du musée pour boire un verre, en particulier au coucher du soleil.

(salle 24) de Renoir et un *Arlequin assis* (salle 830), pensif, de Picasso.

Art des pays arabes

Au 1er étage (Second Floor), les galeries d'art islamique se composent de 15 salles remarquables, présentant la vaste collection consacrée au Moyen-Orient, et à l'Asie centrale et du Sud du musée. Outre des vêtements, des objets décoratifs profanes et des manuscrits, on trouve des objets en verre dorés et émaillés (salle 452), un magnifique mihrab du XIVe siècle, orné de carreaux polychromes élaborés (salle 455), ainsi que de superbes textiles ottomans (salle 459), une cour médiévale marocaine (salle 456) et une salle du XVIIIe siècle provenant de Damas (salle 461). Citons encore la peinture indienne colorée intitulée *A King offers to Make Amends to a Bereaved Mother* (Roi proposant de dédommager une mère endeuillée ; salle 465). Attribuée à Miskin (fin XVIe siècle), elle présente une remarquable fusion des esthétiques islamique et occidentale.

Aile américaine

À l'angle nord-ouest du musée, les galeries américaines restaurées dévoilent une grande variété d'objets d'arts décoratifs et d'œuvres d'art couvrant toute l'histoire des États-Unis, avec notamment des chefs-d'œuvre de l'Hudson River School. On retrouve dans plusieurs salles les riches nuances du verre travaillé par Louis Comfort Tiffany, principalement dans des œuvres comme *Window* (salle 702), *Dogwood* et *Magnolias and Irises* (salle 743). Les pièces phares de la collection de portraits de l'époque coloniale incluent *Mrs. John Winthrop* (salle 748), de John Singleton Copley (XVIIIe siècle) – remarquez le reflet sur la table qui témoigne du talent de l'artiste. L'immense *Washington Crossing the Delaware* (salle 760) d'Emanuel Leutze est difficile à manquer. Les amateurs de peintures de paysages plongeront dans les toiles impressionnistes de Childe

Mihrab du XIVe siècle

© THE METROPOLITAN MUSEUM OF ART, NY, NY, USA

Hassam, en particulier dans *Surf, Celia Thaxter's Garden, Isles of Shoals, Maine* et *The Water Garden* (salle 769). La *Madame X* (salle 771) de John Singer Sargent semble poser dans une attitude mêlant sensualité et confiance en soi.

Art grec et romain

Les 27 salles consacrées à l'Antiquité classique, dont certaines baignent dans la lumière du jour de manière spectaculaire, sont incontournables. Parmi les objets extraordinaires exposés, figure une paire de casques en bronze crétois datant de la fin du VIIe siècle av. J.-C. (salle 152) : l'un orné de jeunes gens ailés et de panthères, l'autre avec des chevaux et des lions. Plus loin, la salle 159 renferme d'admirables exemples de céramique grecque. Les vases funéraires à fond blanc, sur lesquels sont représentés les défunts et le cortège funèbre, sont particulièrement remarquables. Depuis le grand hall, un couloir conduit à une salle voûtée bordée de bustes de figures grecques, avant de déboucher sur l'un des plus beaux espaces du musée : la cour des sculptures romaines (salle 162), où trônent des sculptures de dieux et de personnages historiques en marbre. La statue d'Hercule, datée de 68-98, est particulièrement impressionnante.

© THE METROPOLITAN MUSEUM OF ART, NEW YORK

Armure du roi Henri II (XVIe siècle), Galerie Arms & Armor

Jardin sur le toit

L'un des plus beaux endroits du Met est son jardin sur le toit (ouvert d'avril à octobre), qui accueille des installations tournantes d'artistes du XXe siècle et contemporains (comme Jeff Koons, Andy Goldsworthy ou Imran Qureshi). Son principal atout reste pourtant la vue magnifique qu'il offre sur la ville et Central Park. On peut aussi y prendre un verre au Roof Garden Café & Martini Bar (p. 171) – de préférence au coucher du soleil.

Les incontournables
Guggenheim Museum

Véritable sculpture en lui-même, le bâtiment en spirale conçu par l'architecte Frank Lloyd Wright à la demande de Solomon R. Guggenheim, éclipse presque la collection d'art du XXe siècle qu'il renferme. Inaugurée en 1959, après treize ans de travaux, l'édifice fut d'abord moqué avant d'être encensé. Les élégantes spirales blanches, d'une modernité très contemporaine, devinrent rapidement un emblème architectural de la ville, apparaissant sur d'innombrables cartes postales, à la télévision et au cinéma.

👁 Plan p. 164, A1

📞 212-423-3500

www.guggenheim.org

1071 5th Ave, au niv. de 89th St

adulte/enfant 22 \$/ gratuit, don suggéré 17h45-19h45 sam

🕙 10h-17h45 dim-mer et ven, jusqu'à 19h45 sam

Ⓢ 4/5/6 jusqu'à 86th St

À ne pas manquer

La collection permanente

Même si, à New York, le Museum of Modern Art est réputé pour avoir la collection la plus importante, le Guggenheim n'est pas en reste, avec une quantité de pièces maîtresses des XXe et XXIe siècles. Les œuvres d'artistes tels que Kandinsky, Picasso, Chagall, Pollock, Van Gogh, Monet, Magritte et Degas ornent les salles aux murs d'un blanc immaculé, tandis que la rampe hélicoïdale est consacrée aux expositions temporaires d'art moderne et contemporain. Le Guggenheim est en grande partie constitué de collections personnelles, comme celles de Justin Thannhauser, de Peggy Guggenheim – nièce de Solomon R. Guggenheim – et de la Robert Mapplethorpe Foundation, qui a généreusement légué 200 photographies, faisant du musée le plus important lieu d'exposition du photographe.

Une pluie de critiques

Merveille architecturale à l'extérieur comme à l'intérieur, le Guggenheim n'a pas toujours été apprécié. En réalité, lors de l'ouverture en 1959, l'édifice fut vilipendé par le *New York Times,* qui le qualifia de "guerre entre l'architecture et la peinture à l'issue de laquelle toutes deux ressortent mal en point". Au-delà des critiques, la construction de l'édifice fut un cauchemar en terme de logistique. Elle fut reportée pendant près de treize ans en raison de restrictions budgétaires, du déclenchement de la Seconde Guerre mondiale et des voisins indignés qui voyaient d'un mauvais œil l'arrivée de cet ovni architectural près de chez eux. Le bâtiment ne fut achevé qu'en 1959, après la mort de Wright et de Guggenheim.

☑ À savoir

▶ À certains moments de l'année, l'attente peut être extrêmement longue. Vous pouvez gagner du temps en achetant votre billet en ligne.

✗ Une petite faim ?

Sur place, deux options s'offrent à vous : **Wright** (☎ 212-427-5690 ; www. thewrightrestaurant.com ; plats 23-28 $; ⏰11h30-15h30 ven et dim-mer, 11h30-18h sam ; Ⓢ 4/5/6 jusqu'à 86th St), un restaurant futuriste au rez-de-chaussée où l'on sert un onctueux risotto et des cocktails classiques, et le **Cafe 3** (www. guggenheim.org ; sandwichs 9-10 $; ⏰10h30-17h ven-mer ; Ⓢ 4/5/6 jusqu'à 86th St), au 3e niveau, offre une jolie vue sur Central Park, excellent café et légers en-cas en prime.

A

4 Jewish Museum

9 Cooper-Hewitt National Design Museum

34

5

Guggenheim Museum

National Academy Museum

Réservoir Jacqueline Kennedy Onassis 7

3 Neue Galerie

31

Metropolitan Museum of Art

18

33

21

32

16

20 35

15

2 Asia Society & Museum

8

Frick Collection

6 Temple Emanu-El

The Mall

Central Park

Conservatory Water

72nd St Transverse

79th St Transverse

65th St Transverse

The Pond

Central Park South

B

12 13

28

30

17 14

Whitney Museum of American Art

1

UPPER EAST SIDE

E 93rd St
E 92nd St
E 91st St
E 90th St
E 89th St
E 88th St
E 87th St
E 86th St
E 85th St
E 84th St
E 83rd St
E 82nd St
E 81st St
E 80th St
E 79th St
E 78th St
E 77th St
E 76th St
E 75th St
E 74th St
E 73rd St
E 72nd St
E 71st St
E 70th St
E 69th St
E 68th St
E 67th St
E 66th St
E 65th St
E 64th St
E 63rd St
E 62nd St
E 61st St
E 60th St
E 59th St

86th St

77th St

23

24
29
19

30

11

22 27

10

68th St-Hunter College

Lexington Ave-63rd St

5th Ave-59th St

Lexington Ave-59th St

59th St

C

25 26

YORKVILLE

First Ave

Second Ave

Third Ave

Lexington Ave

Madison Ave

Park Ave

Fifth Ave

York Ave

East End Ave

Carl Schurz Park

John Jay Park

Franklin D Roosevelt Dr

East River

Rockefeller University

Roosevelt Island

Eighth Ave

Roosevelt Island Tramway Station

Ed Koch Queensboro Bridge

D

0 400 m
0 0,2 mile

Nos adresses

Les incontournables p. 158
Voir p. 165
Se restaurer p. 168
Prendre un verre p. 171
Sortir p. 173
Shopping p. 174

Temple Emanu-El (p. 167)

Voir

Whitney Museum of American Art   MUSÉE

1 ◉ Plan p. 164, B3

Le Whitney affiche clairement sa vocation provocatrice avec son imposante structure brutaliste de 1966, en béton, qui abrite des œuvres de maîtres du XXᵉ siècle comme Edward Hopper, Jasper Johns, Georgia O'Keeffe et Mark Rothko. Outre les expositions tournantes, une biennale est organisée les années paires, un travail ambitieux sur l'art contemporain qui suscite généralement la controverse. Le musée devrait déménager en 2015 dans le Meatpacking District, dans un nouveau bâtiment conçu par Renzo Piano.

Consultez le site Web. (☏ 212-570-3600 ; www.whitney.org ; 945 Madison Ave, angle 75th St ; adulte/enfant 20 \$/gratuit, don suggéré 18h-21h ven ; ◷ 11h-18h mer, jeu, sam et dim, 13h-21h ven ; **S** 6 jusqu'à 77th St)

Frick Collection   MUSÉE

2 ◉ Plan p. 164, A4

Construite par le magnat de l'acier Henry Clay Frick, la demeure qui abrite cette spectaculaire collection d'art est l'une des nombreuses résidences qui jalonnent l'"allée des millionnaires". Des chefs-d'œuvre de Titien, de Vermeer, du Greco, de Goya ou du portraitiste américain Gilbert Stuart sont présentés dans une dizaine de salles splendides. La modeste Portico Gallery réunit des objets d'arts décoratifs et des sculptures.

Statue de Ganesh, Asia Society & Museum

Généralement peu fréquenté, le musée offre une atmosphère agréablement intimiste. (☎ 212-288-0700 ; www.frick.org ; 1 E 70th St à la hauteur de 5th Ave ; 20 $, prix d'entrée libre 11h-13h dim, moins de 10 ans non admis ; ⊙ 10h-18h mar-sam, 11h-17h dim ; Ⓢ 6 jusqu'à 68th St-Hunter College)

Neue Galerie
MUSÉE

3 ⊙ Plan p. 164, A2

Cette demeure rénovée de Carrère et Hastings datant de 1914 est une vitrine pour l'art allemand et autrichien, avec des œuvres de Paul Klee, Ernst Ludwig Kirchner et Egon Schiele. Au 2ᵉ étage, le portrait d'Adele Bloch-Bauer, réalisé en 1907 par Gustav Klimt (acquis

pour le musée par le magnat des cosmétiques, Ronald Lauder, pour 135 millions de dollars), occupe la place d'honneur. (☎ 212-628-6200 ; www.neuegalerie.org ; 1048 5th Ave, à l'angle de E 86th St ; 20 $, 18h-20h 1ᵉʳ ven du mois gratuit, moins de 12 ans non admis ; ⊙ 11h-18h jeu-lun ; Ⓢ 4/5/6 jusqu'à 86th St)

Jewish Museum
MUSÉE D'ART JUIF

4 ⊙ Plan p. 164, A1

Une demeure gothique de 1908 abrite 30 000 objets judaïques, des sculptures, des peintures et des objets d'arts décoratifs. Apprécié pour ses expositions temporaires soignées, le musée propose des rétrospectives sur des personnalités importantes, comme Chaim Soutine, et des études de photos engagées de New York. (☎ 212-423-3200 ; www.jewishmuseum.org ; 1109 Fifth Ave, au niveau de 92nd St ; adulte/ enfant 15 $/gratuit, sam gratuit, don suggéré 17h-20h jeu ; ⊙ 11h-18h ven-mar, jusqu'à 20h jeu ; 🚻 ; Ⓢ 6 jusqu'à 96th St)

National Academy Museum
MUSÉE

5 ⊙ Plan p. 164, A1

Cofondé par le peintre et inventeur Samuel Morse en 1825, le National Academy Museum comprend une incroyable collection permanente de peintures d'artistes tels que Will Barnet, Thomas Hart Benton et George Bellows, parmi lesquelles figurent de fascinants autoportraits. Le musée est installé dans une structure Beaux-Arts conçue par

Ogden Codman, dotée d'un hall en marbre et d'un escalier en colimaçon. (☎212-369-4880 ; www.nationalacademy.org ; 1083 5th Ave, à la hauteur de 89th St ; adulte/enfant 15 \$/gratuit ; ⏰11h-18h mer-dim ; Ⓢ4/5/6 jusqu'à 86th St)

Temple Emanu-El   SYNAGOGUE

6 ◉ Plan p. 164, A4

Fondé en 1845 en tant que première synagogue réformée à New York et achevé en 1929, ce temple est aujourd'hui l'un des plus grands lieux de culte juif au monde. L'imposant édifice de style roman, de plus de 50 m de long et 30 m de haut, possède de superbes plafonds peints à la main, avec certains détails en or. (☎212-744-1400 ; www.emanuelnyc.org ; 1 E 65th St, à l'angle de 5th Ave ; ⏰10h-16h30 dim-jeu ; Ⓢ6 jusqu'à 68th St-Hunter College)

Museum of the City of New York   MUSÉE

7 ◉ Plan p. 164, A1

Ce musée installé dans une demeure coloniale géorgienne s'intéresse au passé, au présent et au futur de New York. Au 2e niveau, ne manquez pas le documentaire intitulé *Timescapes* (22 min), qui retrace la croissance de la Grosse Pomme, passée d'un minuscule comptoir commercial à une métropole en plein essor.

L'une des curiosités du lieu est la maison de poupées de 12 pièces, dont la fabrication demanda 25 ans à Carrie Stettheimer au début du XXe siècle – repérez les œuvres d'art

miniatures, dont des reproductions de pièces de Marcel Duchamp et Gaston Lachaise. (☎212-534-1672 ; www.mcny.org ; 1220 Fifth Ave, entre 103rd St et 104th St ; don suggéréadulte/enfant10 \$/gratuit ; ⏰10h-18h ; Ⓢ6 jusqu'à 103rd St)

Asia Society & Museum   MUSÉE

8 ◉ Plan p. 164, B4

Fondée en 1956 par John D. Rockefeller (grand collectionneur d'art asiatique), cette institution renferme des collections passionnantes consacrées à l'art iranien d'avant la révolution, aux estampes japonaises de l'époque d'Edo ou aux grands artistes chinois, ainsi que des sculptures jaïnes et des peintures bouddhiques népalaises. Toute l'année, visites (incluses) à 14h le mardi, plus vendredi à 18h30, sauf en été. (☎212-288-6400 ; www.asiasociety.org ; 725 Park Ave, au niveau de E 70th St ; 12 \$, 18h-21h ven mi-sept à juin gratuit ;

> ### 100% new-yorkais
> ### Un jogging avec le Road Runners Club
> Le club organisateur de longue date du marathon de New York, le **New York Road Runners Club** (plan p. 164, A1 ; www.nyrr.org ; 9 E 89th St, entre Madison Ave et 5th Ave ; ⏰10h-20h lun-ven, 10h-17h sam, 10h-15h dim ; Ⓢ4/5/6 jusqu'à 86th St) programme des courses toute l'année, dont une amusante course de minuit le soir du Nouvel An.

⊘11h-18h mar-dim, jusqu'à 21h ven mi-sept à juin ; ⑤6 jusqu'à 68th St-Hunter College)

Cooper-Hewitt National Design Museum

MUSÉE

9 🎯 Plan p. 164, A1

Unique musée du pays consacré au design ancien et contemporain, cette maison de la culture, appartenant à la Smithsonian Institution de Washington, DC, est installée dans une demeure de 64 pièces, construite par le milliardaire Andrew Carnegie en 1901. Fermée pour travaux lors de notre passage, elle devrait rouvrir en 2014. Consultez le site Web. (☎212-849-8400 ; www.cooperhewitt.org ; 2 E 91st St, à la hauteur de 5th Ave ; ⑤4/5/6 jusqu'à 86th St)

Se restaurer

Tanoshi

SUSHIS $$$

10 Plan p. 164, D3

Difficile de se saisir de l'un des dix tabourets de ce petit restaurant de

Bon plan

Pause bon marché

L'Upper East Side est un quartier luxueux, notamment la partie située entre 60th St et 86th St et entre Park Ave et 5th Ave. Pour se restaurer et prendre un verre à moindre coût, dirigez-vous à l'est de Lexington Ave. First Ave, 2nd Ave et 3rd Ave sont jalonnées d'établissements moins onéreux.

sushis modeste et très populaire. Pourtant, cela en vaut la peine ! Tout est ici d'une incroyable fraîcheur : coquilles Saint-Jacques de Hokkaido, alose de l'Atlantique, saumon, *uni* (oursins)… On ne mange que des sushis, sélectionnés chaque jour par le chef (*omakase*). Possibilité d'apporter de la bière et du saké. Réservez bien à l'avance. (☎646-727-9056 ; 1372 York Ave, entre 73rd St et 74th St ; sushis 12 pièces 50 $; ⊘18h-22h mar-sam ; ⑤6 jusqu'à 77th St)

James Wood Foundry

BRITANNIQUE $$

11 🍴 Plan p. 164, C3

Ce bon gastropub aménagé dans une ancienne fonderie sert des *fish and chips* à la bière, des saucisses-purée, des *pies* à l'agneau et au romarin, et d'autres classiques du genre, toujours excellents. Par beau temps, installez-vous dans la cour fermée ! (☎212-249-2700 ; 401 E 76th St, entre First Ave et York Ave ; plats déj 10-24 $, dîner 18-32 $; ⊘11h-2h ; 📶 ; ⑤6 jusqu'à 77th St)

Earl's Beer & Cheese

AMÉRICAIN $

12 🍴 Plan p. 164, B1

Ambiance "chasse branchée" dans cette minuscule enseigne du chef Corey Cova. Le *grilled cheese* (sandwich chaud au pain de mie, au beurre et au fromage fondu), omniprésent, est servi avec de la poitrine de porc, des œufs au plat et du kimchi. Il y a aussi des

Neue Galerie (p. 166)

macaronis au fromage (avec fromage de chèvre et lamelles de poulet) et des tacos (notamment avec épaule de porc braisée et *queso fresco*), à accompagner de préférence d'une bière artisanale. (www.earlsny.com ; 1259 Park Ave, entre 97th St et 98th St ; sandwich 6-8 $; ⊙16h-24h lun-mar, 11h-24h mer-jeu et dim, jusqu'à 2h ven-sam ; Ⓢ6 jusqu'à 96th St)

ABV
AMÉRICAIN MODERNE $$

13 🍴 Plan p. 164, B1

À la lisière d'East Harlem, l'ABV attire une clientèle jeune et détendue avec des assiettes à partager variées (tacos au poisson, mousse de foie gras, coquilles Saint-Jacques, ris de veau), du vin (9-12 $ le verre) et des bières artisanales. Hauts plafonds et briques apparentes ; concert le lundi soir (à partir de 21h) en dehors de la saison de football. (☑212-722-8959 ; 1504 Lexington Ave, au niveau de 97th St ; plats 10-24 $; ⊙17h-24h lun-jeu, 16h-1h ven, à partir de 11h sam-dim ; 🛜 ; Ⓢ6 jusqu'à 96th St)

JG Melon
PUB $

14 🍴 Plan p. 164, B3

Ce pub traditionnel, animé et décoré sur le thème du melon, sert des hamburgers classiques dans de petites assiettes depuis 1972. Les habitants l'apprécient pour ses plats et ses boissons (le Bloody Mary est excellent) et s'y pressent après le travail. Agoraphobes, préférez le midi.

(212-744-0585 ; 1291 3rd Ave, à la hauteur de 74th St ; burgers 10,50 $; ☺11h30-4h ; ⑤6 jusqu'à 77th St)

Café Sabarsky

AUTRICHIEN $$

Ce café très apprécié, situé dans la Neue Galerie (voir 3 ◉ Plan p. 164 ; A2), rappelle la Vienne opulente du début du XXᵉ siècle. L'attente est longue, mais vous l'oublierez rapidement quand vous dégusterez les spécialités, bien préparées, d'Europe centrale. Au menu : crêpe à la truite fumée, goulasch et *spätzle* (pâtes aux œufs) à la crème. La grande carte des desserts comprend une divine *sachertorte* (gâteau au chocolat garni d'une fine couche de confiture d'abricots). (☎212-288-0665 ; www.kg-ny.com/wallse ; 1048 5th Ave, à la hauteur de E 86th St ; plats 15-30 $; ☺9h-18h lun et mer, 9h-21h jeu-dim ; ☢👪 ; ⑤4/5/6 jusqu'à 86th St)

Via Quadronno

CAFÉ $

15 Plan p. 164, A3

Portion miniature de Rome en plein New York, ce café-bistrot cosy est réputé pour son délicieux *caffè* (café) et ses plats de cuisine familiale. Grand choix de sandwichs (dont un au jambon de sanglier et au camembert), soupes délicieuses, lasagnes et autres pâtes, etc. (☎212-650-9880 ; www.viaquadronno.com ; 25 E 73rd St entre Madison Ave et 5th Ave ; sandwichs 8-15 $, plats 23-38 $; ☺8h-23h lun-ven, 9h-23h sam, 10h-21h dim ; ☢ ; ⑤6 jusqu'à 77th St)

Sant Ambroeus

CAFÉ, ITALIEN $$$

16 Plan p. 164, A3

Ce café-bistrot milanais chic et classique sert des pâtisseries, des paninis et des cappuccinos mousseux au comptoir à l'avant, et des spécialités du nord de l'Italie dans l'élégante salle à l'arrière. Réservez une table pour savourer des merveilles comme le risotto au safran et l'escalope de veau panée, et optez pour le fameux *gelato* en dessert. (☎212-570-2211 ; www.santambroeus.com ; 1000 Madison Ave, entre 77th St et 78th St ; paninis 12-18 $, plats 23-64 $; ☺7h-23h ; ☢ ; ⑤6 jusqu'à 77th St)

Candle Cafe

VÉGÉTALIEN $$

17 Plan p. 164, B3

Les amateurs de yoga et de vie saine se retrouvent dans ce séduisant café végétalien qui propose une longue liste de sandwichs, des salades, des mets réconfortants et des plats du jour (en fonction du marché). La spécialité de la maison est le *seitan*. Bar à jus et menu sans gluten.

Plus haut de gamme, le **Candle 79** (☎212-472-0970 ; www.candlecafe.com ; 1307 Third Ave, entre 74th St et 75th St ; plats 15-21 $; ☺11h30-22h30 lun-sam, jusqu'à 21h30 dim ; ☢ ; ⑤6 jusqu'à 77th St) est situé deux rues plus loin, dans 79th St.

William Greenberg Desserts

BOULANGERIE $

18 Plan p. 164, A2

Les meilleurs *black-and-white cookies* de New York – des biscuits moelleux à la vanille, glacés au sucre et au chocolat noir. À emporter uniquement. (www.wmgreenbergdesserts. com ; 1100 Madison Ave, entre E 82nd St et 83rd St ; pâtisseries à partir de 2 $; ☺8h-18h30 lun-ven, jusqu'à 18h sam, 10h-16h dim ; 🚼 ; Ⓢ4/5/6 jusqu'à 86th St)

Sandro's

ITALIEN $$

19 🍴 Plan p. 164, C2

Dans cette trattoria de quartier, Sandro Fioriti concocte des plats de cuisine romaine et des pâtes maison. Les artichauts frits et les raviolis aux oursins figurent parmi ses spécialités. (☎212-288-7374 ; www.sandrosnyc.com ; 306 E 81st St, près de Second Ave ; plats 20-40 $; ☺16h30-23h lun-sam, jusqu'à 22h dim ; Ⓢ6 jusqu'à 77th St)

Café Boulud

FRANÇAIS $$$

20 🍴 Plan p. 164, A3

Ce bistrot fait partie de l'empire gastronomique du chef d'origine lyonnaise Daniel Boulud, dont l'adresse phare, Daniel, également à New York, a été distingué par trois étoiles au guide Michelin. Le Café Boulud attire une clientèle chic avec sa cuisine française aux saveurs du monde. Les menus de saison offrent des classiques comme le coq au vin, et des recettes plus originales tel le tartare de saint-jacques au miso blanc. Formule trois plats à 43 $ au déjeuner. (☎212-772-2600 ; www.cafeboulud.com ; 20 E 76th St, entre 5th Ave et Madison Ave ; plats 24-48 $; ☺petit-déj, déj et dîner ; 🖊 ; Ⓢ6 jusqu'à 77th St)

Prendre un verre

Metropolitan Museum Roof Garden Café & Martini Bar

BAR À COCKTAILS

21 🍸 Plan p. 164, A2

Le genre de cadre dont on ne se lasse pas (même en tant que New-Yorkais blasé !). Le bar sur le toit du Met domine la canopée de Central Park, offrant une vue splendide du parc et des toits de la ville tout autour. Le coucher de soleil attire beaucoup de couples, ou peut-être est-ce le martini... (www.metmuseum.org ; 1000 5th Ave, à la hauteur de 82nd St ; ☺10h-16h30 dim-jeu, jusqu'à 20h ven-sam, Martini Bar 17h30-20h ven-sam mai-oct ; Ⓢ4/5/6 jusqu'à 86th St)

JBird

BAR

22 🍸 Plan p. 164, C3

Voici une adresse rare, servant de bons cocktails et des plats de pub de saison, dans un décor exempt d'écran. Installez-vous au comptoir en marbre ou prenez une banquette de cuir sombre si vous arrivez tôt. Un petit creux ? Optez pour les *pork sliders* (sorte de burgers au porc) ou les frites à l'ail ! (☎212-288-8033 ; 339 E 75th St, entre First Ave et Second Ave ; ☺17h30-2h lun-jeu, jusqu'à 4h ven-sam ; Ⓢ6 jusqu'à 77th St)

Bemelmans Bar

LOUNGE

23 🍸 Plan p. 164, B3

On se croirait de retour aux années 1940 dans ce bar légendaire au plafond doré à l'or fin 24 carats, où les serveurs portent des vestes blanches et où un musicien joue en permanence sur un piano demi-queue. Notez les peintures murales signées Ludwig Bemelman (de la série de livres illustrés *Madeline*). Arrivez avant 21h30 pour ne pas payer l'entrée (15-30 $ par personne). (📞 212-744-1600 ; www.thecarlyle.com/dining/bemelmans_bar ; Carlyle Hotel, 35 E 76th St, à la hauteur de Madison Ave ; 🕑 12h-2h lun-sam, jusqu'à 0h30 dim ; Ⓢ 6 jusqu'à 77th St)

The Penrose   BAR

 24 Plan p. 164, C2

Bières artisanales, vieux miroirs, papier à fleurs, bois et service sympathique : une adresse bienvenue dans l'Upper East Side ! Duvel et Murphy's à la pression, bon choix de whiskies irlandais (les patrons viennent de Cork) et nombreux plats de pub. (📞 212-203-2751 ; 1590 Second Ave, entre 82nd St et 83rd St ; 🕑 15h-4h lun-jeu, 12h-4h ven, 10h30-4h sam-dim ; Ⓢ 4/5/6 jusqu'à 86th St)

Vinus and Marc   LOUNGE

25 Plan p. 164, C1

Les murs rouges, les lampes vintage et le long bar de bois sombre forment le cadre du Vinus and Marc, où les cocktails sont élégants et créatifs – comme le Baby Vamp épicé (tequila, mescal, fraise et *habandero bitters*) – ou classiques, issus du temps de la

Prohibition – comme le Scofflaw (*rye whiskey*, vermouth sec et grenadine maison). La carte affiche aussi de copieux plats de pub : moules et crevettes, sandwich au filet de bœuf Angus, etc. (📞 646-692-9015 ; 1825 Second Ave, entre 95th St et 94th St ; 🕑 15h-1h dim-mar, jusqu'à 2h mer-jeu, jusqu'à 3h ven-sam ; Ⓢ 6 jusqu'à 96th St)

Drunken Munkey   LOUNGE

 26 Plan p. 164, C1

Plongez dans le Bombay colonial en prenant un verre dans cet amusant établissement aux papiers désuets, doté de poignées de porte en forme de balle de cricket. Ne vous fiez pas aux lustres ornés de singes : les cocktails et les généreuses portions de curries n'en sont pas moins sérieux ! Le gin est ici privilégié pour les cocktails : essayez le Bramble (gin Bombay, liqueur de mûre, jus de citron frais et mûres). (338 E 92nd St, entre First Ave et Second Ave ; 🕑 11h-2h lun-jeu, jusqu'à 3h ven-dim ; Ⓢ 6 jusqu'à 96th St)

Oslo Coffee Roasters   CAFÉ

27 Plan p. 164, C3

Cette chaîne basée à Williamsburg (p. 200), où a lieu la torréfaction des cafés, prépare d'admirables mélanges, expressos et *latte* – tous issus de culture bio et du commerce équitable. (422 E 75th St, entre York Ave et First Ave ; café à partir de 2 $; 🕑 7h-18h lun-ven, à partir de 8h sam, 8h-15h dim ; Ⓢ 6 jusqu'à 77th St)

Demeure renfermant la Frick Collection (p. 165)

Sortir

Café Carlyle JAZZ

Comme le Bemelman's Bar (voir 23
Plan p. 164, B3), ce café chic est installé dans le Carlyle Hotel et attire les grands talents, dont Woody Allen, qui joue de la clarinette avec l'Eddy Davis New Orleans Jazz Band le lundi à 20h45 (de septembre à mai). Prévoyez un solide budget, l'entrée ne comprend ni plat ni boisson. (www.thecarlyle.com/dining/cafe_carlyle ; Carlyle Hotel, 35 E 76th St, à la hauteur de Madison Ave ; entrée 110-185 $; S 6 jusqu'à 77th St)

Frick Collection MUSIQUE CLASSIQUE

Un dimanche par mois, à 17h, cette riche demeure-musée (voir 2 ◉ plan p. 164, A4) accueille des artistes mondialement connus, comme la violoncelliste Yehuda Hanani et le violoniste Thomas Zehetmair. Consultez le site Web. (www.frick.org ; 1 E 70th St, à la hauteur de 5th Ave ; entrée 35 $; S 6 jusqu'à 68th St-Hunter College)

92nd St Y CENTRE CULTUREL

28 ⭐ Plan p. 164, B1

Outre un large éventail de concerts, de spectacles de danse et de lectures, ce centre à but non lucratif organise des séries de conférences et d'entretiens, animés par des personnalités comme le dramaturge Edward Albee, le violoncelliste Yo-Yo Ma, l'humoriste Steve Martin ou le romancier Gary Shteyngart. (www.92y.org ; 1395 Lexington

Ave, à la hauteur de 92nd St ; 🚇 ; **S** 6 jusqu'à 96th St)

Comic Strip Live
SPECTACLES COMIQUES

29 ⭐ Plan p. 164, C2

Chris Rock, Adam Sandler, Jerry Seinfeld et Eddie Murphy se sont tous produits dans ce club. Pas récemment, certes, mais ici, vous trouverez toujours quelqu'un pour leur voler la vedette. Réservation obligatoire. (📞 212-861-9386 ; www.comicstriplive.com ; 1568 2nd Ave, entre 81st St et 82nd St ; entrée 15-30 $ plus 2 boissons min ; 🕐 spectacles 20h30 dim-jeu ; 20h30, 22h30 et 0h30 ven ; 20h, 22h30 et 0h30 sam ; **S** 4/5/6 jusqu'à 86th St)

Shopping

Housing Works Thrift Shop
DÉPÔT-VENTE

30 🔒 Plan p164, B3

Ici, comme dans l'autre enseigne en ville, on ne trouve pas toujours son bonheur. Toutefois, les bons jours, on déniche un superbe jean, ou une veste ou un sac de créateur. Vêtements généralement en excellent état – voire neufs – et très bon marché. Livres, CD et articles pour la maison disponibles. Il y a foule le week-end. (202 E 77th St, entre Second Ave et Third Ave ; 🕐 11h-19h lun-ven, 10h-18h sam, 12h-17h dim ; **S** 6 jusqu'à 77th St)

Devantures sur Madison Avenue

PANORAMIC IMAGES/GETTY IMAGES ©

Encore

DÉPÔT-VENTE

31 🔒 Plan p. 164, A2

Ce dépôt-vente chic allège les garde-robes de l'Upper East Side depuis les années 1950 (Jacqueline Kennedy y vendait ses vêtements). Vous y trouverez des grandes marques comme Louboutin, Fendi et Dior. Les prix sont élevés mais beaucoup plus abordables que ceux des articles neufs. (www.encoreresale.com ; 1132 Madison Ave entre 84th St et 85th St ; ⏰10h30-18h30 lun-sam, 12h-18h dim ; ⑤4/5/6 jusqu'à 86th St)

Michael's

DÉPÔT-VENTE

32 🔒 Plan p. 164, B3

Cet autre vétéran réputé, datant des années 1950, met l'accent sur les marques de luxe telles que Chanel, Gucci et Prada. Presque tous les articles exposés ont moins de deux ans. C'est cher, mais plus abordable que dans les magasins amiraux de Madison Ave. (www.michaelsconsignment. com ; 2e ét., 1041 Madison Ave, entre 79th St et 80th St ; ⏰9h30-18h lun-sam, jusqu'à 20h jeu ; ⑤6 jusqu'à 77th St)

Crawford Doyle Booksellers

LIBRAIRIE

33 🔒 Plan p. 164, A2

Dans cette librairie raffinée, venez feuilleter à loisir les nombreux livres consacrés à l'art, à l'histoire et à la littérature de New York – beaucoup d'éditions originales. Idéal pour passer un après-midi au chaud. (1082 Madison Ave entre 81st St et 82nd St ; ⏰10h-18h lun-sam, 12h-17h dim ; ⑤6 jusqu'à 77th St)

Blue Tree

MODE, DESIGN

34 🔒 Plan p. 164, B1

Cette charmante boutique de l'actrice Phoebe Cates Kline vend une sélection bien choisie de vêtements féminins, de foulards en cachemire, d'objets en Plexiglas et d'articles pour la maison originaux et décalés. (www.bluetreenyc. com ; 1283 Madison Ave, entre 91st St et 92nd St ; ⏰10h-18h lun-ven, 11h-18h sam-dim ; ⑤4/5/6 jusqu'à 86th St)

Zitomer

BEAUTÉ

35 🔒 Plan p. 164, B3

Offrez une nouvelle jeunesse à votre peau dans cette pharmacie rétro sur plusieurs niveaux, véritable mine de produits naturels et d'excellente qualité, de marques comme Kiehl's, Clarins, Kneipp, Mustela et Ahava (à base de minéraux de la mer Morte). Vêtements enfant et jouets au 3e niveau. (www.zitomer.com ; 969 Madison Ave, entre 75th St et 76th St ; ⏰9h-20h lun-ven, jusqu'à 19h sam, 10h-18h dim ; ⑤6 jusqu'à 77th St)

Explorer

Upper West Side et Central Park

Antidote à l'infinie mer de béton new-yorkaise, Central Park est un refuge verdoyant, loin des klaxons et des trottoirs sans soleil. Toutes plus hautes les unes que les autres, les impressionnantes tours résidentielles de l'Upper West Side bordent le parc. Ce quartier est également connu pour le Lincoln Center, qui abrite la plus grande concentration de salles de spectacles de la ville.

L'essentiel en un jour

☀ Démarrez votre visite à l'**American Museum of Natural History** (p. 184), où la démesure vous attend, qu'il s'agisse d'observer l'espace au planétarium ou d'admirer le squelette reconstitué d'un tyrannosaure. Rendez-vous ensuite au **Zabar's** (p. 186) pour acheter de quoi préparer un pique-nique de gourmet à Central Park.

☼ S'il fait beau, le reste de la journée se déroulera à **Central Park** (p. 178). Après un déjeuner sur l'herbe de la Great Lawn, partez à la découverte des nombreux sites du parc, comme le réservoir, la fontaine Bethesda, le zoo et le mémorial de Strawberry Fields. Faites une pause au **Loeb Boathouse** (p. 187), le centre nautique du parc, où il est possible de louer une barque (p. 184), le temps d'un petit tour sur le lac.

☽ Quand le soleil se couche derrière les gratte-ciel bordant les quatre côtés du parc, il est temps de se rendre au **Lincoln Center** (p. 184), haut lieu des spectacles new-yorkais, pour visiter l'autre "Met", le **Metropolitan Opera House** (p. 191). Enfin, terminez votre soirée par un dîner dans l'un des restaurants haut de gamme du quartier, tels que **Dovetail** (p. 187).

👁 Les incontournables

Central Park (p. 178)

❤ Le meilleur du quartier

Se restaurer

Zabar's (p. 186)

Gray's Papaya (p. 188)

Sortir

Lincoln Center (p. 184)

Film Society of Lincoln Center (ɔ. 191)

Se balader

Central Park (p. 178)

Comment y aller

S Métro Dans l'Upper West Side, les lignes de métro 1/2/3 conduisent le long de Broadway et vers l'ouest. Les trains B et C mènent aux points d'intérêt et aux entrées de Central Park.

🚌 Bus Le bus M104 parcourt Broadway du nord au sud et le M10 longe le côté ouest du parc.

Les incontournables
Central Park

Avec ses quelque 340 ha de pelouses, de petits lacs, de mares et de bois... Central Park semble être le fruit de la nature. C'est faux ! Ce "parc du peuple" dessiné par Frederick Law Olmsted et Calvert Vaux résulte du travail de milliers d'ouvriers qui ont charrié moult tombereaux de terre et de matériaux pour assécher les marécages et niveler les affleurements rocheux. Plus de vingt ans furent nécessaires à la création de ce superbe refuge.

◉ Plan p. 182, D5

www.centralparknyc.org

de 59th St à 110th St entre Central Park West et 5th Ave

⊙6h-1h

À ne pas manquer

Strawberry Fields

Ce **jardin-mémorial** (www.centralparknyc.org/visit/things-to-see/south-end/strawberry-fields.html ; Central Park, à la hauteur de 72nd St, côté ouest ; 🚹 ; Ⓢ B/C jusqu'à 72nd St) dessine une larme en souvenir de John Lennon, qui fut abattu devant le Dakota Building (au 1 West 72nd Street, de l'autre côté de la rue), le 8 décembre 1980. Au cœur d'un bosquet d'ormes majestueux, une mosaïque noir et blanc évoque la chanson *Imagine*. Le mémorial est situé au niveau de 72nd St, du côté ouest du parc.

Bethesda Terrace et le Mall

Les galeries couvertes de Bethesda Terrace et la magnifique fontaine Bethesda (au niveau de 72nd St) sont depuis longtemps le point de rendez-vous des New-Yorkais. Ce secteur apparaît dans de nombreux films et programmes télévisés. Au sud, le Mall (que l'on voit aussi dans plusieurs films) est une promenade recouverte de grands ormes d'Amérique. Sa partie sud, appelée Literary Walk, est jalonnée de statues d'écrivains célèbres.

Zoo de Central Park

Le petit **zoo** (☎ 212-861-6030 ; www.centralparkzoo.com ; Central Park, 64th St, à la hauteur de 5th Ave ; adulte/enfant 12/7 $; ☉ 10h-17h30 avr-nov, jusqu'à 16h30 nov-avr ; 🚹 ; Ⓢ N/Q/R jusqu'à 5th Ave-59th St) de Central Park (ou Central Park Wildlife Center) héberge des pingouins, des léopards des neiges, des grenouilles venimeuses et des pandas roux. L'ambiance bat son plein lors des repas des otaries et des pingouins. À côté, le mini-zoo **Tisch Children's Zoo** (www.centralparkzoo.com/animals-and-exhibits/exhibits/tisch-childrens-zoo.aspx ; Central Park à la hauteur de 65th St et 5th Ave) fait le bonheur des jeunes enfants qui peuvent y caresser alpagas et chèvres nubiennes.

☑ **À savoir**

▶ Le **Central Park Conservancy** (www.centralparknyc.org/walkingtours), organisation à but non lucratif chargée de l'entretien du parc, organise des visites gratuites et personnalisées.

▶ Les bus MTA de 66th St, 72nd St, 79th St, 86th St et 96th St traversent le parc, mais les passagers ne peuvent monter et descendre qu'en bordure du parc et non à l'intérieur.

✕ **Une petite faim ?**

Au cœur de l'Upper West Side, le choix de produits gourmands du Zabar's (p. 186) permet de préparer un pique-nique. Plus chic : des croquettes au crabe et un martini au Loeb Boathouse (p. 187).

Comprendre
L'histoire de Central Park

Dans les années 1850, le secteur du parc était occupé par des élevages porcins, une décharge, un site d'équarrissage et un village afro-américain. Le "parc du peuple" résulte du travail de milliers d'ouvriers qui ont charrié moult tombereaux de terre pour assécher les marécages et niveler les affleurements rocheux. Aujourd'hui, Central Park compte plus de 24 000 arbres, 55 ha de bois, 21 aires de jeux et 7 plans d'eau. Ce gigantesque poumon vert de la ville attire plus de 38 millions de visiteurs chaque année.

DENNIS K JOHNSON/GETTY IMAGES ©

Alice in Wonderland, de José de Creeft

Conservatory Water et statue d'Alice au pays des merveilles

Au nord du zoo, au niveau de 74th St, se trouve le Conservatory Water. Des bateaux miniatures y flottent paisiblement et les enfants grimpent sur la statue d'Alice au pays des merveilles (*Alice in Wonderland*) trônant sur un champignon. De juin à septembre, tous les samedis à 11h, c'est l'heure du conte sous la statue de Hans Christian Andersen, à l'ouest du bassin.

Great Lawn

Définitivement immortalisée par le concert de Simon et Garfunkel en 1981, la Great Lawn est un immense tapis de verdure au centre du parc, bordé de terrains de base-ball et de platanes. Immédiatement au sud-est se dressent le Delacorte Theater, qui accueille tous les ans le festival Shakespeare in the Park, et le Belvedere Castle (p. 184), destiné à l'observation des oiseaux.

The Ramble

Au sud de la Great Lawn, entre 72nd St et 79th St, les chemins boisés du "Ramble" sont réputés pour l'observation des oiseaux (et un légendaire lieu de drague gay). À l'extrémité sud-est, le Loeb Boathouse (p. 184 et p. 187) abrite un restaurant au bord de l'eau proposant des locations de barques et de vélos.

Réservoir Jacqueline Kennedy Onassis

Ce réservoir occupe presque toute la largeur du parc au niveau de 90th St. Il reflète la silhouette des gratte-ciel alentour pour le plus grand plaisir des joggeurs qui ont fait de son circuit périphérique (2,5 km) leur terrain d'entraînement favori. Tout près, au croisement de 5th Ave et 90th St, se dresse la statue de Fred Lebow (fondateur du marathon de New York) qui observe sa montre.

Conservatory Garden

Vous cherchez un peu de calme, sans joggeurs, ni cyclistes ou musique ? À la hauteur de 105th St, en retrait de 5th Ave, les 2,5 ha du Conservatory Garden forment l'une des oasis de tranquillité officielles du parc. Et jolie, de surcroît : pommiers sauvages, buis et, au printemps, beaucoup de fleurs. Autrement, le calme règne partout dans le parc au petit matin et les chants des oiseaux révèlent toute sa richesse ornithologique.

Mémorial en l'honneur de John Lennon, Strawberry Fields

North Woods et le Blockhouse

Les North Woods, côté ouest entre 106th St et 110th St, abritent la plus ancienne structure du parc, le Blockhouse, un fort militaire datant de la guerre anglo-américaine de 1812.

L'été à Central Park

Pendant l'été, Central Park accueille d'innombrables événements culturels, la plupart gratuits. Les deux plus populaires sont Shakespeare in the Park (p. 221), organisé par le Public Theater, et **SummerStage** (www. summerstage.org ; entrée libre), une série de concerts gratuits. Plus de renseignements sur le site Internet.

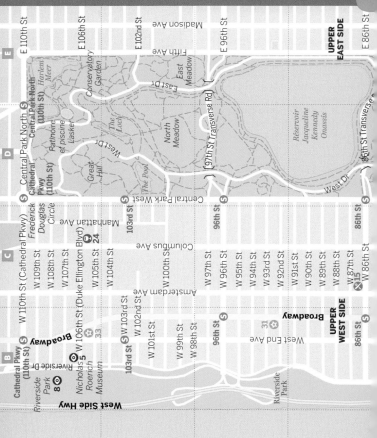

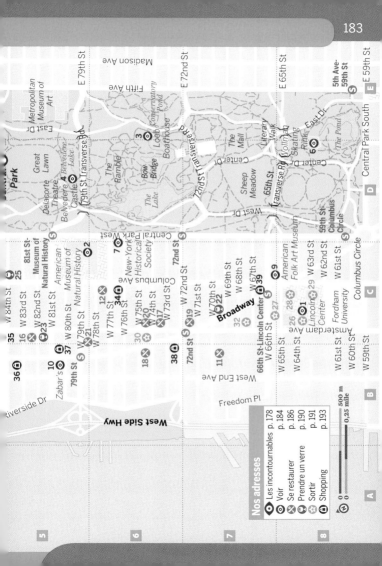

E 79th St
Madison Ave

Metropolitan
Museum of
Art
East Dr
Fifth Ave
E 72nd St

E 65th St
5th Ave-
59th St
E 59th St

Central Park South
Central Park South

Great
Lawn
Delacorte
Theatre
Belvedere
Castle
79th St Transverse Rd

Loeb
Conservatory
Pond
Boathouse
3

The
Ramble
Bow
Bridge

72nd St Transverse

The
Mall
Literary
Walk
Skating
Rink
Wollman
6

The
Lake
Sheep
Meadow
65th St Transverse Rd
Center Dr
Center Dr

The Pond

West Dr
Central Park West

81st St-
Museum of
Natural History
25

American
Museum of
Natural History
2

New-York
Historical
Society
7

W 69th St
W 68th St
W 67th St

American
Folk Art Museum
9

W 63rd St
W 62nd St

Columbus Circle

59th St-
Columbus
Circle

W 84th St
35
16
23
W 82nd St
W 81st St
W 80th St
W 79th St

12
34
20
17
W 75th St
W 74th St
W 73rd St

W 70th St
22
Broadway
39

W 63rd St
1
29
Lincoln
Center
Fordham
University

W 61st St
W 60th St
W 59th St

36
10
Zabar's
37
79th St
W 78th St
21
30
18
72nd St
38
19
11
W 71st St

66th St-Lincoln Center
W 66th St
W 65th St
27
26
28
Amsterdam Ave

W 77th St
W 76th St
Columbus Ave

W 72nd St
32

West End Ave

Riverside Dr
West Side Hwy
Freedom Pl

500 m
0,25 mile

5
6
7
8
A
B
C
D
E

Voir

Lincoln Center CENTRE CULTUREL

1 ◎ Plan p. 182, C8

Le Lincoln Center rassemble certaines des salles de spectacle les plus importantes de Manhattan : Avery Fisher Hall (siège du New York Philharmonic), David H. Koch Theater (où se produit le New York City ballet) et l'emblématique Metropolitan Opera House, dont les murs intérieurs sont couverts de peintures de Marc Chagall. Cet ensemble qui s'étend sur 6,5 ha comprend bien d'autres salles, dont un théâtre, deux cinémathèques et la célèbre Juilliard School. (☎212-875-5456 ; http://lc.lincolncenter.org ; Columbus Ave entre 62nd St et 66th St ; places publiques gratuites, visites adulte/étudiant 18/15 $; 🚶 ; **S** 1 jusqu'à 66th St-Lincoln Center)

American Museum of Natural History MUSÉUM D'HISTOIRE NATURELLE

2 ◎ Plan p. 182, C5

Fondé en 1869, ce musée classique renferme de véritables trésors : plus de 30 millions d'objets, dont de nombreux squelettes de dinosaures, et le Rose Center for Earth & Space, doté d'un planétarium moderne. D'octobre à mai, le musée accueille le Butterfly Conservatory, une verrière abritant plus de 500 papillons du monde entier. (☎212-769-5100 ; www.amnh.org ; Central Park West, à la hauteur de 79th St ; dons appréciés, adulte/enfant 22/12,50 $; ◎10h-17h45, Rose Center jusqu'à 20h45 ven, Butterfly Conservatory oct-mai ; 🚶 ; **S** B, C jusqu'à 81st St-Museum of Natural History, 1 jusqu'à 79th St)

Loeb Boathouse CANOT, KAYAK, VÉLO

3 ◎ Plan p. 182, E6

Perché au nord-est, le centre nautique du lac de Central Park, ou Loeb Boathouse, loue une centaine de barques, trois kayaks et des vélos (casques inclus) d'avril à novembre. En été, une gondole accueille jusqu'à six personnes (30 $ les 30 minutes). Pièce d'identité et carte bancaire requises. Locations soumises aux conditions climatiques. (☎212-517-2233 ; www.thecentralparkboathouse.com ; Central Park, entre 74th St et 75th St ; location de barque 12 $/h, vélo 9-15 $/h ; ◎10h-coucher du soleil avr-nov ; 🚶 ; **S** B/C jusqu'à 72nd St, 6 jusqu'à 77th St)

Belvedere Castle OBSERVATION DES OISEAUX

4 ◎ Plan p. 182, D5

Une expérience autonome judicieuse est proposée aux enfants pour découvrir et observer les oiseaux : le kit de découverte ("Discovery Kit") au Belvedere Castle, à Central Park, contient des jumelles, un livre sur les oiseaux, du papier et des crayons de couleur : idéal pour intéresser les plus jeunes. Pièce d'identité avec photo nécessaire. (☎212-772-0210 ; Central Park, à la hauteur de 79th St ; gratuit ; ◎10h-15h mar-dim ; 🚶 ; **S** B/C, 1/2/3 jusqu'à 72nd St)

SYLVAIN SONNET/GETTY IMAGES ©

Baleine bleue, American Museum of Natural History

Nicholas Roerich Museum
MUSÉE

5 Plan p. 182, B1

Cet intéressant petit musée, installé dans une maison de trois étages datant de 1898, est un secret bien gardé. Il renferme plus de 200 peintures du prolifique Nicholas Konstantinovich Roerich (1874-1947), qui fut à la fois un poète, un philosophe et un peintre russe. Ses éblouissantes représentations de l'Himalaya, où il se rendait souvent, constituent ses œuvres les plus remarquables. (www.roerich.org ; 319 W 107th St entre Riverside Dr et Broadway ; don suggéré 5 $; ⊘12h-17h mar-ven, à partir de 14h sam-dim ; S 1 jusqu'à Cathedral Pkwy)

Wollman Skating Rink
PATINOIRE

6 Plan p. 182, D8

Plus grande que celle du Rockefeller Center et ouverte toute la journée, cette patinoire à la bordure sud-est de Central Park offre une jolie vue. De mi-octobre à avril. Espèces uniquement. (✆212-439-6900 ; www.wollmanskatingrink.com ; Central Park entre 62nd St et 63rd St ; adulte lun-jeu/ven-dim 11/18 $, enfant 6 $, location de patins/casier 8/5 $, spectateur 5 $; ⊘nov-mars ; 🖼 S F jusqu'à 57 St, N/Q/R jusqu'à 5th Ave-59th St)

New-York Historical Society
MUSÉE

7 Plan p. 182, C6

Fondé en 1804 pour conserver les objets historiques et culturels de la ville, le musée le plus ancien de New York abrite une collection de plus de 60 000 objets décalés et curieux, allant de la chaise d'investiture de George Washington à une coupelle à glace Tiffany (dorée, évidemment) du XIXe siècle. (www.nyhistory.org ; 2 W 77th St, à la hauteur de Central Park West ; adulte/enfant 18/6 $, sur don 18h-20h ven, bibliothèque en accès libre ; 🕒10h-18h mar-jeu et sam, jusqu'à 20h ven, 11h-17h dim ; ⓈB, C jusqu'à 81st St-Museum of Natural History)

Riverside Park
PARC

8 Plan p. 182, B1

Conçu par Frederick Law Olmsted et Calvert Vaux, créateurs de Central Park, ce long ruban de verdure court le long de l'Hudson au nord d'Upper West Side, entre les 59th St et les 158th St. Très boisé, il est apprécié des familles pour ses nombreuses pistes cyclables et ses aires de jeux.

De fin mars à octobre (selon la météo), le W 79th St Boat Basin Café, un restaurant au bord de l'eau situé au niveau de 79th St, sert un menu léger. (☎212-870-3070 ; www.riversideparknyc.org ; Riverside Dr, entre 68th St et 155th St ; 🕒6h-1h ; 🚻 ; Ⓢ1/2/3 jusqu'à toute station entre 66th St et 157th St)

American Folk Art Museum
MUSÉE

9 Plan p. 182, C7

Cette petite institution renferme deux siècles de trésors de l'art populaire et de l'art brut, notamment des œuvres de Henry Darger (connu pour

ses champs de bataille peuplés de fillettes) et de Martín Ramírez (auteur d'hallucinants *caballeros* à cheval). Sont également réunis un ensemble de gravures, peintures, photographies colorisées à la main et des objets décoratifs. Concerts de guitare le mercredi et musique live gratuite le vendredi. (www.folkartmuseum.org ; 2 Lincoln Sq, Columbus Ave, à la hauteur de 66th St ; entrée libre ; 🕒12h-19h30 mar-sam, jusqu'à 18h dim ; Ⓢ1 jusqu'à 66th St-Lincoln Center)

Zabar's
ÉPICERIE POUR GASTRONOMES

10 Plan p. 182, B5

Bastion de la gastronomie casher, ce vaste supermarché remonte aux années 1930. Fromages, viande, olives, caviar, poisson fumé, pickles, fruits secs, noix, pâtisserie : tout y est. Découvrez les *knishes* (beignets de pommes de terre d'Europe de l'Est) – rien à voir avec les fades *knishes* industriels vendus à tous les coins de rue. (www.zabars.com ; 2245 Broadway, à la hauteur de 80th St ; 🕒8h-19h30 lun-ven, jusqu'à 20h sam, 9h-18h dim ; Ⓢ1 jusqu'à 79th St)

Se restaurer

Café Luxembourg
FRANÇAIS $$$

11 Plan p. 182, B7

Cette élégante salle est la quintessence du restaurant chic : cadre raffiné, personnel aimable, clientèle fidèle, éclairage flatteur, menu remarquable. Les classiques (tartare de saumon, cassoulet et steak-frites) sont habilement préparés, et la proximité du Lincoln Center en fait l'endroit parfait pour dîner avant une représentation. Un menu plus léger est proposé au déjeuner ; excellent brunch (essayez les œufs Benedict au homard). (☎212-873-7411 ; www. cafeluxembourg.com ; 200 W 70th St entre Broadway et West End Ave ; plats midi 18-29 $, plats soir 25-36 $; ⏱petit-déj, déj et dîner tlj, brunch dim ; **S**1/2/3 jusqu'à 72nd St)

Loeb Boathouse   AMÉRICAIN $$$

Perché à la pointe nord-est de Central Park Lake, avec une vue idéale sur la *skyline*, le Loeb Boathouse (voir **3** ☉ plan p. 182, E6) est l'un des restaurants les plus idylliques de New York. Si la cuisine est généralement bonne (mention spéciale aux croquettes de crabe), le service est en revanche peu attentionné. Pour profiter du site sans vous ruiner, allez plutôt dans le **Bar & Grill** adjacent, qui propose une petite carte de plats de bar (assiette 16 $), dont les fameuses croquettes de crabe. (☎212-517-2233 ; www.thecentralparkboathouse.com ; Central Park Lake, Central Park, au niveau de 74th St ; plats 24-47 $; ⏱restaurant 12h-16h et 17h30-21h30 lun-ven, 9h30-16h et 18h-21h30 sam-dim ; **S**A/C, B jusqu'à 72nd St, 6 jusqu'à 77th St)

Dovetail   AMÉRICAIN MODERNE $$$

12 🍴 Plan p. 182, C6

Étoilée au Michelin, cette table propose des plats de saison de haut

vol : perche avec topinambours et truffe, gibier avec bacon, betterave dorée et salade de saison... Le lundi, le menu de dégustation végétarien (4 plats, 58 $) du chef John Fraser convertit les carnivores avec des recettes comme les champignons des bois, aux poires et au poivre vert. (☎212-362-3800 ; www.dovetailnyc.com ; 103 W 77th St, angle Columbus Ave ; menu dégustation 88 $, plats 36-58 $; ⏱17h30-22h lun-sam, 11h30-22h dim ; 🖋 ; **S**A/C, B jusqu'à 81st St-Museum of Natural History, 1 jusqu'à 79th St)

Kefi   GREC $$

13 🍴 Plan p. 182, C5

Dans son restaurant blanchi à la chaux, Michael Psilakis concocte des plats grecs rustiques et irrésistibles, comme les saucisses d'agneau piquantes, les boulettes au lait de brebis et le succulent poulpe grillé. L'assiette de quatre délices à tartiner est exquise, tout comme les pâtes plates au lapin braisé. Bonne sélection de vins grecs (à partir de 24 $ la bouteille). (www.kefirestaurant.com ; 505 Columbus Ave, entre 84th St et 85th St ; petites assiettes à partager 7-10 $, plats 13-20 $; ⏱12h-15h et 17h-22h lun-ven, à partir de 11h sam-dim ; 🖋 ; **S**B, C jusqu'à 86th St)

Jacob's Pickles   AMÉRICAIN $$

14 🍴 Plan p. 182, C5

Au Jacob's, les modestes pickles atteignent des sommets. Le restaurant sert également de copieuses portions de plats réconfortants et savoureux, comme les tacos au poisson-chat, les cuisses de dinde au vin et les macaronis au fromage et aux champignons. Excellents biscuits et bières artisanales. (☎212-470-5566 ; 509 Amsterdam Ave, entre 84th et 85th ; plats 14-21 $; ☺11h-2h lun-jeu, jusqu'à 4h ven, 9h-4h sam, jusqu'à 2h dim)

Barney Greengrass ÉPICERIE $$

15 Plan p. 182, C4

Autoproclamé "roi de l'esturgeon", Barney Greengrass sert les mêmes plats copieux d'œufs et de saumon fumé, de caviar, et de *babkas* fondants au chocolat qui l'ont rendu célèbre il y a un siècle. Passez le matin ou le midi pour déjeuner sur l'une des tables bancales installées au milieu des rayonnages croulant sous les produits. (www.barneygreengrass.com ; 541 Amsterdam Ave à la hauteur de 86th St ; plats 9-20 $, bagel au fromage frais 5 $; ☺8h30-18h mar-dim ; 🚻 ; §1 jusqu'à 86th St)

Peacefood Cafe VÉGÉTALIEN $$

16 Plan p. 182, C5

Vaste et lumineux, le Peacefood ravit les végétaliens avec son panini au *seitan* frit (sur une *focaccia* maison et surmonté de noix de cajou, de roquette, de tomates et de pesto), ses pizzas, ses assiettes de légumes rôtis et son excellente salade de quinoa. Plats du jour crus, cafés bio et pains délicieux. (☎212-362-2266 ; www.peacefoodcafe.com ; 460 Amsterdam Ave, au niveau de 82nd St ; paninis 12-13 $, plats 10-17 $; ☺10h-22h ; 🖉 ; §1 jusqu'à 79th St)

Salumeria Rosi Parmacotto ITALIEN $$

17 Plan p. 182, C6

Les amateurs de viande se délectent de salami, de filets de porc rôti, de saucisses, de jambon fumé, d'autres types de charcuterie – et de fromages fermiers. Sinon, optez pour les lasagnes maison, une savoureuse quiche aux poireaux, une salade de chicorée aux anchois ou des gnocchis artisanaux à la ricotta et au fromage de chèvre. (☎212-877-4801 ; www.salumeriarosi.com ; 284 Amsterdam Ave, au niveau de 73rd St ; plats 12-17 $; ☺11h-23h ; §1/2/3 jusqu'à 72nd St)

Fairway ÉPICERIE FINE $

18 Plan p. 182, B6

Les produits alléchants exposés dans des cageots sur le trottoir incitent à entrer pour découvrir les fromages, la charcuterie, les miches de pain, les bagels, les fruits, les légumes, les repas tout prêts... Magasin bio et café à l'étage. (www.fairwaymarket.com/store-upper-west-side ; 2127 Broadway, à la hauteur de 75th St ; ☺6h-1h ; §1/2/3 jusqu'à 72nd St)

Gray's Papaya HOT DOGS $

19 Plan p. 182, C7

Il est d'usage, à New York, d'échouer dans ce snack, où l'on mange debout, au cours de la soirée (ou de la nuit) pour reprendre des forces... Les lumières sont crues, les couleurs très années 1970 et les hot dogs délicieux. Impossible de se tromper avec la

Rameurs dans Central Park, avec le Belvedere Castle (p. 184) en arrière-plan

fameuse formule "Recession Special" – 4,95 $ pour deux hot dogs et une boisson. (📞212-799-0243 ; 2090 Broadway, à la hauteur de 72nd St, entrée au niveau de Amsterdam Ave ; hot dog 2 $; ⏰24h/24 ; Ⓢ A/B/C, 1/2/3 jusqu'à 72th St)

Hummus Place   MOYEN-ORIENTAL $

20 🍴 Plan p. 182, C6

Ce lieu n'aurait rien de particulier, avec ses huit tables juste au-dessous du niveau de la rue, si ce n'était ses assiettes d'houmous. Elles sont servies chaudes, avec diverses garnitures : pois chiches, ragoût de fèves à l'œuf, etc. Également : salades, couscous et feuilles de vigne farcies, tous savoureux. Un excellent rapport qualité/prix. (www.hummusplace.com ; 305 Amsterdam Ave, entre 74th St et 75th St ; houmous à partir de 8 $; ⏰déj et dîner ; 🥢 ; Ⓢ1/2/3 jusqu'à 72nd St)

Burke & Wills   AUSTRALIEN MODERNE $$

21 🍴 Plan p. 182, C5

Un petit bout d'*outback* australien dans l'Upper West Side. Ce bar-bistrot séduisant privilégie les plats de pub australiens modernes : burgers au kangourou, frites *triple-fried* (frites trois fois), crevettes grillées, salades composées, burgers (*sliders*) aux merguez, cabillaud rôti avec chou-fleur, dattes et grenade… (📞646-823-9251 ; 226 W 79th St, entre Broadway et Amsterdam Ave : plats 17-28 $; ⏰16h-2h lun-ven, à partir de 12h sam-dim ; Ⓢ1 jusqu'à 79th St)

Prendre un verre

Barcibo Enoteca
BAR À VINS

22 Plan p. 182, C7

Juste au nord du Lincoln Center, un établissement chic, idéal pour siroter un verre. Sur la longue liste de crus de toute l'Italie, 40 variétés sont proposées au verre, une dégustation à accompagner d'une simple assiette ou d'un plat léger. Le personnel est connaisseur : demandez conseil. (www.barciboenoteca.com ; 2020 Broadway, angle 69th St ; ⏱16h30-0h30 lun-ven, à partir de 15h30 sam-dim ; Ⓢ1/2/3 jusqu'à 72nd St)

Dead Poet
PUB

23 Plan p. 182, C5

Ce pub étroit et lambrissé d'acajou est apprécié depuis plus de dix ans par tout le quartier, habitants et étudiants, tous amateurs de Guinness. Les cocktails portent le nom d'auteurs disparus, telles la margarita de Jack Kerouac (12 $) et la sangria au rhum épicée de Pablo Neruda (9 $). (www.thedeadpoet.com ; 450 Amsterdam Ave, entre 81st St et 82 St ; ⏱midi-4h ; Ⓢ1 jusqu'à 79th St)

Ding Dong Lounge
BAR

24 Plan p. 182, C1

Difficile de jouer les durs dans l'Upper West Side, mais cet ancien repaire de drogués, transformé en bar punk, tente le coup avec ses toilettes couvertes de graffitis et ses murs de briques apparentes. Bizarrement, il y a aussi des pendules à coucou. L'ensemble bière et shot à 7 $ attire étudiants de Columbia et clients des auberges de jeunesse voisines. (www.dingdonglounge.com ; 929 Columbus Ave, entre 105th St et 106th St ; ⏱16h-4h ; ⒮B, C, 1 jusqu'à 103rd St)

Prohibition
BAR

25 Plan p. 182, C5

Ce bar animé programme un concert presque chaque soir à l'avant (avec un niveau sonore très supportable) ; la partie arrière est plus calme. Les murs rouges et les boissons rafraîchissantes (mojito au fruit de la Passion, margarita au nectar d'agave) ajoutent au charme de l'endroit ; mini burgers pour les petites faims. (☎212-579-3100 ; www.prohibition.net ; 503 Columbus Ave, près de W 84th St ; ⏱17h-4h ; ⒮B, C, 1 jusqu'à 86th St)

Manhattan Cricket Club
LOUNGE, COCKTAILS

Au-dessus du Burke & Wills (voir 21 plan p. 182, C5), le Manhattan Cricket Club évoque l'élégance des clubs de cricket du début du XXᵉ siècle. Des photos de joueurs sépia ornent les murs dorés, tandis que les étagères en acajou garnies de livres, les banquettes Chesterfield et le beau plafond en étain composent un cadre rêvé pour des boissons de qualité constante. (226 W 79th St, entre Amsterdam Ave et Broadway ; ⏱19h-2h mar-sam ; ⒮1 jusqu'à 79th St)

Sortir

Metropolitan Opera House

OPÉRA

26 ⭐ Plan p. 182, C8

C'est ici, dans le plus important opéra de New York, que l'on assiste à des classiques comme *Carmen, Madame Butterfly* et *Macbeth*, mais aussi à des œuvres plus contemporaines, telles que *Nixon in China* de Peter Sellars, jouée ici en 2011. La saison court de septembre à avril. (www.metopera.org ; Lincoln Center, 64th St, à la hauteur de Columbus Ave ; **S** 1 jusqu'à 66th St-Lincoln Center)

Film Society of Lincoln Center

CINÉMA

27 ⭐ Plan p. 182, C7

L'inestimable fonds cinématographique de la Film Society réunit des joyaux du 7e art, documentaires, longs-métrages, cinéma indépendant, réalisations étrangères ou films d'avant-garde. Les projections du Lincoln Center se font dans deux multiplexes, le nouveau Elinor Bunin Munroe Film Center, plus expérimental et intimiste, et le Walter Reade Theater, réputé pour le confort de ses fauteuils. (☎212-875-5456 ; www.filmlinc.com ; **S** 1 jusqu'à 66th St-Lincoln Center)

New York Philharmonic

MUSIQUE CLASSIQUE

28 ⭐ Plan p. 182, C8

Le plus ancien orchestre professionnel des États-Unis (datant de 1842) se produit tous les ans à l'Avery Fisher Hall du Lincoln Center. Dirigé par Alan Gilbert, fils de deux musiciens du Philharmonic, l'orchestre joue un mélange de classiques (Tchaïkovski, Mahler, Haydn), quelques œuvres contemporaines, et des concerts destinés aux enfants. (www.nyphil.org ; Avery Fisher Hall, Lincoln Center, angle Columbus Ave et 65th St ; ♿ ; **S** 1 jusqu'à 66 St-Lincoln Center)

New York City Ballet

DANSE

29 ⭐ Plan p. 182, C8

Avec ses 90 danseurs, le New York City Ballet, fondé dans les années 1930 par le chorégraphe russe George Balanchine, est la plus grande compagnie de danse du pays. Elle se produit près de 23 semaines par an sur la scène du David H. Koch Theater du Lincoln

---

Q 100% new-yorkais

Le Lincoln Center

Ce vaste centre culturel (p. 184) est le cœur artistique de Manhattan. Parmi les salles qu'il renferme, le **Vivian Beaumont Theater** (plan p. 182, C8 ; ☎212-721-6500 ; www.lincolncenter.org ; Lincoln Center, 65th St entre Broadway et Amsterdam ; **S** 1 jusqu'à 66th St-Lincoln Center) et le **Mitzi E Newhouse Theater** (plan p. 182, C8 ; Lincoln Center, 65th St entre Broadway et Amsterdam Ave) accueillent des pièces de théâtre et des comédies musicales. Consultez leur programmation sur le site Internet du Lincoln Center (www.new.lincolncenter.org).

Center. Son *Casse-Noisette*, présenté pour la première fois en 1954 et donné chaque année pendant la période de Noël, est devenu mythique. (☎212-496-0600 ; www.nycballet.com ; David H. Koch Theater, Lincoln Center, Columbus Ave, à la hauteur de 62nd St ; 🚹 ; 🚇1 jusqu'à 66th St-Lincoln Center)

American Ballet Theatre   DANSE

Cette compagnie présente des ballets classiques au Metropolitan Opera House du Lincoln Center (voir **1** 👁 plan p. 182, C8) chaque année au printemps (souvent en mai). Billets disponibles uniquement sur abonnement. L'"Orchestra", le "Parterre" et le "Grand Tier" offrent les meilleures vues. Évitez le dernier niveau (*top tier*), on ne voit que la tête des danseurs tout comme les loges (*boxes*) en retrait, où la vue est très obscurcie. (☎212-477-3030 ; www.abt.org ; Lincoln Center, 64th St, à la hauteur de Columbus Ave ; 🚇1 jusqu'à 66th St-Lincoln Center)

Beacon Theatre   SALLE DE CONCERTS

30 ⭐ Plan p. 182, C6

D'une taille idéale avec ses 2 600 sièges (certes pas extrêmement confortables), cette salle historique de 1929 accueille un flux continu d'artistes célèbres, de Nick Cave aux Allman Brothers. Suite à une rénovation de 15 millions de dollars en 2009, l'intérieur doré (mélange d'éléments grecs, romains, Renaissance et rococo) est resplendissant. (www.beacontheatre.com ; 2124 Broadway, entre 74th St et 75th St ; 🚇1/2/3 jusqu'à 72nd St)

Cleopatra's Needle   CLUB

31 ⭐ Plan p. 182, B3

Une salle longue et étroite, comme l'obélisque éponyme qui se dresse dans Central Park. L'entrée est libre mais une consommation minimale de 10 $ est requise. Venez tôt pour profiter du *happy hour* (15h30-18h ou 19h) et de son choix de cocktails à moitié prix. Préparez-vous à rester tard : le Cleopatra's est réputé pour ses "bœufs" qui durent toute la nuit et culminent autour de 4h. (www.cleopatrasneedleny.com ; 2485 Broadway, entre 92nd St et 93rd St ; 🕐16h-tard ; 🚇1/2/3 jusqu'à 96th St)

Merkin Concert Hall   MUSIQUE CLASSIQUE

32 ⭐ Plan p. 182, C7

Juste au nord du Lincoln Center, cette salle de 450 places, appartenant au Kaufman Center, compte parmi les plus intimistes de la ville consacrées à la musique classique, au jazz, à la world music et à la pop. Les matinées du mardi (à seulement 18 $) privilégient les solistes classiques montants. En janvier, c'est ici qu'a lieu le New York Guitar Festival. (www.kaufman-center.org/mch ; 129 W 67th St, entre Amsterdam Ave et Broadway ; 🚇1 jusqu'à 66th St-Lincoln Center)

Smoke   JAZZ

33 ⭐ Plan p. 182, B1

Ce club chic et détendu, offrant une bonne vue sur la scène et des sofas moelleux, programme des musiciens confirmés, dont beaucoup d'artistes

Wollman Skating Rink (p. 185), la patinoire de Central Park

chéris des New-Yorkais, comme George Coleman et Wynton Marsalis. L'entrée coûte généralement 10 $, auxquels il faut ajouter 20 à 30 $ si vous dînez sur place (boisson et plats). Réservez en ligne pour les spectacles du week-end. (www. smokejazz.com ; 2751 Broadway, entre 105th St et 106th St ; ☉17h30-3h lun-ven, 11h-3h sam-dim ; ⑤1 jusqu'à 103rd St)

Shopping

Greenflea   MARCHÉ

34 🔒 Plan p182, C6

Le sympathique Greenflea est idéal pour chiner le dimanche matin. On y trouve un peu de tout : meubles vintage ou contemporains, cartes anciennes, lunettes, écharpes tissées à la main, bijoux artisanaux. L'été, le marché a aussi lieu certains samedis : téléphonez pour plus d'information. (☎212-239-3025 ; www. greenfleamarkets.com ; Columbus Ave entre 76th St et 77th St ; ☉10h-17h30 dim ; ⑤B/C jusqu'à 81st St-Museum of Natural History, 1 jusqu'à 79th St)

Time for Children   JOUETS, VÊTEMENTS

35 🔒 Plan p. 182, C5

Cette minuscule boutique vend de charmants vêtements pour les bébés et les tout-petits, des livres colorés, des peluches, des cubes, des cartes faites main et d'autres trésors pour les moins de 6 ans. Le plus : Time

Comprendre

New York dans la littérature et au cinéma

New York, plus que tout autre endroit au monde, a servi de cadre à des œuvres littéraires et cinématographiques qui, toutes, évoquent la richesse ou la complexité de la ville. Voici quelques-uns de nos films et livres favoris, dont l'action se déroule dans cette ville extravagante et fantasque.

Livres

Les Extraordinaires Aventures de Kavalier et Clay (Michael Chabon, 2000 ; 10/18). Couronné par le prix Pulitzer en 2001, ce livre parle de Brooklyn, de l'envie de fuir la réalité et de la famille nucléaire, tout en évoquant l'histoire des *comics* américains.

Jazz (Toni Morrisson, 1992 ; Rivages). La lauréate du prix Nobel de littérature explore les années jazz de Harlem à travers l'histoire tragique de trois destins croisés.

Homme invisible, pour qui chantes-tu ? (Ralph Ellison, 1952). Une prose poignante, explorant la situation des Afro-Américains au début du XXe siècle.

L'Attrape-cœurs (J. D. Salinger, 1951 ; Pocket). Roman initiatique, racontant la fugue et les errances d'un jeune adolescent perturbé à travers New York.

Films

West Side Story (1961). Des Roméo et Juliette des temps modernes dans les rues new-yorkaises où sévissent les gangs.

Taxi Driver (1976). Martin Scorsese filme les tourments d'un chauffeur de taxi, vétéran de la guerre du Vietnam. Palme d'or au festival de Cannes.

Annie Hall (1977). Une comédie romantique du roi des névrosés new-yorkais : Woody Allen. Récompensée par quatre Oscars.

Gangs of New York (2002). Scorsese fait une incursion dans l'histoire ancienne de la ville en évoquant les origines multiethniques de NYC.

Precious (2009). L'histoire d'une adolescente obèse et maltraitée de Harlem, bien décidée à s'en sortir.

reverse la totalité de ses bénéfices à la Children's Aid Society de New York. (☎212-580-8202 ; www.atimeforchildren.org ; 506 Amsterdam Ave, entre 84th St et 85th St ; ⊙10h-19hlun-sam,11h-18hdim ; 🚻 ; **S**1jusqu'à 86th St)

Harry's Shoes

CHAUSSURES

36 Plan p. 182, B5

Le Harry's, qui existe depuis les années 1930, est une institution. Le personnel mesure votre pied à l'aide d'un pédimètre en métal et vous sert patiemment, en s'assurant que les chaussures vous vont correctement. Si vous avez mal aux pieds après avoir trop marché, vous trouverez des marques solides et confortables (Merrel, Dansko, Birkenstock). (www.harrys-shoes.com ; 2299 Broadway, à la hauteur de 83rd St ; ⊙10h-18h45 mar, mer, ven-sam, jusqu'à 19h45 lun et jeu, 11h-18h dim ; **S**1 jusqu'à 86th St)

Westsider Books

LIBRAIRIE

37 Plan p. 182, B5

En furetant dans cette superbe petite librairie débordant de livres rares et d'occasion (bon choix de fictions et de livres illustrés, entre autres), on dénichera des premières éditions et quelques vinyles vintage. (www.westsiderbooks.com ; 2246 Broadway, entre 80th St et 81st St ; ⊙10h-22h ; **S**1 jusqu'à 79th St)

Westsider Records

MUSIQUE

38 Plan p. 182, B6

Avec plus de 30 000 albums (funk, jazz, classique, BO de films, *spoken word* et diverses curiosités), Westsider répond forcément à vos envies. L'endroit est idéal pour perdre toute notion du temps. (☎212-874-1588 ; www.westsiderbooks.com/recordstore.html ; 233 W 72nd St, entre Broadway et West End Ave ; ⊙11h-19h lun-jeu, jusqu'à 21h ven et sam, 12h-18h dim ; **S**1/2/3 jusqu'à 72nd St)

Century 21

GRAND MAGASIN

39 Plan p. 182, C7

Appréciée aussi bien des branchés new-yorkais que des visiteurs, la chaîne Century 21 est une mine de vêtements de créateurs (de Missoni à Marc Jacobs), vendus avec des réductions très appréciables, sur les collections en cours et de la saison passée. Si les tarifs vous semblent élevés, les prix boutique le sont plus encore. (www.c21stores.com ; 1972 Broadway, entre 66th St et 67th St ; ⊙10h-22h lun-sam, 11h-20h dim ; **S**1 jusqu'à 66th St-Lincoln Center)

100% new-yorkais
Harlem

Ce quartier au nord de Manhattan voisine le Bronx. C'est ici que Cab Calloway chantait. Ralph Ellison y a rédigé son roman épique sur la vérité et l'intolérance, *Homme invisible, pour qui chantes-tu ?* L'artiste Romare Bearden y assembla ses premiers collages. Cet endroit empreint d'histoire reste l'un des hauts lieux de la scène afro-américaine du pays.

Comment y aller

Harlem est à 8 km au nord de Midtown.

S Métro Columbus Circle n'est qu'à un arrêt de 125th St, l'artère principale de Harlem, par les lignes A/D. Depuis Times Square, les lignes 2/3 conduisent à Harlem en 15 minutes.

🚌 Bus Le M10 remonte le côté ouest de Central Park jusqu'à Harlem.

❶ Un café sur le campus

Prenez des forces en buvant un café aux côtés d'étudiants de l'université de Columbia au **Community Food & Juice**. (www.communityrestaurant.com ; 2893 Broadway entre 112th St et 113th St ; sandwichs 11-15 $, plats 14-29 $; ☺8h-15h30 et 17h-21h30 lun-ven, à partir de 9h sam-dim ; ✎♿ ; Ⓢ1 jusqu'à 110th St)

❷ Visite spirituelle

La **cathédrale St John the Divine** (☎visite 212-932-7347 ; www.stjohndivine.org ; 1047 Amsterdam Ave, au niveau de W 112th St ; don suggéré 10 $, visite guidée 6 $, visite verticale 15 $; ☺7h30-18h ; ⒮B, C, 1 jusqu'à 110th St-Cathedral Pkwy), dotée d'une façade de style néogothique, est le plus grand lieu de culte des États-Unis.

❸ Les allées d'un marché

À demi clos, le **Malcolm Shabazz Harlem Market** (☎212-987-8131 ; 52 W 116th, entre Malcolm X Blvd et 5th Ave ; ☺10h-19h ; Ⓢ2/3 jusqu'à 116th St) vend un peu de tout : textiles, huiles essentielles, maroquinerie, artisanat, tissages africains.

❹ Art et communauté

Le petit **Studio Museum in Harlem** (☎212-864-4500 ; www.studiomuseum.org ; 144 W 125th St à la hauteur d'Adam Clayton Powell Jr Blvd, Harlem ; don suggéré 7 $, gratuit dim ; ☺12h-21h jeu et ven, 10h-18h sam, 12h-18h dim ; Ⓢ2/3 jusqu'à 125th St) expose les œuvres d'artistes afro-américains depuis plus de quarante ans. C'est un point de rencontre important pour les figures culturelles en tout genre à Harlem.

❺ Strivers' Row

Entre 138th St et 139th St, **Strivers' Row** (W 138th St et W 139th St, entre Frederick Douglass Blvd et Adam Clayton Powell Jr Blvd ; ⓈB, C jusqu'à 135th St) est constitué de maisons mitoyennes des années 1890. Le surnom (qui signifie l'allée de ceux qui s'évertuent au travail) fut attribué dans les années 1920, lorsque d'ambitieux Afro-Américains emménagèrent.

❻ Gospel dominical

Assistez au service dominical, avec gospel, de l'**église baptiste abyssinienne** (www.abyssinian.org ; 132 W 138th St entre Adam Clayton Powell Jr Blvd et Malcolm X Blvd ; Ⓢ2/3 jusqu'à 135th St) qui dispose même d'une section pour les touristes.

❼ À l'heure du dîner

Dînez au **Red Rooster** (www.redroosterharlem.com ; 310 Malcolm X Blvd, entre 125th St et 126th St, Harlem ; plats 17-36 $; ☺11h30-22h30 lun-ven, 10h-23h sam-dim ; Ⓢ2/3 jusqu'à 125th St), où les bons plats réconfortants reprennent les classiques de la cuisine des États du Sud.

❽ Icône du quartier

L'**Apollo Theater** (☎212-531-5300, visites 212-531-5337 ; www.apollotheater.org ; 253 W 125th St à la hauteur de Frederick Douglass Blvd ; visites sem/week-end 16/18 $; ⒮A/C, B/D jusqu'à 125th St) est le principal lieu de concerts et de meetings politiques de Harlem. Le mercredi, les soirées "Amateur Night" attirent les foules.

100% new-yorkais
South Brooklyn

Comment y aller

Prospect Park et South Brooklyn sont à 9 km au sud-est de Times Sq.

S Métro 2/3, 4/5, B/D et N/Q/R jusqu'à Atlantic Av-Barclays Ctr ; et 2/3 jusqu'à Grand Army Plaza.

Connaître véritablement New York, c'est visiter les *boroughs* limitrophes, sans se contenter de Manhattan. Pourquoi ne pas commencer par South Brooklyn ? Brooklyn, véritable ville dans la ville (elle est trois fois plus grande que Manhattan), est composée de quartiers en damier, conquis peu à peu par les *hipsters*, ces trentenaires cultivés et assez aisés que l'on appelle, ailleurs, les bobo. Si possible, faites la promenade le week-end pour vous imprégner au mieux de l'esprit du quartier.

❶ L'autre Central Park

Commencez par **Prospect Park** (☎718-965-8951 ; www.prospectpark.org ; Grand Army Plaza ; ◷5h-1h ; Ⓢ2/3 jusqu'à Grand Army Plaza, F jusqu'à 15th St-Prospect Park), conçu par les mêmes architectes que Central Park, et moins bondé.

❷ Grand Army Plaza

Grand Army Plaza (Prospect Park, Prospect Park West et Flatbush Ave ; ◷6h-24h ; 🅿 ; Ⓢ2/3 jusqu'à Grand Army Plaza, B, Q jusqu'à 7th Ave) est dominé par un bel arc de triomphe du XIXᵉ siècle. Le samedi, découvrez le marché de producteurs.

❸ Le coin des trouvailles

Le samedi, **Brooklyn Flea** (www.brooklynflea.com ; 176 Lafayette Ave, entre Clermont Ave et Vanderbilt Ave, Fort Greene ; ◷10h-17h sam avr-nov ; 🚻 ; Ⓢ G jusqu'à Clinton Ave-Washington Ave) réunit quelque 150 vendeurs. Objets anciens, vêtements vintage, en-cas appétissants : tout y est.

❹ Arts du spectacle

Danse moderne, concerts et pièces de théâtre sont proposés à la **Brooklyn Academy of Music** (BAM ; ☎718-636-4100 ; www.bam.org ; 30 Lafayette Ave, à la hauteur de Ashland Pl, Fort Greene ; Ⓢ2/3, 4/5, B, Q jusqu'à Atlantic Ave), le plus vieux centre artistique du pays. Le week-end, lors des sessions musicales gratuites, l'ambiance est à son comble.

❺ Escalade

Partez à l'assaut des "cimes" aux **Brooklyn Boulders** (www.brooklynboulders.com ; 575 Degraw St, au niveau de Third Ave, Boerum Hill ; forfait journée 25 $; ◷8h-24h ; Ⓢ R jusqu'à Union St), la plus grande salle de Brooklyn.

❻ Art local

Dans une ancienne usine, le centre d'art pluridisciplinaire **Invisible Dog** (www.theinvisibledog.org ; 51 Bergen St ; Ⓢ F, G jusqu'à Bergen St) incarne la créativité de Brooklyn – expositions au rez-de-chaussée.

❼ Dîner de luxe

Réservez une table au **Dover** (☎347-987-3545 ; www.doverbrooklyn.com ; 412 Court St, entre 1st Pl et 2nd Pl ; plats 28-40 $; ◷17h30-22h30 ; Ⓢ F, G jusqu'à Carroll St), l'une des adresses tendance, qui propose un menu dégustation de 7 plats !

❽ Dîner à petit prix

Le **Lucali** (☎718-858-4086 ; 575 Henry St, au niveau de Carroll St, Carroll Gardens ; pizza 24 $, calzone 10 $, garniture 3 $, espèces uniquement ; ◷18h-22h fermé mar ; 🚻 ; Ⓢ F, G jusqu'à Carroll St) sert d'excellentes pizzas. Il est populaire : venez à 18h, laissez votre numéro et revenez quelques heures plus tard !

❾ Fin de soirée

Terminez la soirée aux grandes tables communes du **61 Local** (www.61local.com ; 61 Bergen St, entre Smith St et Boerum Pl, Cobble Hill ; en-cas 2-5 $, sandwichs 5-10 $; ◷7h-tard lun-ven, à partir de 9h sam-dim ; 📶 ; Ⓢ F, G jusqu'à Bergen), doté d'un bon choix de bières artisanales.

100% new-yorkais
Williamsburg

À Brooklyn mais voisin du Queens, Williamsburg est le quartier bohème du moment. C'est un repaire d'étudiants, même s'il est dépourvu d'université. Jeunes artistes, écrivains, musiciens et graphistes aiment y passer du temps. Cet ancien bastion de la classe ouvrière sud-américaine est aujourd'hui un haut lieu de la vie nocturne, où l'on vient pour dîner et sortir. Même si les sites touristiques ne sont pas légion, on ne s'y ennuie jamais !

Comment y aller

Williamsburg est à moins de 8 km de Times Square.

S Métro jusqu'à Bedford ou Lorimer, J/M/Z jusqu'à Marcy Ave. Avec le train L, Williamsburg est à une station seulement de Manhattan.

❶ Musique au vert

L'**East River State Park** (www.nysparks.com/parks/155 ; Kent Ave entre 8th St et 9th St ; ☺9h-coucher du soleil ; 👪 ; 🚇L jusqu'à Bedford Ave) et ses 28 ha est le dernier lieu branché pour les fêtes en plein air et les concerts gratuits. En été, le Brooklyn Flea s'y installe aussi.

❷ La Mecque de la musique

Le magasin de disques **Rough Trade** (☎718-388-4111 ; www.roughtradenyc.com ; 64 N 9th St, entre Kent et Wythe ; ☺9h-23h lun-sam, 10h-21h dim ; 🚇L jusqu'à Bedford Ave) emploie des DJs et accueille des expositions, ainsi que des concerts en semaine. On y trouve du café et du thé de chez Five Leaves (de Brooklyn).

❸ Friperie branchée

Le **Buffalo Exchange** (504 Driggs Ave, au niveau de 9th St, Williamsburg ; ☺11h-20h lun-sam, 12h-19h dim ; 🚇L jusqu'à Bedford Ave), idéal pour s'habiller à moindre coût, vous retiendra durant des heures.

❹ Cabinet de curiosités

Situé dans une ancienne *bodega*, le **City Reliquary** (☎718-782-4842 ; www.cityreliquary.org ; 370 Metropolitan Ave près de Havemeyer St ; don ; ☺12h-18h jeu-dim ; 🚇L jusqu'à Lorimer Ave) est rempli d'objets fétiches new-yorkais : enseignes, cartes postales, jetons de métro, fragments de peinture du train L…

❺ Un verre avec le diable

Après 17h en semaine ou midi le week-end, découvrez les sombres breuvages du **Spuyten Duyvil** (www.spuytenduyvilnyc.com ; 359 Metropolitan Ave, entre Havemayer et Roebling, Williamsburg ; ☺à partir de 17h lun-ven, 12h sam-dim ; 🚇L jusqu'à Lorimer St, G jusqu'à Metropolitan Ave).

❻ Cap sur les rayonnages

La librairie préférée des habitants, **Spoonbill & Sugartown** (www.spoonbillbooks.com ; 218 Bedford Ave, au niveau de 5th St, Williamsburg ; ☺10h-22h ; 🚇L jusqu'à Bedford Ave), regorge de beaux livres, de revues culturelles, de titres rares et de publications locales.

❼ Mangez local !

Jouez de la fourchette chez **Marlow & Sons** (☎718-384-1441 ; www.marlowandsons.com ; 81 Broadway, entre Berry St et Wythe Ave ; plats déj 13-16 $, dîner 17-27 $; ☺8h-24h ; 🚇J/M/Z jusqu'à Marcy Ave. L jusqu'à Bedford Ave), où sont servis d'excellents cocktails et des spécialités locavores.

❽ Pour un verre à la cool

Maison Premiere (www.maisonpremiere.com ; 298 Bedford Ave, entre 1st St et Grand St, Williamsburg ; ☺16h-2h dim-mer, jusqu'à 4h jeu-sam ; 🚇L jusqu'à Bedford Ave) est un bar au parfum de nostalgie, connu pour ses étagères bien garnies.

❾ QG de la musique indé

Toujours populaire, le **Music Hall of Williamsburg** (www.musichallofwilliamsburg.com ; 66 N 6th St entre Wythe Ave et Kent Ave, Williamsburg ; concert 15-35 $; 🚇L jusqu'à Bedford Ave) est *l'endroit* de Brooklyn où écouter des groupes indé (de nombreux groupes en tournée ne se produisent qu'ici).

New York
selon ses envies

New York Public Library (p. 138)
SIEGFRIED LAYDA/GETTY IMAGES ©

Les plus belles balades
L'ambiance du Village

🏃 Itinéraire

De tous les quartiers de New York, West Village est celui que l'on parcourt le plus facilement à pied. Ses rues pavées rompent avec le plan en damier qui recouvre le reste de Manhattan. Une balade l'après-midi vous laissera sous le charme.

Départ Commerce St ; b1 jusqu'à Christopher St-Sheridan Sq, 1 jusqu'à Houston St

Arrivée Washington Sq Park ; bA/C/E, B/D/F/M jusqu'à W 4th St

Distance et durée 1,5 km ; 1 heure

🍴 Une petite soif ?

West Village possède d'innombrables cafés originaux (la plus forte concentration au monde, dit-on). À tout moment au cours de votre balade, faites une pause pour savourer un *latte* côté rue, en observant passer la foule bigarrée de piétons : étudiants, jeunes branchés, salariés aisés et célébrités incognito derrière des lunettes.

DENNIS K JOHNSON/GETTY IMAGES ©

Washington Square Park (p. 92)

❶ Cherry Lane Theater

La promenade démarre au **Cherry Lane Theater** (p. 107). Fondé en 1924, le petit théâtre est l'établissement "off-Broadway" (alternatif) ouvert depuis le plus longtemps sans interruption. Il fut notamment le centre de la période créative des arts du spectacle durant les années 1940.

❷ L'appartement de Friends

Tournez à gauche. Vous verrez le **90 Bedford St** à l'angle de Grove St, et reconnaîtrez peut-être l'immeuble qui hébergeait l'équipe de *Friends* (mais le Central Perk n'était qu'une invention des auteurs).

❸ Le perron de Carrie Bradshaw

Pour un autre emblème télévisuel, remontez Bleecker St et arrêtez-vous au **66 Perry St**, qui servit d'appartement à la fille la plus branchée de la ville, Carrie Bradshaw, dans *Sex and the City* (même si dans la série, elle habitait l'Upper East Side).

❹ Christopher Park

Poursuivez dans W 4th St jusqu'à **Christopher Park**, où deux statues blanches grandeur nature de couples du même sexe (*Gay Liberation,* 1992) montent la garde. Le légendaire Stonewall Inn se trouve sur le côté nord du parc ; les émeutes qui se déroulèrent ici en 1969 furent d'élément déclencheur à la lutte pour la défense des droits des homosexuels (voir aussi p. 93).

❺ Jefferson Market Library

Direction 6th Ave pour découvrir la **Jefferson Market Library**, une bibliothèque installée sur un îlot triangulaire à un grand carrefour. La flèche "Ruskinian Gothic" fut autrefois une tour de surveillance incendie et, dans les années 1870, l'édifice abrita un palais de justice.

❻ Café Wha?

Prenez un bain de foule dans 6th Ave, puis passez au **Café Wha?**, célèbre institution qui a vu débuter de nombreux jeunes musiciens et comédiens (comme Bob Dylan et Richard Pryor).

❼ Washington Square Park

Plus loin dans MacDougal St, le **Washington Square Park** (p. 92) fait office de place centrale dans le Village. On y voit défiler des étudiants, des musiciens ambulants et des manifestants s'élevant contre diverses injustices.

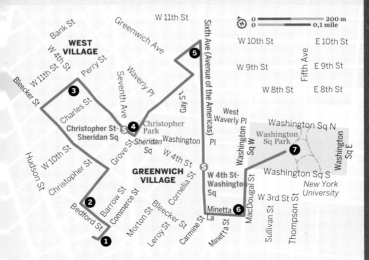

Les plus belles balades
Les édifices emblématiques

🏃 Itinéraire

Observer les lumières infinies de la ville du haut d'un gratte-ciel est une expérience immanquable pour beaucoup de visiteurs. Bien souvent pourtant, on préfère vivre un moment typiquement new-yorkais et apercevoir, en début de soirée, le haut d'un building qui pointe le bout de son nez au milieu des taxis qui klaxonnent.

Départ Cathédrale Saint-Patrick ; **S** B/D/F/M jusqu'à Rockefeller Center

Arrivée Empire State Building ; **S** N/Q/R jusqu'à Herald Square

Distance et durée 3 km ; 2 à 3 heures

🍴 Une petite faim ?

Koreatown est la grande surprise de Midtown. Si vous avez envie de cuisine fusion coréenne, rendez-vous dans 52nd St au **Danji** (p. 141), l'un des meilleurs restaurants de la ville, distingué par les guides gastronomiques.

L'Empire State Building (p. 130) depuis le Rockefeller Center (p. 136)

ALAN COPSON/GETTY IMAGES ©

❶ Cathédrale Saint-Patrick

La **St-Patrick Cathedral** (p. 139), de style néogothique, fut construite pendant la guerre de Sécession pour la somme d'environ 2 millions de dollars. C'est la plus grande cathédrale catholique d'Amérique.

❷ Rockefeller Center

Le **Rockefeller Center** (p. 136) est un superbe ensemble de gratte-ciel et de sculptures Art déco. Entre 49th St et 50th St se trouve la place principale, ornée d'une statue dorée de Prométhée. Grimpez au 70e étage du GE Building, situé juste derrière, pour une vue inoubliable depuis le point d'observation du Top of the Rock.

❸ Bank of America Tower

Avec ses 366 m, la **Bank of America Tower** (p. 137) est le troisième plus haut building de New York et, chose remarquable, l'un des plus écologiques.

❹ New York Public Library

Au croisement de 42nd St et 5th Ave se trouve cette majestueuse **bibliothèque** (p. 138), gardée par deux lions nommés Patience et Fortitude. Entrez pour admirer la spectaculaire salle de lecture.

❺ Grand Central Terminal

Le bâtiment de l'immense gare, **Grand Central Terminal** (p. 136), est un chef-d'œuvre du style Beaux-Arts. Admirez le ciel étoilé du hall principal et partagez vos petits secrets dans la Whispering Gallery.

❻ Chrysler Building

Le **Chrysler Building** (p. 136), chef-d'œuvre réalisé par William Van Alen en 1930, s'apprécie mieux de loin, mais ses aigles d'acier et surtout le somptueux hall Art déco (en accès libre), avec son décor mêlant différents marbres et des bois exotiques, valent le coup d'œil.

❼ Empire State Building

La balade dans Midtown prend fin à l'**Empire State Building** (p. 130), la star des gratte-ciel new-yorkais, visible dans de nombreux films. Il offre un superbe panorama sur Manhattan et au-delà, une vision particulièrement magique au coucher du soleil depuis la plate-forme d'observation en plein air du 86e étage.

Les plus belles balades
L'East Village nostalgique

🏃 Itinéraire

Peu de quartiers évoquent autant le New York d'autrefois que l'East Village – et ce, malgré le processus d'embourgeoisement en cours. Ses rues, qui furent pendant des décennies l'épicentre de la contre-culture, bruissent d'histoires, car l'East Village a vu naître des légendes de la scène musicale, à l'image de Patti Smith, des Ramones, de Blondie ou de Madonna. Les temps ont changé, mais l'héritage de cette époque perdure.

Départ CBGB ; **S** 6 jusqu'à Bleecker St ou F jusqu'à 2nd Ave

Arrivée Tompkins Sq Park ; **S** 6 jusqu'à Astor Pl

Distance et durée 2,5 km ; 1 heure 30

🍴 Une petite faim ?

Dans les rues en dessous de 14th St et à l'est de First Ave, d'excellents snacks donnent l'occasion d'un voyage gustatif autour du monde. Un melting-pot particulièrement emblématique de la ville.

L'ancien CBGB, où vinrent jouer les premiers groupes du punk

LONELY PLANET/LONELY PLANET IMAGES ©

❶ CBGB

Partez de l'ancien **CBGB** (315 Bowery), le fameux club fondé en 1973 qui a lancé le punk rock avec les Ramones. C'est aujourd'hui une boutique de vêtements signés John Varvatos, où les vieilles affiches et les graffitis ont été laissés en l'état.

❷ Joey Ramone Place

Au coin de la rue, **Joey Ramone Place**, qui s'étire sur un pâté de maisons, porte le nom du chanteur des Ramones, mort d'un cancer en 2001.

❸ Cooper Union

Suivez la Bowery vers le nord jusqu'à Astor Pl, tournez à droite et traversez la place vers l'est jusqu'à la **Cooper Union** où, en 1860, Abraham Lincoln, alors candidat à la présidence, prononça un discours anti-esclavagiste qui enthousiasma les New-Yorkais.

❹ St Marks Place

Continuez vers l'est sur **St Marks Place** (p. 68), où se côtoient ateliers de tatouage et gargotes qui ont peu changé depuis les années 1980. Au n°4, **Trash & Vaudeville** est un repaire gothique et punk.

❺ Fillmore East

Descendez Second Ave vers le sud jusqu'au site de **Fillmore East** (105 Second Ave), une salle de concerts de 2 000 places depuis longtemps disparue,

qui fut gérée par le producteur Bill Graham de 1968 à 1971. Dans les années 1980, l'espace a été reconverti pour accueillir le Saint, un légendaire club gay de 450 m².

❻ Sur les traces de Physical Graffiti

Allez jusqu'à First Ave (un *block* plus à l'est), prenez à gauche, rejoignez St Marks Place et tournez à droite. Vous arriverez alors à l'alignement de logements immortalisé sur la pochette de

l'album **Physical Graffiti** (96-98 St Marks Pl) de Led Zeppelin – et dans le clip de *Waiting on a Friend* (1981), des Stones.

❼ Tompkins Square Park

Terminez la balade dans le célèbre **Tompkins Square Park** (p. 70), où des drag queens lancèrent le festival d'été Wigstock sur la scène même où Jimi Hendrix joua dans les années 1960.

Envie de...
Musées

New York est la capitale culturelle des États-Unis, un paradis des arts, où les innombrables musées et galeries présentent de fabuleuses expositions. Qu'il s'agisse de sites à la réputation internationale, connus pour leurs trésors, aux minuscules expositions ultrapointues portant sur un sujet unique, souvent original, vous trouverez toujours de quoi nourrir votre esprit.

MICHELLE BENNETT/GETTY IMAGES ©

Peinture de Chuck Close, au Met, avec l'aimable autorisation de la Pace Gallery.

Organisez vos visites

La plupart des musées ferment au moins un jour par semaine, souvent le lundi, et parfois le dimanche et/ou le mardi. Beaucoup ouvrent tard au moins un soir par semaine – généralement le jeudi ou le vendredi. Gagnez du temps en achetant vos billets en ligne, à l'avance, pour les musées les plus populaires.

Galeries d'art

Chelsea accueille la plus forte concentration de galeries d'art de la ville, et leur nombre continue d'augmenter au fil des saisons. La plupart sont regroupées autour de W 20th St, entre 10th Ave et 11th Ave. Pour un guide complet avec carte, procurez-vous le magazine d'informations artistiques *Gallery Guide,* disponible gratuitement dans nombre de galeries, ou consultez le site chelseagallerymap. com. Les vernissages ont généralement lieu le jeudi soir, et les galeries ferment le dimanche et le lundi.

Gratuité

De nombreux musées sont gratuits ou moins chers une fois par mois, consultez les dates sur les sites Internet des sites concernés. Outre les vernissages des galeries (souvent le jeudi), des manifestations en libre accès ont lieu toute la semaine.

Musées d'art

MoMA Le chouchou de la ville, dont les allées foisonnent d'œuvres marquantes de l'art moderne. (p. 132)

Metropolitan Museum of Art Musée phare du continent américain, le Met possède notamment de remarquables collections d'antiquités égyptiennes ou de peintures européennes et américaines. (p. 158)

Guggenheim Museum Si les expositions sont parfois inégales, on vient aussi pour leur écrin, un magnifique édifice conçu par F. L. Wright. (p. 162)

Frick Collection Une demeure de la fin du XIXe, avec des œuvres

Chapelle Fuentiduena, Cloisters Museum & Gardens

de Vermeer, du Greco et de Goya. (p. 165)

New Museum Un temple de l'art contemporain. (p. 68)

Histoire de New York

Lower East Side Tenement Museum
Excellent aperçu de la vie d'un immigrant au XIXᵉ siècle et au début du XXᵉ siècle. (p. 69)

Merchant's House Museum
Remontez le temps dans cette demeure de style fédéral parfaitement conservée. Superbe aperçu du vieux New York. (p. 52)

Museum of the City of New York
Les détails du passé de New York abondent dans cette demeure géorgienne rénovée. (p. 167)

New York City Fire Museum
Dans une ancienne caserne, ce musée retrace l'histoire des pompiers de New York et rend hommage à ceux décédés le 11-Septembre. (p. 53)

Trésors méconnus

Morgan Library & Museum
Manuscrits, livres, dessins et peintures rares, dans la luxueuse demeure d'un magnat de l'acier. (p. 138)

Neue Galerie
Les amoureux de Klimt et de Schiele apprécieront cet espace intime, dans une ancienne résidence des Rockefeller. (p. 166)

Vaut le détour
Surplombant l'Hudson, le **Cloisters Museum & Gardens** (www.metmuseum.org/cloisters ; Fort Tryon Park ; don suggéré adulte/enfant 25 $/gratuit ; ☉10h-17h ; **S** A jusqu'à 190th St) est un curieux assemblage de cinq monastères. Construit dans les années 1930 pour accueillir les trésors médiévaux du Metropolitan Museum of Art, il est dévolu à l'art et à l'architecture de l'Europe du Moyen Âge, et comprend la superbe tapisserie, *La Chasse à la licorne* (vers 1455-1506).

Envie de...
Cuisine gastronomique

À New York, si les tendances culinaires vont et viennent, une chose est sûre : la gastronomie a le vent en poupe. Et si la culture de la haute cuisine évolue au fil du temps, le goût des habitants de s'habiller avec élégance pour aller dîner ne se dément pas. Aujourd'hui, les bonnes tables new-yorkaises sont marquées par la tendance "New American" (cuisine américaine revisitée) et la création de plats issus de nouvelles fusions : mexicano-coréens, israélo-écossais...

WALTER BIBIKOW/GETTY IMAGES ©

Réservations
Les restaurants très courus obéissent à deux règles distinctes. Soit ils requièrent une réservation, auquel cas il faut s'y prendre très tôt (des semaines, voire des mois à l'avance). Soit ils appliquent la politique du "premier arrivé, premier servi" ; il faut alors être là dès l'ouverture. Il peut y avoir des annulations de dernière minute, alors tentez votre chance en téléphonant vers 16h. Sinon, sachez que de nombreuses adresses en vogue proposent un menu fixe le midi.

Chefs célèbres
À New York, les restaurateurs sont aussi réputés que leur cuisine – sans doute faut-il en remercier la télé-réalité. Ainsi, Mario Batali a repeint la ville aux couleurs des marchés de Toscane (avec Eataly) et l'empire de Michael Chernow continue de s'étendre grâce à ses boulettes de viande...

Cuisine "New American"
Avec des plats traditionnels agrémentés d'une touche gastronomique, le mouvement "New American" allie des produits frais du marché et des ingrédients de

☑ **À savoir**

▶ Les New-Yorkais sont connus pour donner leur avis. Profitez de leurs expériences gustatives en consultant les multiples sites destinés à aider les fins gourmets. **Eater** (www.ny.eater.com), **New York Magazine** (www.nymag.com) et **Serious Eats** (www.newyork. seriouseats.com) comptent parmi nos préférés.

saison. De nombreux restaurants acclamés par les critiques proposent des recettes familiales améliorées, comme un hommage aux immigrants de New York.

Restaurants de chefs célèbres

Le Bernardin Le temple de la gastronomie à New York : le domaine du Français Éric Ripert, récompensé par trois étoiles au Michelin. (p. 141)

Red Rooster À Harlem, Marcus Samuelsson réinvente la copieuse cuisine du Sud. (p. 197)

Dutch Des huîtres aux tartes maison, la cuisine gourmande d'Andrew Carmellini met à l'honneur les produits de la mer ou de la terre, sans discrimination. (p. 55)

Épiceries fines

Eataly La magnifique épicerie rend hommage aux marchés animés d'Italie. (p. 124)

Zabar's Une fameuse épicerie pour les gourmets de l'Upper West Side. (p. 186)

Dean & DeLuca Épicerie haut de gamme de Soho, riche en produits et en pâtisseries gourmandes. (p. 49)

Tendances du moment

Betony La fantaisie est au rendez-vous dans

Produits frais, Eataly (p. 124)

cette adresse branchée de Midtown. (p. 141)

Saxon + Parole Bons petits plats revisités entre Soho et Nolita. (p. 55)

Danji Des "tapas coréennes" créatives, par une jeune star de la scène culinaire. (p. 141)

Vaut le détour

Des restaurants de Brooklyn attirent même les inconditionnels de Manhattan ! Essayez le **Battersby** (☎718-852-8321 ; 255 Smith St, entre Douglass St et Degraw St ; plats 16-34 $, menu dégustation 75-95 $; ⏱17h30-23h ; **S** F, G jusqu'à Bergen St) au dîner ou le **Roberta's** (www. robertaspizza.com ; 261 Moore St, près de Bogart St, Bushwick ; pizzas 9-17 $, plats 13-28 $; ⏱11h-minuit ; **S** Ljusqu'àMorgan Ave), plus branché.

PETER PTSCHELINZEW/GETTY IMAGES

Envie de...
Cuisine locale

Puisant son inspiration dans les cuisines du monde entier ou, au contraire, 100% locale, l'offre de restauration à New York semble infinie. Elle reflète la mosaïque culturelle de la ville et les origines de ses habitants. Alors, allez-y, croquez dans la Grosse Pomme, vous ne le regretterez pas !

Marché, ô mon marché

Ne vous y trompez pas : malgré tout le béton, la nature est bien présente à New York. En haut de la liste figure le Chelsea Market (p. 92), riche en adresses gourmandes variées – magasins (pour préparer un pique-nique) et stands de restauration (pour manger sur place). L'Union Square Greenmarket (p. 124), qui fonctionne 4 jours par semaine toute l'année, mérite aussi le détour. La liste des quelque cinquante marchés de la ville est disponible sur le site de Grow NYC (www.grownyc.org/greenmarket).

Food trucks et vendeurs ambulants

Oubliez les vendeurs de bagels et de hots dogs ! Désormais, un nouveau genre de restauration sur roues propose des plats de qualité et une cuisine fusion unique. Les *food trucks*, qui empruntent divers itinéraires, s'arrêtent à des emplacements réservés à travers la ville, notamment vers Union Sq, et dans Midtown et le Financial District. Pour localiser un marchand, suivez ses pérégrinations sur Twitter. **Cinnamon Snail Vegan Lunch Truck** (www.twitter.com/VeganLunchTruck), **Kimchi Taco** (www.twitter.com/kimchitruck), **Red Hook Lobster Pound** (twitter.com/lobstertruckny), **Calexico Cart** (www.twitter.com/calexiconyc) et **Big Gay Ice Cream** (www.twitter.com/biggayicecream) sont parmi nos favoris.

☑ **À savoir**

▶ Vous pouvez réserver dans certains restaurants de la ville à l'aide d'**Open Table** (www.opentable.com).

Le New York old school

Katz's Delicatessen
Le traditionnel pastrami sur pain de seigle est un incontournable de cette épicerie-traiteur adorée des touristes. (p. 73)

Zabar's Ses bonnes odeurs de *knishes* (chaussons farcis à la pomme de terre) emplissent l'air dans l'Upper West Side. (p. 186)

William Greenberg Desserts Pour de délicieuses gourmandises juives : l'*hamantaschen* (à découvrir !) et les

Épices au Chelsea Market (p. 92)

meilleurs *black-and-white cookies* (cookies moelleux vanille-chocolat). (p. 170)

Végétariens

Hangawi Saveurs coréennes raffinées dans une oasis zen, à Midtown. (p. 141)

Candle Cafe Les végétaliens aisés se retrouvent ici, dans l'Upper East Side. (p. 170)

Angelica Kitchen Créativité et fraîcheur résument cette institution de l'East Village. (p. 74)

Peacefood Cafe Un havre végétalien de l'Upper West Side. (p. 188)

Sur le pouce

Chelsea Market Une terre promise pour les gastronomes. (p. 92)

Ess-a-Bagel Bagels savoureux et ambiance 100% new-yorkaise dans cette adresse old school de Manhattan. (p. 118)

Shake Shack La rencontre des classiques américains et des produits de qualité, dans l'empire des burgers de Danny Meyer. (p. 120)

Gray's Papaya Des saucisses de Francfort à la new-yorkaise : un en-cas de choix entre deux visites ! (p. 188)

Joe's Pizza Cette institution de Greenwich Village a des inconditionnels dans toute la ville. (p. 100)

El Margon Une clientèle d'habitués joue des coudes pour déguster les sandwichs cubains de cette enseigne rétro de Midtown. (p. 144)

Vaut le détour

Toutes les cuisines du monde sont représentées dans le Queens, des nouilles chinoises de Flushing – essayez **Hunan Kitchen of Grand Sichuan** (42-47 Main St, Flushing ; plats 9,50-23 $; 11h-0h30 ; S 7 jusqu'à Flushing-Main St) – aux saveurs grecques d'Astoria – cap cette fois sur la **Taverna Kyclades** (718-545-8666 ; www. tavernakyclades.com ; 33-07 Ditmars Blvd, au niveau de 33rd St, Astoria ; plats 11,50-35 $; 12h-minuit lun-sam, jusqu'à 22h dim ; S N/Q jusqu'à Astoria-Ditmars Blvd).

Envie de...
Bars et cafés

Le nom de "Manhattan" proviendrait du mot munsee *manahactanienk* ("lieu d'enivrement général"), il n'est donc pas étonnant que New York fasse honneur à son surnom de "ville qui ne dort jamais". En effet, une vingtaine d'années après la fondation de la ville, plus d'un quart des constructions de la Nouvelle-Amsterdam étaient des tavernes. Les temps n'ont guère changé.

JENA CUMBO/GETTY IMAGES ©

La Prohibition toujours dans le vent

Sur le territoire où est né le "cocktail", ces breuvages sont toujours préparés avec solennité. Le contenu des verres traduit souvent l'obsession new-yorkaise pour les vieilles recettes et l'époque de la Prohibition – un goût qui ne s'émousse pas.

Bières artisanales

Le secteur de la bière artisanale se distingue par son dynamisme. Un nombre croissant de brasseries, de bars et de boutiques proposent des marques locales. Brooklyn Brewery, Sixpoint et SingleCut Beersmiths comptent parmi les meilleures.

Café

Le boom des torréfacteurs initie une autre métamorphose. Les habitants se familiarisent avec les cafés d'origine unique et les techniques d'infusion, et de nombreux professionnels proposent des cours. Beaucoup sont originaires de villes possédant une vraie culture du café. C'est notamment le cas de Stumptown (de Portland), de Bluebottle (de Bay Area) et de Toby's Estate (de Sydney). L'influence des Antipodes est particulièrement perceptible : les cafés et les torréfacteurs revendiquent de plus en plus souvent des racines australiennes.

Cocktails

Dead Rabbit Cocktails, punchs et *pop-inns* dans un espace cosy du Financial District. (p. 40)

Weather Up Le rendez-vous des barmen à Tribeca. (p. 41)

Little Branch Retour à l'époque de la Prohibition : dans un sous-sol, des barmen à bretelles préparent avec soin des cocktails. (p. 101)

Maison Premiere À Williamsburg, un bar aux allures de laboratoire regorgeant de sirops et d'essences, agencés par de savants *bartenders*. (p. 201)

Vin

Gramercy Tavern Des crus d'exception et des

Spuyten Duyvil (p. 201)

surprises plus abordables dans un bar/restaurant gastronomique. (p. 119)

Barcibo Enoteca
Un temple des vins italiens, près du Lincoln Center. (p. 190)

Bière

Keg No 229 Un vaste choix de bières américaines de qualité. (p. 42)

Birreria Des *ales* de Manhattan, non filtrées et non pasteurisées, sur le toit du Flatiron. (p. 122)

Proletariat Un minuscule bar de l'East Village, servant des bières très originales. (p. 78)

Spuyten Duyvil
D'incroyables bières artisanales, dans un

repaire branché de Williamsburg. (p. 201)

Alcools forts

Brandy Library Cognacs et autres alcools de luxe pour connaisseurs, à Tribeca. (p. 41)

Rum House Rhums réputés et piano en fond sonore, à Midtown. (p. 144)

Mayahuel Un temple du mezcal et de la tequila dans l'East Village. (p. 78)

Dead Rabbit La plus belle sélection de whiskies de la ville, dans le Financial District. (p. 40)

Café

Stumptown Coffee Roasters Des *baristas* branchés, au service

du torréfacteur chouchou de Portland (Joe). (p. 145)

Little Collins Le café australien à Midtown East. (p. 145)

Toby's Estate Une autre star des Antipodes, aux mélanges forts et complexes, dans le Flatiron District. (p. 122)

Abraço Un expresso d'experts, dans un minuscule café de l'East Village. (p. 76)

Kaffe 1668 Amateurs en tout genre viennent à Tribeca savourer de bons cafés. (p. 40)

Via Quadronno
Dans l'Upper East Side, ce repaire pour dames à l'heure du déjeuner sert d'excellents sandwichs et n'a pas à rougir de son café. (p. 170)

Envie de...
Spectacles et concerts

Si Hollywood est peut-être roi en matière de cinéma, New York règne en maître sur tous les autres arts. Acteurs, musiciens ou danseurs affluent vers les projecteurs de Broadway ou de Chelsea tels des papillons de nuit vers la lumière.

Humour
Rien de plus simple que de passer un moment de franche rigolade à New York, car les comédiens y perfectionnent leur one-man-show en espérant être repérés par un producteur ou un agent. Chelsea et Greenwich Village accueillent les meilleurs spectacles comiques.

Danse
Les amateurs de danse ont l'embarras du choix dans cette ville qui accueille le New York City Ballet (p. 191) et l'American Ballet Theatre (p. 192), ainsi que le Joyce Theater (p. 108) – pour la danse moderne. Les deux saisons principales se déroulent au printemps (mars-mai) et à la fin de l'automne (octobre-décembre).

Concerts
Pour connaître la programmation du moment, consultez **New York Magazine** (www.nymag.com) et le **Village Voice** (www.villagevoice.com).

Théâtre
Des usines à succès de Broadway (Midtown) aux théâtres minimalistes qui parsèment de nombreux quartiers du centre, New York offre un choix complet d'expériences théâtrales. Le terme "off-Broadway" désigne des théâtres plus petits, dont les productions ont un budget moins extravagant.

GRANT FAINT/GETTY IMAGES ©

☑ À savoir

▶ Des églises (avec une acoustique de rêve !) et de petites salles de spectacles accueillent des concerts de musique classique à prix réduit.

Spectacles de Broadway

Book of Mormon
Une comédie musicale appréciée pour son esprit, son charme et son interprétation impeccable. (p. 148)

Kinky Boots
Amusant, joli et revigorant. (p. 148)

Chicago
Bob Fosse – chorégraphe de la production originale – donne le tempo et les filles font leur show, façon cabaret. (p. 149)

Lincoln Center (p. 184 et p. 191)

Théâtre (hors Broadway)

Playwrights Horizons Vous risquez d'y voir le prochain grand succès de New York. (p. 149)

Signature Theatre Ce centre pour les metteurs en scène présente le travail des auteurs en résidence. (p. 148)

Flea Theater L'une des meilleures compagnies new-yorkaises "off-off-Broadway" (petites pièces) s'y produit régulièrement. (p. 43)

Lincoln Center Le centre culturel de l'Upper West Side. (p. 184 et p. 191)

Brooklyn Academy of Music Cette vénérable salle accueille des œuvres avant-gardistes à Brooklyn. (p. 199)

Humour

Upright Citizens Brigade Theatre Le meilleur de l'improvisation par des comédiens qui finissent souvent par passer dans le *Saturday Night Live*. (p. 105)

Comedy Cellar Des comiques célèbres se produisent dans ce club en sous-sol. (p. 106)

Films

Angelika Film Center Centre au charme désuet (grondement du métro et bande-son parfois mauvaise) avec quantité de films indépendants et étrangers. (p. 107)

Film Society of Lincoln Center Ce petit bijou cinématographique offre un vaste et précieux choix de films. (p. 191)

Museum of Modern Art Le MoMA, à Midtown, projette des films classiques et expérimentaux. (p. 132)

Jazz

Village Vanguard L'âme du Village, haut lieu du jazz depuis plus de 50 ans. (p. 106)

Jazz at Lincoln Center Des musiciens talentueux se produisent dans les trois excellentes salles, dont le Dizzy's Club Coca-Cola. (p. 147)

Blue Note Célèbre dans le monde entier. (p. 106)

Birdland Cette institution de Midtown, baptisée en l'honneur de Charlie "Bird" Parker, accueille toujours des grands noms du jazz. (p. 150)

Envie de...
Sorties

Des *lounges* branchés, ouverts toute la nuit et dissimulés derrière la devanture d'un petit restaurant, des clubs immenses rythmés par les DJs, des "after d'after" sur les toits au lever du soleil... Tout un univers, ignoré par les visiteurs non initiés, accueille les noctambules avertis.

DIVERSE IMAGES/GETTY IMAGES ©

Tout sur les clubs

Le goût des New-Yorkais pour la nouveauté explique l'évolution rapide du paysage nocturne. Des opérations promotionnelles sont organisées chaque semaine dans les meilleures adresses, et lorsqu'il n'y a rien au programme, les noctambules se retrouvent sur les pistes de danse. La nuit, un peu d'organisation ne nuit pas. Avoir son nom sur une *guest list* permet d'éviter bien des déceptions. Si vous ne faites pas partie des habitués, soignez votre look. Si vous êtes lassé de faire la queue pour une "soirée privée", dites que vous avez été entraîné dehors ! Prenez des espèces, car de nombreux établissements (même les plus chics) refusent la carte bancaire et les frais des DAB sur place sont très élevés.

Palmarès

Cielo DJs talentueux et fans de *dance* dans cette légende du Meatpacking District. (p. 105)

Le Bain (Standard)
Vue sur la *skyline* et piscine sur la piste de danse, en haut du Standard Hotel. Clientèle exigeante. (p. 102)

Top of the Standard
Vous avez pu entrer au Bain ? Tentez votre chance juste à côté, dans cette adresse sélect, fréquentée par les photographes de *Vogue* et les fashionistas. (p. 102)

☑ À savoir

Pour mieux vous repérer dans cette scène mouvante, de nombreux sites donnent les tendances du moment.

▶ **New York Magazine** (www.nymag.com/nightlife). Sélection de sorties nocturnes choisies par des experts.

▶ **Urbandaddy** (www.urbandaddy.com). Dernières nouvelles et adresses tendance.

▶ **Time Out** (www.timeout.com/newyork/clubs-nightlife). Articles et bonnes adresses pour savoir où faire la fête.

Envie de...
Festivals

Il se passe toujours quelque chose à New York, qu'il s'agisse de festivals artistiques ou de simples manifestations, parades et fêtes de quartier le week-end.

JOE DRIVAS/GETTY IMAGES ©

Mercedes Benz Fashion Week (www.mbfashionweek. com). La ville est comme électrisée pendant les défilés de mode de février (fermés au public).

Défilé de la St Patrick (☎718-793-1600 ; www. nycstpatricksparade.org). Le 17 mars, il y a foule dans Fifth Ave pour voir défiler les joueurs de cornemuse, les chars et les personnalités politiques irlandophiles.

Tribeca Film Festival (☎212-941-2400 ; www. tribecafilm.com ; ⊙fin avr/ début mai). Ce festival initié par Robert De Niro s'est imposé dans l'univers du cinéma indépendant.

NYC Pride (☎212-807-7433 ; www.nycpride.org ; ⊙juin). La Gay Pride se termine par un immense défilé sur Fifth Ave le dernier dimanche de juin.

HBO Bryant Park Summer Film Festival (www.bryantpark.org). Projections en plein air ce classiques hollywoodiens, chaque semaine de juin à août à Midtown.

Independence Day L'indépendance des États-Unis, le 4 juillet, est célébrée avec force feux d'artifice et fanfares.

Shakespeare in the Park (www.shakespeareinthepark. org). Hommage au dramaturge, avec des spectacles gratuits dans Central Park. Vous devrez patienter longtemps pour obtenir des billets ou bien les gagner à la loterie en ligne.

Open House New York (www.ohny.org). La plus grande manifestation d'architecture et de design du pays se tient début octobre. Programme varié : visites guidées par des architectes, etc.

Défilé de Thanksgiving (www.macys.com). Sous un ciel de ballons gonflés à l'hélium, des fanfares de lycées célèbrent Thanksgiving sur les quelque 4 km de la fameuse parade.

Marathon (www. nycmarathon.org). Durant la première semaine de novembre, la course attire des milliers d'athlètes et tout autant de spectateurs enthousiastes.

Sapin de Noël du Rockefeller Center (www.rockefellercenter. com). Illumination du gigantesque sapin du Rockefeller Center, paré de plus de 25 000 lumières.

Réveillon du Nouvel An (www.timessquarenyc.org/ nye). Times Square est le meilleur endroit pour fêter le Nouvel An.

Envie de...
New York
avec des enfants

New York ne manque pas d'attraits pour les plus jeunes, à commencer par les aires de jeux originales et les parcs. Si le zoo de Central Park, l'American Museum of Natural History et le New York City Fire Museum sont de bons points de départ, la liste des possibilités est longue : chevaux de bois, spectacles de marionnettes, festins sur les marchés ou trajets en tram au-dessus de l'East River...

BARRY WINKLER/GETTY IMAGES ©

Au restaurant avec des enfants

Les restaurants des endroits les plus touristiques sont prêts à sortir une chaise haute et un menu enfant à tout moment. Mais, souvent, les établissements sont petits... Or, dîner dans un restaurant très couru, qui ne prend pas de réservation, peut vite tourner à l'aventure effrayante avec des enfants. Les New-Yorkais dînent généralement entre 19h30 et 21h30 – manger plus tôt peut vous épargner un peu de stress. Par beau temps, nous vous recommandons d'acheter de quoi pique-niquer dans l'une des excellentes épiceries de la ville et de vous offrir un déjeuner sur l'herbe à Central Park ou dans tout autre espace vert.

Interdit aux parents

Si vous partez à l'assaut de Big Apple avec des enfants, consultez le programme en ligne sur les sites **Time Out New York Kids** (www.timeout.com/new-york-kids) et **Mommy Poppins** (www.mommypoppins.com). Pour une plongée dans New York, procurez-vous *Interdit aux parents : New York* de Lonely Planet, spécialement conçu pour les enfants à partir de 8 ans. Vous y lirez plusieurs histoires intéressantes sur la population, les lieux, l'histoire et la culture de la ville.

Musées

American Museum of Natural History Des dinosaures, des papillons, un planétarium et des films IMAX. (p. 184)

Metropolitan Museum of Art Un amusant voyage dans le temps pour les plus jeunes. N'oubliez pas l'aile égyptienne. (p. 158)

New York City Fire Museum Vieilles voitures à cheval de pompiers, étonnants uniformes anciens et accueil sympathique : une valeur sûre pour les petits curieux. (p. 53)

Shopping

FAO Schwartz L'atelier du père Noël au beau milieu de Midtown. (p. 153)

Brooklyn Bridge Park (p. 29)

Yoyamart Des cadeaux mémorables pour les enfants et une expérience shopping bien plus intéressante pour leurs parents. (p. 111)

Dinosaur Hill Un petit magasin de jouets à l'ancienne : marionnettes de théâtre d'ombres, coffrets de calligraphie, vêtements en fibre naturelle pour les bébés... (p. 81)

Parcs et aires de jeux

Central Park Prenez une barque, visitez le zoo, allez saluer la statue d'Alice au pays des merveilles, puis rejoignez l'aire de jeux de Heckscher – la meilleure et la plus grande. (p. 178)

High Line Au programme de la coulée verte new-yorkaise : stands de restauration, points d'eau, belle vue et manifestations pour les familles par beau temps – lectures, ateliers scientifiques ou d'artisanat, etc. (p. 86)

Hudson River Park Minigolf près de Moore St (Tribeca), aire de jeux amusante non loin de West St (West Village), carrousel en retrait de W 22nd St, jeux d'eau au niveau de W 23rd et 11th Ave, et espace ludique sur le thème des sciences vers W 44th St. (p. 36)

Prospect Park À Brooklyn, ce parc de 235 ha a bien des attraits, avec notamment un zoo, des jeux d'autrefois à la Lefferts Historic House

et une nouvelle patinoire qui se transforme en parc aquatique en été. (p. 199)

Brooklyn Bridge Park En été, cap sur le parc aquatique de Pier 6 (maillot de bain de r gueur), avant de rejoindre, plus au nord, les pentes herbeuses de Pier 1 et le Jane's Carousel. (p. 29)

Carrousels

Bryant Park Tout près de ⁻imes Sq et de la New York Public Library, le carrousel de Bryant Park est un manège ancien bercé par des airs de cabaret français. (p. 139)

Central Park Au niveau de 64th St, au cœur de Central Park, se trouve un carrousel de 1908 aux chevaux colorés. (p. 178)

Envie de...
Shopping

Depuis *Diamants sur canapé* et *Sex and the City*, New York est irrémédiablement associé aux bijoux et aux marques de créateurs, une image que les New-Yorkais assument pleinement. Si la Grosse Pomme n'est pas la capitale mondiale de la mode ou de la technologie, elle reste l'un des meilleurs endroits de la planète pour s'adonner sans compter au shopping.

SILVIA OTTE/GETTY IMAGES ©

Les *sample sales*

Si les soldes classiques ont habituellement lieu aux changements de saisons, des *sample sales* (soldes de modèles) se déroulent régulièrement, principalement dans les grands entrepôts du Fashion District (quartier de la mode) de Midtown ou de Soho. Conçus à l'origine pour que les couturiers se débarrassent de prototypes jugés insatisfaisants, les *sample sales* sont aujourd'hui l'occasion pour les grandes marques d'écouler leurs invendus à prix cassés.

Marchés aux puces et friperies vintage

Même si les New-Yorkais sont attirés par tout ce qui brille, il peut être amusant de fouiller dans les rayons des friperies et des dépôts-ventes. Le Brooklyn Flea (p. 199), qui change d'adresse tout au long de l'année, est le marché aux puces le plus populaire de la ville. L'East Village est le quartier par excellence pour les boutiques d'occasion prisées des branchés. Pour des meubles et objets anciens – disques, œuvres d'art, livres, jouets... –, ne manquez pas le gigantesque Antiques Garage Flea Market (p. 110), organisé le week-end à Chelsea.

Grands magasins

Barneys Les marques parfaitement bien présentées attirent les vraies fashionistas new-yorkaises. (p. 151)

Bergdorf Goodman Marques de luxe et superbes vitrines de Noël. Les dames s'y retrouvent pour le déjeuner. (p. 152)

Bloomingdale's Un musée dans l'univers de la mode. (p. 152)

Saks Fifth Ave Un espace de chaussures si vaste qu'il a son propre code postal ! (p. 153)

Century 21 Le royaume des vêtements et des baskets à prix cassés – entre autres trésors. (p. 43)

Mode

Rag & Bone Cette marque locale mixte

Barneys (p. 151)

et très courue se distingue par des coupes impeccables et un côté vintage. (p. 60)

Steven Alan Superbes vêtements et accessoires pour homme et femme, de New York ou d'ailleurs. (p. 44)

John Varvatos Vêtements homme haut de gamme, au chic très rock dans l'ancien CBGB. (p. 82)

Personnel of New York Cette petite boutique distribue des marques pour connaisseurs (homme et femme), des côtes ouest et est, et d'au-delà. (p. 109)

Souvenirs et cadeaux uniques

MoMA Design & Book Store Mine de jolis souvenirs, le magasin du MoMA est aussi bien présenté que le musée. (p. 152)

Philip Williams Posters D'innombrables affiches originales, de toutes formes et tailles. (p. 44)

Obscura Antiques Un antre pour les amateurs d'objets anciens ou macabres – vieux flacons de poison, animaux empaillés, etc. (p. 81)

MiN New York Des parfums et produits de beauté rares, dans une sorte de boutique d'apothicaire. (p. 49)

Shinola Un magasin ultrabranché d'articles de créateurs *made in America*, des sacs customisés aux montres. (p. 43)

Kiosk Une collection originale d'objets artisanaux du monde entier. (p. 61)

Librairies

McNally Jackson Une librairie indépendante, riche de nombreux ouvrages. (p. 49)

Strand Book Store La librairie préférée des New-Yorkais, avec plus de 30 km de rayonnages. (p. 109)

Printed Matter Magazines en édition limitée et monographies. Une véritable galerie d'art. (p. 110)

Drama Book Shop Une librairie spécialisée dans les pièces et les comédies musicales, à l'ombre de Broadway. (p. 154)

Envie de...
Activités gratuites

Des pièces, projections de films et concerts gratuits aux soirées particulières dans les musées où la participation est libre, les possibilités ne manquent pas pour profiter de la ville sans bourse délier, ou presque. Parfois, les meilleures choses n'ont *vraiment* pas de prix !

WIDSTOCK/GETTY IMAGES ©

Ferry de Staten Island Le ferry gratuit pour Staten Island offre un magnifique panorama sur la pointe sud de Manhattan. (p. 32)

Galeries de Chelsea Plus de 300 galeries sont ouvertes au public autour de W 20th St à Manhattan. (p. 88)

New Museum Son architecture d'un blanc immaculé héberge une importante collection d'art contemporain en libre accès le jeudi après 19h. (p. 68)

Central Park Merveille de plusieurs hectares bordée d'arbres, le jardin géant de New York s'offre à vous : jogging, détente sur la pelouse ou observation des écureuils... (p. 178)

High Line Bel exemple de rénovation urbaine

(la première dans la ville au cours de ces dix dernières années), cette coulée verte est idéale pour se balader et observer l'horizon. (p. 86)

New York Public Library Ce chef-d'œuvre de style Beaux-Arts (également appelé Stephen A. Schwarzman Building) mérite la visite pour son architecture somptueuse, son fonds extraordinaire et ses expositions gratuites. (p. 138)

MoMA Entrée libre le vendredi de 16h à 20h au formidable Museum of Modern Art (longue file d'attente).(p. 132)

National September 11 Memorial Inauguré en 2014, le mémorial rend hommage aux victimes des attentats de 2001, dont les noms

figurent sur le rebord des bassins-miroirs, alimentés par des ruissellements d'eau permanents (p. 26)

Neue Galerie L'élégante Neue est gratuite de 18h à 20h le premier vendredi du mois. Cette perle peu connue de l'Upper East Side mérite le détour. (p. 166)

Studio Museum in Harlem Au cœur des racines afro-américaines de la ville, ce musée est gratuit le dimanche. (p. 197)

National Museum of the American Indian Les superbes textiles, objets et œuvres d'art nous livrent un témoignage poignant des cultures amérindiennes dans ce joyau (gratuit) de Lower Manhattan. (p. 32)

Envie de...
Scène gay et lesbienne

Dotés d'un fort pouvoir d'achat, les gays semblent régner sur la ville, du milieu de la mode aux grands labels musicaux, en passant par Wall Street. Et maintenant que le mariage homosexuel est (enfin) légal, l'amour entre personnes du même sexe n'a jamais été aussi "in" !

MICHAEL MARQUAND/GETTY IMAGES ©

Des soirées en semaine

À New York, n'importe quel soir est prétexte pour faire la fête – en particulier pour la communauté homosexuelle. Les mercredi et jeudi résonnent aux rythmes des soirées et les habitants se reposent le dimanche (surtout l'été).

Demandez le programme

De nombreux sites Web sont consacrés à la communauté gay new-yorkaise. Pour ne rien rater, consultez le **Next Magazine** (www.nextmagazine.com) ou **Get Out!** (getoutmag.com).

Homophobie

L'année 2013 a été marquée par une recrudescence des attaques (physiques ou verbales) et crimes homophobes ; un jeune homme a même été abattu à Greenwich Village. Aussi, même si New York reste l'une des villes les plus gays du monde, soyez vigilant, surtout en sortant d'un bar ou d'un club le soir.

Classique gay

Marie's Crisis Un ancien lupanar reconverti en piano-bar dans le West Village. (p. 108)

Julius Bar Vieille adresse gay du Village, visible dans le film *Boys in the Band*. (p. 104)

Pour les Dancing Queens

XL Nightclub Un grand *dance club* fréquenté par des garçons musclés, dans Hell's Kitchen. (p. 147)

Industry Au fil de la soirée, ce chouchou de Hell's Kitchen passe d'un espace lounge animé à un immense club. (p. 145)

En semaine

Therapy Les concerts et spectacles de drag queens viennent pimenter les soirs de semaine dans ce club de Hell's Kitchen. (p. 146)

Boxers NYC De la sortie du bureau jusqu'à une heure avancée, on ne fait pas que parler de sport dans ce bar sportif. (p. 123)

Eastern Bloc Dans un cadre évoquant l'ex-URSS, les hommes échangent des regards tout en commandant des cocktails. (p. 78)

Envie de...
Architecture

L'histoire de l'architecture de New York se lit à ciel ouvert. Idées et styles alternent au fil des rues. De gracieux édifices de style fédéral des années 1780-1830 côtoient des palais de style Beaux-Arts (ou néoclassique) du début du XXᵉ siècle. S'y ajoutent les courants dits Revival ("néo"), qu'ils soient grec, gothique, roman ou Renaissance, et les formes épurées du style international des décennies 1930-1970. Depuis lors, le mouvement déconstructiviste a apporté sa touche, faisant de New York le paradis des amateurs d'architecture.

RAINER GROSSKOPF/GETTY IMAGES ©

La ville des gratte-ciel

Une fois New York installée dans le XXᵉ siècle, les ascenseurs et les édifices en acier lui permirent de grandir, au sens propre. Cette période voit l'émergence des gratte-ciel, à commencer par le Flatiron Building (1902), haut de 20 étages, ou le néogothique Woolworth Building de Cass Gilbert (1913), avec ses 57 étages. En 1930, le Chrysler Building, chef-d'œuvre Art déco de 77 étages conçu par William Van Alen, devient le plus haut bâtiment au monde. L'année suivante, le record est battu par l'Empire State Building, monolithe Art déco aux lignes pures, taillées dans du calcaire de l'Indiana. Sa flèche devait servir de mât d'amarrage pour les dirigeables – un projet qui s'avéra irréalisable.

Terrain de jeu des "starchitectes"

Le paysage hétérogène de la ville se prête aux esquisses des "starchitectes". L'édifice en spirale de Frank O. Gehry pour le Guggenheim, les boîtes blanches du cabinet SANAA pour le New Museum et la façade emblématique de Renzo Piano pour le New York Times Building émergent ainsi entre les tours de verre et les bâtiments de brique.

Gratte-ciel

Empire State Building
Tel un bon morceau de jazz, ce gratte-ciel de l'époque de la Grande Dépression n'a pas pris une ride. (p. 130)

Chrysler Building Le gratte-ciel le plus élégant de Manhattan. (p. 136)

Flatiron Building Le premier gratte-ciel de New York, dont la forme atypique et la façade de brique ouvragé ont été immortalisées par le photographe Alfred Stieglitz dès 1903. (p. 115)

One World Trade Center Le 1 WTC, un monolithe effilé, conçu par l'architecte David M. Childs, est le plus haut édifice d'Amérique, avec ses 541 m. (p. 27)

Brooklyn Bridge (p. 28)

Lieux de culte

St-Patrick Cathedral
Merveille néogothique
et plus grande cathédrale
catholique des États-Unis.
(p. 139)

Grace Church Après
une rénovation réussie,
c'est désormais l'une
des églises les plus
charmantes de la
ville, dotée de flèches
et d'ornementations
sculptées. (p. 94)

Trinity Church Les
magnifiques vitraux
mettent en valeur cette
église de la Trinité. Entrez
dans son cimetière
où reposent des
personnalités. (p. 35)

Temple Emanu-el
Dans l'Upper East Side,
imposante synagogue de
style roman, dotée d'un
plafond peint en or. (p. 167)

Style Beaux-Arts

Grand Central Terminal
Couronnée par la
plus grande sculpture
monumentale du pays,
The Glory of Commerce,
cette ode romantique
aux voyages ferroviaires
renferme un hall digne
d'une salle de bal, doté
d'un plafond reproduisant
la voûte céleste. (p. 136)

New York Public Library
Un joyau de Midtown
en marbre du Vermont.
(p. 138)

Autres édifices

**Whitney Museum
of American Art** L'un
des bâtiments illustre
le brutalisme à son
paroxysme : la structure
en escalier renversé de
Marcel Breuer (1966) est

d'une sobriété froide
et austère. (p. 165)

New Museum Conçu par
les architectes japonais
de SANAA, le New
Museum est formé par
un empilement de cubes
et serti d'une résille
d'aluminium. (p. 68)

Guggenheim Museum
Cet édifice en spirale
de Frank Lloyd Wright
est aussi emblématique
de New York que
la statue de la Liberté,
les taxis jaunes et
le Chrysler Building.
(p. 162)

Brooklyn Bridge
Ce joyau néogothique,
qui apparaît dans
d'innombrables films
et séries télévisées,
est le plus bel ouvrage
du genre dans le monde.
(p. 28)

Envie de...
Sports et activités

Les New-Yorkais aiment rester actifs pendant leur temps libre. Les espaces verts étant assez limités, certains visiteurs sont surpris de découvrir des habitants si sportifs.

ALESSANDRO RIZZI/GETTY IMAGES ©

Course à pied et vélo

Dans Central Park, la piste de 2,5 km autour du Réservoir Jacqueline Kennedy Onassis est dédiée aux coureurs et aux marcheurs. D'autres itinéraires bordent l'Hudson, dans Lower Manhattan, ou FDR Dr et l'East River, dans l'Upper East Side. La ville a créé plus de 320 km de voies cyclables depuis 2009, mais les débutants devraient se limiter aux sentiers peu fréquentés.

Sports d'intérieur

Les studios de yoga et de pilates sont nombreux. Pour vous y rendre, tentez d'obtenir un pass gratuit auprès de l'un des studios.

Assister à un match

New York Yankees
(☎718-293-6000, billets 877-469-9849 ; www.yankees.com ; Yankee Stadium, E 161st St, à la hauteur de River Ave, Bronx ; billets 20-300 \$; Ⓢ B/D, 4 jusqu'à 161st St-Yankee Stadium). Pour voir les fans de base-ball en délire, dans le Queens.

New York Mets (☎718-507-8499 ; www.mets.com ; Citi Field, 123-01 Roosevelt Ave, Flushing ; places 19-130 \$; Ⓢ 7 jusqu'à Mets-Willets Pt). L'autre équipe de base-ball chérie de la ville.

New York Knicks (www.nyknicks.com ; Madison Sq Garden, Seventh Ave, entre 31st St et 33rd St, Midtown West ; places à partir de 109 \$; Ⓢ A/C/E, 1/2/3 jusqu'à 34th St-Penn Station). Équipe de basket basée au Madison Sq Garden.

New Jersey Devils (☎973-757-6200, billetterie 800-745-3000 ; www.newjerseydevils.com ; Prudential Center,

☑ À savoir

▶ Les équipes vendent des places sur **Ticketmaster** (☎800-448-7849, 800-745-3000 ; www.ticketmaster.com) ou **StubHub** (☎866-788-2482 ; www.stubhub.com) .

165 Mulberry St, Newark, NJ ; ℝ NJ Transit ou PATH jusqu'à Newark Penn Station). Du hockey, dans le New Jersey.

New York Giants (☎201-935-8222 ; www.giants.com ; Meadowlands Stadium, Meadowlands Sports Complex, East Rutherford, NJ ; 🚌 351 de Port Authority, ℝ NJ Transit de Penn Station jusqu'à Meadowlands). L'une des équipes de football US les plus anciennes. Dans le New Jersey.

Envie de...
Parcs

New York abrite de nombreux parcs, jardins et places. Les grands parcs se prêtent aux balades et aux séances de bronzage avec leurs nombreuses places où s'asseoir, leurs kiosques et leurs cafés. Rencontres fortuites, moments d'émerveillement et de surprise ont surtout lieu sur les petites places.

GRAHAM CROUCH/GETTY IMAGES ©

Loisirs en extérieur

Les New-Yorkais sont ingénieux quand il s'agit d'utiliser leurs parcs et jardins pour diverses activités. En été, place aux projections en plein air, aux pièces de théâtre à Central Park, aux concerts à l'Hudson River Park, et à la danse lors des Lincoln Center Dance Nights.

Au-delà de Manhattan

Si vous cherchez un immense espace vert autre que Central Park, le mieux est d'aller à Brooklyn. Le tout nouveau **Brooklyn Bridge Park** (p. 29), de 34 ha, occupe des berges autrefois désertes,

où une série de jetées abandonnées ont été transformées en parc public. Une fois terminé, il sera le plus vaste parc créé à Brooklyn depuis le Prospect Park (237 ha), conçu par Calvert Vaux et Frederick Olmsted au XIXᵉ siècle.

Parcs

Central Park Le must : 340 ha de prés, de bois et de collines. (p. 178)

La High Line Coulée verte récemment aménagée, qui remonte la partie ouest du centre-ville. (p. 86)

Gramercy Park Privé, ce charmant parc bien entretenu est fermé au public par une clôture, mais il mérite vraiment un coup d'œil. (p. 116)

Madison Square Park Un espace vert réaménagé comprenant de grandes sculptures, un kiosque à burgers Shake Shack et des toilettes publiques. (p. 116)

Riverside Park Idéal pour une promenade à vélo, ce parc se déploie sur cent pâtés de maisons en longeant l'Hudson du côté ouest de Manhattan. (p. 186)

Bryant Park Refuge appréciable, loin de l'agitation de Midtown, le Bryant Park accueille des projections de films en été et une patinoire en hiver. (p. 139)

Envie de...
Circuits organisés

Si les rues de New York sont faciles à explorer en solo, il est souvent intéressant de participer à une visite guidée pour découvrir plus en profondeur la riche histoire et les anecdotes de la ville.

CAVAN IMAGES/GETTY IMAGES ©

Sidetour (www.sidetour. com ; circuits 50-60 $). Des expériences originales pour une plongée au cœur de Gotham : jam sessions, balades sur le thème des cuisines du monde, découverte de l'art rebelle au Met ou dans les galeries de Chelsea...

Big Apple Greeter Program (📞212-669-8159 ; www.bigapplegreeter. org ; visites gratuites). Partez pour une balade dans le quartier de votre choix avec un habitant bénévole, impatient de vous faire découvrir sa ville. Réservez un mois à l'avance.

Bike the Big Apple (📞877-865-0078 ; www. bikethebigapple.com ; circuits vélo et casque inclus env 95 $). Différents circuits, dont l'Ethnic Apple Tour (6 heures), qui couvre une partie du Queens, le nord de

Brooklyn et le Lower East Side de Manhattan.

Foods of New York (📞212-239-1124 ; www. foodsofny.com ; visites 52-65 $). NYC & Company propose divers circuits gastronomiques de 3 heures. Préparez-vous à un festin ambulant : pâtes fraîches italiennes, sushis, fromages du monde et pizza new-yorkaise.

On Location Tours (📞212-683-2027 ; www. screentours.com ; circuits env 45 $). Itinéraires incluant des décors d'émissions de TV, ainsi que des lieux de tournage (séries TV et cinéma).

Gray Line (📞212-397-2620 ; www.newyorksightseeing. com ; visites 44-60 $). Omniprésent, Gray Line est responsable de l'invasion de bus à impériale rouges dans les rues de New York,

que les habitants se plaisent à détester. En réalité, c'est idéal pour un aperçu des grands sites.

Strayboots (📞877-787-2929 ; www.strayboots.com ; visites à partir de 12 $). Circuit autoguidé avec un téléphone portable, mêlant visite culturelle de la ville et chasse au trésor pour aider les visiteurs néophytes à s'orienter dans le quartier de leur choix. Allez à votre rythme en envoyant vos réponses par SMS pour recevoir votre prochain indice.

Municipal Art Society (📞212-935-3960 ; www.mas. org ; 111 W 57th St ; circuits adulte/enfant 20/15 $; Ⓢ F jusqu'à 57th St). Circuits axés sur l'architecture et l'histoire, dont une visite de Grand Central Terminal.

Carnet pratique

Carnet pratique

Avant de partir

Quand partir

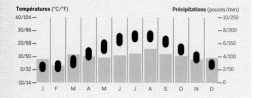

Températures (°C/°F) | Précipitations (pouces/mm)

➡ Hiver (décembre-février) Neige et température inférieure à 0. Mais, pendant les fêtes, tout est plus doux en dépit des frissons...

➡ Printemps (mars-mai) Les cafés sortent des tables en terrasse dès les premiers rayons du soleil. La rue est à vous, malgré les giboulées !

➡ Été (juin-août) Chaleur oppressante en plein été. Le week-end, de nombreux New-Yorkais vont respirer dans les Hamptons.

➡ Automne (septembre-novembre) Les parcs de la ville se parent de teintes rouges et or. L'été indien remplit ses promesses.

Hébergement

➡ Le tarif moyen d'une chambre dépasse largement les 300 $. Mais ne vous inquiétez pas, il existe de bonnes affaires que l'on peut dénicher en ligne. Contrairement à de nombreuses destinations, New York n'a pas de "haute saison". Bien sûr, il y a des périodes dans l'année où les touristes sont plus nombreux, mais avec plus de 52 millions de visiteurs par an, les hôtels de la Grosse Pomme font toujours le plein. Les prix des chambres varient donc en fonction de la disponibilité ; la plupart des hôtels disposent d'un algorithme de réservation qui produit un devis en fonction du nombre de chambres déjà réservées pour la même nuit. Plus il y a de monde, plus les prix grimpent.

➡ Pour obtenir de meilleurs tarifs, soyez flexible : les jours de semaine sont souvent moins chers, tout comme la période hivernale. Si vous partez un week-end, essayez les hôtels d'affaires du Financial District, qui ont tendance à se vider lorsque la semaine de travail prend fin.

➜ Si vous n'avez pas de préférence en matière d'hébergement, consultez les grands sites de promotions comme **Expedia** (www.expedia.com), **Orbitz** (www.orbitz.com) et **Priceline** (www.priceline.com).

➜ Si vous avez une petite idée de l'endroit où vous souhaitez loger, consultez directement le site de l'hôtel en question, des offres et des formules sont souvent proposées.

➜ Les multiples sites exclusifs, comme **Jetsetter** (www.jetsetter.com), valent également le coup d'œil. Ils proposent des promotions et des "ventes flash" à leurs membres.

➜ Aujourd'hui, l'offre ne se limite plus aux hébergements traditionnels. Des sites Web tels qu'**Airbnb** (www.airbnb.com) ou **Bed & Casa** (fr.bedycas.com) fournissent une solution originale, en plus d'être

économiques. Loin des hôtels clinquants, ces sites permettent aux habitants de louer leur appartement quand ils sont en vacances ou de mettre à disposition un espace (une chambre ou un canapé-lit) de leur foyer.

➜ Pourboire : laissez entre 3 et 5 $ de pourboire par nuit à la femme de ménage. Un dollar ou deux pour les portiers, et autant au reste du personnel.

Sites Internet

➜ **Lonely Planet** (www.lonelyplanet.fr). Réservations en ligne, conseils, forum de voyageurs...

➜ **Playbill** (www.playbill.com). Les membres du Playbill Club bénéficient de tarifs préférentiels dans des hôtels de Manhattan.

➜ **Kayak** (www.kayak.fr). Un moteur de recherche facile à utiliser.

Petits budgets

➜ **Cosmopolitan Hotel** (www.cosmohotel.com). Une aubaine pour ceux qui préfèrent dépenser leur argent dans les restaurants et boutiques de luxe

du quartier. Propre et confortable, mais sans rien d'extraordinaire.

➜ **Pod Hotel** (www.thepodhotel.com). Cet établissement couru et abordable, implanté dans deux adresses différentes à Midtown, propose un choix de petites chambres ultramodernes.

➜ **East Village Bed & Coffee** (www.bedandcoffee.com). Anne, la propriétaire, a fait de sa maison familiale un B&B coloré, *arty* et décalé, doté de chambres à thème (sdb partagée à chaque étage) et très bien équipé.

➜ **Sugar Hill Harlem** (www.sugarhillharleminn.com). Une grande maison du début du XXe siècle qui a recouvré sa splendeur passée, et dont les suites portent les noms de pointures du jazz afro-américain.

Catégorie moyenne

➜ **Ace Hotel New York City** (www.acehotel.com/newyork). Prisé des adeptes des réseaux sociaux et des créatifs aux poches pleines. Chambres standards et de luxe aux allures de garçonnières haut de gamme.

→ Nu Hotel (www.nuhotelbrooklyn.com). À Brooklyn, 93 chambres où le blanc domine (draps, murs, couettes), avec des meubles en teck recyclé.

→ Yotel (www.yotelnewyork.com). Moitié station spatiale, moitié décor d'Austin Powers, le Yotel a adopté un vocabulaire de compagnie aérienne pour ses petites chambres ("cabines") bien conçues. DJs dans le Club Lounge. Vaste terrasse (la plus grande des hôtels new-yorkais).

→ Country Inn the City (www.countryinnthecity.com). Une sympathique maison de ville en pierre de 1891, dans une rue pittoresque, bordée d'arbres.

→ Hôtel Americano (www.hotel-americano.com). Des chambres dépouillées, à l'ameublement minimaliste.

→ B&B On the Park (www.bbnyc.com). Ce superbe B&B victorien possède 5 chambres agrémentées de tapis persans, de lits à baldaquin garnis d'oreillers et de plantes en pot.

Catégorie supérieure

→ Gramercy Park Hotel (www.gramercyparkhotel.com). Les chambres, qui donnent sur Gramercy Park, sont pourvues de meubles en chêne conçus sur mesure, de linge de lit en coton d'Italie et de matelas de plume sur les immenses lits.

→ Andaz Fifth Avenue (http://andaz.hyatt.com). Très chic et néanmoins jeune et décontracté, l'Andaz a abandonné le comptoir de réception guindé : le personnel, branché et mobile, vous enregistre sur une tablette dans le lobby orné d'œuvres d'art.

→ Crosby Street Hotel (www.firmdalehotels.com). À Soho, un boutique-hôtel prisé et toujours tendance, doté d'un bar où l'on vient pour voir et être vu, et de chambres toutes différentes (certaines en noir et blanc, d'autres fleuries et fantaisistes).

→ Greenwich Hotel (www.thegreenwichhotel.com). Du luxueux salon où crépite un feu à la piscine dans une ferme japonaise reconstituée, rien n'est ordinaire dans

le Greenwich Hotel de Robert De Niro.

→ Langham Place (http://newyork.langhamplacehotels.com). Dans ce luxueux gratte-ciel, les chambres aux allures de suites affichent un chic discret – tons neutres et belles boiseries. Elles sont dotées de matelas Duxiana et de machines Nespresso.

→ Chatwal New York (www.thechatwalny.com). Un joyau Art déco restauré au cœur du Theater District (quartier des théâtres), aussi superbe qu'historique.

Arriver à New York

☑ **Conseil** Pour savoir comment rejoindre le centre-ville depuis l'aéroport, voir p. 17.

Attention, depuis le mois de juillet 2014, les autorités nord-américaines demandent aux transporteurs aériens un renforcement des mesures de sécurité à l'embarquement des vols vers les États-Unis. Les voyageurs

sont invités à arriver
tôt à l'aéroport et à
s'assurer que leurs
appareils électroniques
(téléphones portables,
tablettes, ordinateurs,
etc.), transportés en
cabine, soient présentés
chargés et en état de
fonctionnement lors
de l'embarquement.
En cas de contrôle,
si votre appareil est
déchargé ou défectueux,
l'embarquement pourrait
vous être refusé. Voir
aussi p. 244 pour les
formalités.

John F Kennedy International Airport

L'aéroport international
John F. Kennedy (JFK)
se situe à 24 km de
Midtown dans le sud-
est du Queens. Ses
8 terminaux accueillent
près de 50 millions de
passagers par an et des
vols en provenance et en
direction du monde entier.

➡ **Taxi** Un taxi jaune de
Manhattan à l'aéroport
utilisera son compteur.
Le tarif (autour de
50 $) dépend de la
circulation. La course
dure entre 45 minutes
et 1 heure. Depuis JFK,
les taxis appliquent
un forfait de 52 $ pour
toutes destinations dans

Manhattan (hors péages
et pourboires).

➡ **Minibus ou voiture
avec chauffeur** Un
minibus partagé revient à
20-25 $/personne selon
la destination. Depuis
la ville, les voitures
appliquent des tarifs fixes
en direction de l'aéroport
(à partir de 45 $).

➡ **Véhicule privé** Depuis
l'aéroport, contournez la
pointe sud de Brooklyn
par la Belt Parkway en
direction de l'US 278
(la voie express Brooklyn-
Queens Expressway ou
BQE), ou bien empruntez
l'US 678 (Van Wyck
Expressway) en direction
de l'US 495 (Long Island
Expressway ou LIE), qui
rejoint Manhattan par le
Queens-Midtown Tunnel.

➡ **Bus express**
Le NYC Airporter dessert
Grand Central Station,
Penn Station et le Port
Authority Bus Terminal
depuis l'aéroport
(aller 16 $).

➡ **Métro** L'AirTrain
(5 $, payables à la
sortie) relie l'aéroport
au métro. Prenez-le
jusqu'à la station Howard
Beach-JFK Airport pour
emprunter la ligne A qui
traverse Brooklyn et
poursuit dans Manhattan,
ou bien jusqu'à

Sutphin Blvd-Archer Ave
(Jamaica Station) pour
prendre les lignes E, J
ou Z vers le Queens et
Manhattan.

➡ **Long Island Rail Road
(LIRR)** Prenez l'AirTrain
jusqu'à Jamaica Station,
d'où des trains LIRR
partent fréquemment
pour Penn Station
(Manhattan) ou l'Atlantic
Terminal de Brooklyn.
Pour Penn Station
ou l'Atlantic Terminal,
comptez 7,50 $ l'aller
(9 $ aux heures
de pointe).

LaGuardia Airport

Principalement consacré
aux vols intérieurs,
LaGuardia est plus petit
que JFK mais il se trouve
à seulement 13 km du
centre de Manhattan ;
environ 26 millions
de passagers y passent
chaque année.

➡ **Taxi** Depuis/vers
Manhattan, comptez
environ 42 $ et
30 minutes de trajet).

➡ **Voiture avec
chauffeur** Prévoyez
près de 35 $ depuis
LaGuardia.

➡ **Bus express** Le NYC
Airporter coûte 13 $.

➡ **Véhicule privé**
Depuis l'aéroport,

prenez la Grand Central Expressway vers la BQE (Brooklyn-Queens Expressway ou US 278), puis en direction du Queens-Midtown Tunnel en passant par la LIE (Long Island Expressway ou US 495). Pour rejoindre le sud de Manhattan, restez sur la BQE et prenez le Williamsburg Bridge (gratuit).

➡ **Métro/bus** Se rendre à Manhattan depuis LaGuardia est un peu moins évident. En métro, descendez à la station 74th St-Broadway (ligne 7, ou lignes E, F, M ou R à la station Jackson Hts-Roosevelt Ave) du Queens, où vous pourrez prendre le nouveau Q70 Express Bus jusqu'à l'aéroport (environ 10 minutes).

Newark Liberty International Airport

En regardant les tarifs des vols à destination de New York, n'oubliez pas le New Jersey. Situé à 26 km de Midtown – soit la même distance que JFK –, l'aéroport de Newark attire beaucoup de New-Yorkais (36 millions de passagers par an).

➡ **Voiture avec chauffeur/taxi**
Les compagnies de voitures facturent entre 45 $ et 60 $ le trajet de 45 minutes jusqu'à Midtown – à peu près comme les taxis. Vous devrez payer 13 $ pour traverser le Lincoln Tunnel (à la hauteur de 42nd St) ou le Holland Tunnel (à la hauteur de Canal St) pour rejoindre Manhattan depuis le New Jersey (8 $).

➡ **Métro/train** NJ Transit propose un service (avec correspondance en AirTrain) entre Newark Airport (EWR) et la gare Penn Station, à New York, à 12,50 $ l'aller. Ce train de banlieue passe toutes les 20 ou 30 minutes entre 4h20 et 1h40, et met 25 minutes. Conservez bien votre billet, que vous devrez présenter en descendant à l'aéroport.

➡ **Bus express** Le bus Newark Airport Express propose une liaison entre l'aéroport et la gare routière de Port Authority (Port Authority Bus Terminal), Bryant Park et Grand Central Terminal dans Midtown (16 $ l'aller). Le trajet dure 45 minutes et un bus part toutes les 15 minutes de

6h45 à 23h15 (et toutes les 30 minutes de 4h45 à 6h45 et de 23h15 à 1h15).

Depuis la France

➡ Au départ de Paris, comptez en moyenne 8 heures de vol à l'aller et 7 heures au retour. Les tarifs varient beaucoup selon la période de l'année ; de 400 € (en basse saison) à 800 €.

➡ Les compagnies ci-dessous sont susceptibles d'offrir des vols à des prix intéressants :

Air France (www.airfrance.fr)

American Airlines (www.americanairlines.fr)

Delta Airlines (www.delta.com)

United (www.united.com)

US Airways (www.usairways.com)

➡ Si vous souhaitez voyager en classe affaires, la compagnie **Open Skies** (www. flyopenskies.com) propose des tarifs très avantageux au départ de Paris-Orly.

Depuis la Belgique

➡ Depuis la Belgique, les tarifs sont peu ou prou identiques à ceux pratiqués en France. Vous pourrez vous adresser aux agences **Airstop** (www.airstop.be) ou **Connections** (www.connections.be).

➜ La compagnie **United** (www.united.com) propose un vol quotidien depuis Bruxelles vers l'aéroport de Newark.

Depuis la Suisse

➜ Selon la saison, vous pourrez trouver des billets au départ de Genève pour environ 1 000 FS. **STA Travel** (www.statravel.ch) vous renseignera. En outre, deux compagnies, **Swiss** (www.swiss.com) et **United** (www.united.com), proposent de nombreux vols depuis Zurich vers l'aéroport JFK et depuis Genève vers l'aéroport de Newark.

Depuis le Canada

➜ Pour parcourir les 523 km qui séparent Montréal de New York, comptez en moyenne 1 heure 30 de vol. Vous pourrez trouver des billets aux alentours de 350 à 400 \$C. De nombreuses compagnies assurent des vols réguliers Montréal-New York au

départ de l'aéroport international Pierre-Elliott Trudeau (ex-Dorval).

➜ Vous pouvez contacter les compagnies et agences suivantes :

Air Canada (wwwaircanada.com)

American Airlines (www.aa.com)

Expedia (www.expedia.ca)

➜ Pour un voyage long (9-12 heures), coûteux, mais confortable et permettant de découvrir de magnifiques paysages, optez pour le train. Renseignez-vous auprès de **Via Rail Canada** (www.viarail.ca).

➜ Le bus est une option bon marché (150-160 \$) mais longue et fatigante (7-10 heures). Contactez la compagnie **Greyhound** (www.greyhound.ca).

➜ Enfin, en voiture, prenez la route 15 Sud depuis le Québec, puis, après la douane, suivez la *New York State Thruway* (route 87), payante. Le George Washington Bridge donne accès directement à Manhattan. Trajet d'environ 6 heures 30.

Comment circuler

....

Métro

☑ **Idéal pour** traverser la ville (du nord au sud), sans se soucier des embouteillages.

➜ Avec 1 062 km de voies, le métro de New York, géré par la **Metropolitan Transportation Authority** (MTA ; ☎ 718-330-1234 ; www.mta.info), est emblématique, bon marché (2,50 \$/trajet), il fonctionne 24h/24 et c'est de loin le moyen le plus rapide de se déplacer. Il est aussi plus sûr et (un peu) plus propre qu'auparavant (et certaines lignes sont équipées d'annonces automatiques enjouées).

➜ Les jetons typiques du métro new-yorkais appartiennent désormais au passé : tous les bus et les métros utilisent aujourd'hui la MetroCard jaune et bleu, disponible ou rechargeable aux multiples guichets automatiques dans toutes les stations. Vous pouvez payer en espèces ou par carte bancaire. Sélectionnez "Get new card" et suivez les indications. Un conseil :

Métro : mode d'emploi

➡ **Numéros, lettres, couleurs** Chaque ligne de métro possède une couleur et une lettre ou un numéro. Les trains de la même couleur empruntent les mêmes voies, suivant généralement le même itinéraire dans Manhattan avant de bifurquer dans d'autres *boroughs*.

➡ **Lignes express et locales** Sur chaque ligne de couleur circulent des trains locaux et des trains express ; ce dernier n'effectue que certains arrêts à Manhattan (signalés par un cercle blanc sur les plans du métro). Si vous devez effectuer un long trajet, mieux vaut prendre un express (souvent sur le quai en face de l'omnibus), plus rapide.

➡ **Trouver la bonne station** Certaines stations ont des entrées séparées selon la destination, nord (*uptown*) ou sud (*downtown*), lisez attentivement les indications. En cas d'erreur, soit vous montez dans la rame jusqu'à une prochaine station où vous pourrez changer gratuitement, soit vous perdez 2,50 $ en ressortant pour entrer dans la bonne station (souvent de l'autre côté de la rue). Repérez les lumières en haut des escaliers de chaque bouche de métro ; vert signifie que la station est toujours ouverte, rouge signale que cette entrée sera fermée à certaines heures, généralement la nuit.

➡ **Le week-end** Tout est chamboulé le week-end, certaines lignes fusionnent, d'autres sont supprimées, certains arrêts sont marqués et d'autres non. Sur les quais, habitants comme touristes sont déboussolés, parfois irrités. Consultez les horaires du week-end sur le www.mta.info. Les affiches ne sont parfois visibles qu'une fois arrivé sur le quai.

lorsque vous devrez rentrer votre code postal (*zip code*), indiquez 99999.

➡ La MetroCard proprement dite coûte 1 $. Il en existe de deux types. Vous pouvez payer au trajet (2,50 $), mais la MTA encourage l'achat de cartes de 5 $ ou plus en offrant 5% de crédit supplémentaire : en payant 20 $, vous bénéficiez d'un crédit de 21 $. Si vous envisagez de prendre le métro assez souvent, optez pour un pass illimité (30 $ pour 7 jours).

➡ Procurez-vous un plan, disponible gratuitement aux guichets. Au moindre doute, demandez de l'aide à une personne qui semble informée. Si le métro est nouveau pour vous, ne mettez pas vos écouteurs, vous risqueriez de ne pas entendre une annonce importante concernant un changement de voie ou des arrêts non marqués.

Taxi

☑ **Idéal pour** se rendre à l'aéroport ou en revenir avec des bagages, ou pour se déplacer dans Manhattan.

➡ La Taxi & Limousine Commission fixe les tarifs

(il est possible de payer par carte bancaire) : 2,50 \$ pour la prise en charge (0,2 mile, soit les 320 premiers mètres), puis 50 ¢ tous les 320 m et par minute à l'arrêt dans les embouteillages. Un supplément de 1 \$ est appliqué pendant les heures de pointe (16h-20h en semaine) ; un autre de 50 ¢ la nuit (20h-6h) ; ainsi qu'un troisième de 50 ¢ par course, imposé par l'État de New York.

➡ Un pourboire de 10% à 15% est attendu, mais n'hésitez pas à donner moins si le service n'est pas à la hauteur et demandez un reçu pour pouvoir noter le numéro de la plaque du chauffeur.

➡ La TLC possède un règlement contenant les droits du passager, qui vous autorise à indiquer au chauffeur le chemin que vous souhaitez prendre, ou de lui demander de ne pas fumer ou d'éteindre la radio. Un chauffeur ne peut vous refuser une course en raison de l'endroit où vous vous rendez. Un conseil : montez à bord avant d'indiquer votre destination.

➡ La réglementation a changé en 2014. Les taxis libres ont une lumière centrale allumée sur le toit. Il est difficile de trouver un véhicule par temps de pluie, aux heures de pointe et vers 16h, lorsque de nombreux chauffeurs finissent leur service.

➡ Les services de voitures privées sont une autre solution dans les *boroughs* en périphérie. Les tarifs varient selon le quartier et la longueur de la course, et doivent être déterminés à l'avance puisqu'il n'y a pas de compteur.

À pied

☑ **Idéal pour...** explorer les quartiers pittoresques comme West Village, l'East Village, Chinatown et Soho.

➡ Oubliez le métro, le taxi et le bus, et préférez une façon plus douce de voir la ville : la marche. New York ne se découvre vraiment que si l'on prend le temps de fouler ses trottoirs.

➡ Broadway se déploie le long de Manhattan, sur près de 22 km. Traverser l'East River sur la voie piétonne du Brooklyn Bridge est un incontournable à New York. Enfin, les sentiers

Citi Bike

Des centaines de kilomètres de pistes cyclables ont été créés à travers la ville sous la mandature de l'ancien maire, Michael Bloomberg. En outre, l'administration Bloomberg a lancé en 2013 le système de partage de vélos **Citi Bike** (www.citibikenyc.com ; 24 heures/7 jours 11/27 \$) ; longtemps espéré, il s'agit du plus gros du genre dans le pays.

À Manhattan et dans certains secteurs de Brooklyn, on trouve des centaines de stations regroupant les fameux et robustes vélos bleu vif, disponibles pour 30 minutes ou moins. Toutefois, à moins d'être un cycliste urbain chevronné, circuler à vélo peut s'avérer risqué, car les pistes sont souvent encombrées par des bus, des taxis et des voitures garées en double file. Le port du casque est vivement recommandé (mais pas obligatoire).

de Central Park peuvent conduire dans des poches arborées, où l'on ne voit, ni n'entend plus la ville.

Bus

☑ **Idéal pour** profiter de l'atmosphère de la ville en la traversant.

➡ Comme le métro, les bus sont gérés par la MTA. Leur système de tickets est le même.

➡ Le tarif standard est de 2,50 $ (6 $ pour les bus express), payable avec une MetroCard ou en faisant l'appoint (ni billets ni pennies).

➡ Les bus urbains portent le numéro de la rue qu'ils parcourent.

Bateau

☑ **Idéal pour** visiter la statue de la Liberté et photographier la *skyline*.

➡ L'**East River Ferry** (www.eastriverferry.com), qui fonctionne toute l'année, relie différents points de Manhattan, du Queens et de Brooklyn.

➡ **New York Water Taxi** (☏ 212-742-1969 ; www.nywatertaxi.com ; montées et descentes libres 1 jour 26 $) a une flotte de bateaux rapides jaunes

desservant Manhattan et Brooklyn.

➡ **Staten Island Ferry** Plus gros et plus voyant (orange), le Staten Island Ferry (p. 32), destiné aux travailleurs qui circulent entre Manhattan et Staten Island, effectue des trajets gratuits sur la baie de New York.

Infos pratiques

Argent

☑ **Conseil** Le dollar américain est l'unique devise acceptée à New York. Si les paiements par carte bancaire sont largement répandus, il est prudent d'avoir aussi des espèces sur soi.

Distributeurs automatiques de billets (DAB)

➡ Vous trouverez des DAB partout. Vous pourrez retirer dans les banques (généralement dans un hall accessible 24h/24, doté d'une douzaine d'appareils dans les plus grandes banques) ou au distributeur unique installé dans les

épiceries, restaurants, bars et supérettes, qui appliquent une commission allant jusqu'à 5 $.

➡ La plupart des banques de New York sont liées par le système New York Cash Exchange (NYCE), ce qui permet de pouvoir utiliser les cartes bancaires locales dans n'importe quel DAB – en payant des frais supplémentaires si l'on passe par une autre banque.

Cartes bancaires

➡ Les principales cartes bancaires sont acceptées dans la plupart des hôtels, restaurants et commerces. Il est même parfois difficile d'acheter une place de spectacle et de louer une voiture sans carte.

➡ Les cartes Visa, MasterCard ou American Express sont les plus communément acceptées. Les établissements qui acceptent les Visa et les MasterCard acceptent aussi les cartes de paiement, mais vérifiez auprès de votre banque que votre carte de paiement est acceptée dans d'autres pays.

Faites des économies

➡ Consultez notre liste d'activités gratuites (p. 226).

➡ Consultez les sites Web des musées pour connaître les périodes de gratuité.

➡ Économisez sur le prix des places de théâtre en les achetant aux kiosques TKTS de Times Square (p. 129) ou de Lower Manhattan (p. 42).

➡ Préparez des pique-niques dans les divers marchés de la ville.

➡ En cas de perte ou de vol, contactez immédiatement votre banque

Change de devises

➡ Les banques et les bureaux de change présents dans tout New York (y compris dans les 3 grands aéroports) fournissent des dollars en fonction du taux de change du moment.

Cartes de réduction

Les cartes suivantes offrent divers accès et avantages pour certains sites incontournables de la ville. Consultez les sites Web pour plus de renseignements.

➡ **Downtown Culture Pass** (www. downtownculturepass.org)

➡ **New York CityPASS** (www.citypass.com/new-york)

➡ **Explorer Pass** (www. nyexplorerpass.com)

➡ **The New York Pass** (www.newyorkpass.com)

Électricité

Aux États-Unis, l'électricité fonctionne en 110 V à 115 V, et en 60 Hz. Les prises ont 2 fiches plates, avec souvent une 3ᵉ fiche, ronde, pour la terre.

Si votre appareil est conçu pour un autre système électrique (220 V par exemple), vous aurez besoin d'un transformateur, disponible dans les quincailleries et supermarchés pour 25 à 60 $ environ. Cependant, la plupart des appareils électroniques (ordinateurs portables, chargeurs d'appareil photo, etc.) sont équipés du bi-voltage et ne nécessitent qu'un adaptateur.

120 V / 60 Hz

120 V / 60 Hz

Comme les New-Yorkais

➡ Hélez un taxi uniquement si son voyant lumineux est allumé.

➡ Vous n'êtes pas obligé de suivre l'indication "walk", traversez simplement lorsqu'il n'y a pas de voiture.

➡ Parmi les piétons sur le trottoir, comportez-vous comme un véhicule : ne vous arrêtez pas brusquement, marchez au même rythme que la foule qui vous entoure et arrêtez-vous sur le côté si vous devez sortir votre plan ou votre parapluie. La plupart des New-Yorkais respectent l'espace personnel, mais ils vous percuteront sans s'excuser si vous gênez le passage.

➡ Dans le métro, attendez que les passagers descendent avant de monter mais grimpez rapidement pour éviter de voir les portes se fermer devant vous.

Formalités et visas

Le programme d'exemption de visa (Visa Waiver Program, VWP) permet aux ressortissants de 36 pays dont la France, la Belgique et la Suisse de séjourner aux États-Unis sans visa jusqu'à 90 jours, à condition de posséder un passeport à lecture optique. La liste des pays compris dans ce programme et les conditions actuelles à remplir sont consultables sur le site Web de l'**US Department of State** (ministère des Affaires étrangères, http://travel.state. gov/visa).

Pour d'autres conseils sur l'arrivée à New York, voir p. 236.

ESTA

Les citoyens des pays du VWP doivent s'inscrire auprès de l'**US Department of Homeland Security** (Sécurité du territoire ; http:// esta.cbp.dhs.gov) 3 jours avant leur arrivée. Les frais d'inscription s'élèvent à 14 \$. Une fois acceptée, l'inscription est valable deux ans ou jusqu'à l'expiration du passeport.

Passeport et visa requis

Vous devez obtenir un visa auprès d'une ambassade ou un consulat des États-Unis dans votre pays si :

➡ Vous n'avez pas de passeport d'un pays du VWP (voir plus haut).

➡ Vous êtes ressortissant d'un pays du VWP, mais n'avez pas de passeport à lecture optique.

➡ Vous êtes ressortissant d'un pays relevant du VWP mais possédez un passeport émis entre le 26 octobre 2005 et le 25 octobre 2006, sans photo numérique sur la page d'identification ou puce électronique (après le 25 octobre 2006, cette puce est requise pour tous les passeports).

➡ Vous prévoyez de rester plus de 90 jours.

➡ Vous prévoyez de travailler ou d'étudier aux États-Unis.

Handicapés

Les lois fédérales garantissent l'accès de toutes les administrations aux personnes handicapées. Pour vous renseigner sur des endroits particuliers, contactez l'**Office for People with Disabilities** (bureau pour les handicaps ☎212-639-9675 ; ⏰9h-17h lun-ven) de la mairie. Si vous le demandez, vous recevrez gratuitement le guide *Access New York*.

Par ailleurs, la **Society for Accessible Travel & Hospitality** (SATH ; ☎212-447-7284 ; www.sath.org ; 347 Fifth Ave, au niveau de 34th St, New York, USA, Suite 605 ; ⏰9h-17h ; 🚇M34 jusqu'à 5th Ave, M1 jusqu'à 34th St, Ⓢ6 jusqu'à 33rd St) fournit des renseignements aux voyageurs aveugles, sourds, en fauteuil roulant ou souffrant d'insuffisance rénale.

Pour plus de détails concernant l'accès aux chaises roulantes dans le métro ou le bus, appelez l'**Accessibility Line** ☎511 ; http://web.mta.info/accessibility) ou consultez le www.mta.info/mta/ada pour une liste des stations de métro équipées d'ascenseurs ou d'escalators. Visitez également le www.nycgo.com (en anglais) et tapez "accessibility".

Horaires d'ouverture

Les horaires inhabituels sont précisés dans les descriptions comprises dans les chapitres *Explorer* de ce guide. Les heures ouvrables habituelles sont les suivantes :

➜ **Banques** 9h-18h lun-ven, parfois 9h-12h sam

➜ **Bureaux** 9h-17h lun-ven

➜ **Restaurants** Petit-déjeuner 6h-11h, déjeuner 11h-15h, dîner 17h-23h. Le fameux brunch du dimanche (souvent proposé également le samedi) est servi de 10h à 14h, voire plus tard.

➜ **Bars** 17h-4h

➜ **Clubs** 22h-4h

➜ **Commerces** 10h-19h environ lundi-vendredi, 11h-20h environ samedi. Variable le dimanche : certains magasins sont fermés, d'autres appliquent les horaires de semaine. Les commerces restent généralement ouverts plus tard dans les quartiers du centre.

Jours fériés

Voici une liste des principales fêtes de New York. Elles peuvent entraîner la fermeture de nombreux commerces ou attirer la foule, et compliquer les réservations dans les restaurants et les hôtels.

➜ **New Year's Day** (Nouvel An) 1er janvier

➜ **Martin Luther King Day** 3e lundi de janvier

➜ **Presidents' Day** 3e lundi de février

➜ **Pâques** mars/avril

➜ **Memorial Day** fin mai

➜ **Gay Pride** dernier dimanche de juin

➜ **Independence Day** (fête nationale) 4 juillet

➜ **Labor Day** (Fête du travail) début septembre

➜ **Rosh Hashana et Yom Kippour** de mi-septembre à mi-octobre

➜ **Halloween** 31 octobre

➜ **Thanksgiving** 4e jeudi de novembre

➜ **Christmas Day** (Noël) 25 décembre

➜ **New Year's Eve** (Saint-Sylvestre) 31 décembre

Offices du tourisme

➜ Grâce à Internet, une quantité infinie de ressources en ligne permettent d'obtenir des

La presse

Journaux

➡ **New York Post** (www.nypost.com). Célèbre pour ses unes sensationnalistes, ses opinions conservatrices et sa chronique "potins" en page 6.

➡ **New York Times** (www.nytimes.com). La "dame grise" s'est dépoussiérée depuis quelques années, avec de nouvelles rubriques sur la technologie, l'art et les restaurants.

➡ **Village Voice** (www.villagevoice.com). Détenu par la chaîne de journaux alternatifs New Times, le légendaire *Voice* a perdu de son mordant mais continue de faire du bruit.

➡ **Wall Street Journal** (www.wallstreetjournal.com). Quotidien sérieux, spécialisé dans la finance, encore que son nouveau propriétaire, le magnat des médias Rupert Murdoch, prévoie d'élargir le propos pour concurrencer le *Times*.

Magazines

Des magazines permettent de se tenir au courant de la vie new-yorkaise :

➡ **New York Magazine** (www.nymag.com). Hebdomadaire qui propose des articles de fond et recense à peu près tout ce qui se passe à New York. Excellent site Web.

➡ **New Yorker** (www.newyorker.com). Hebdomadaire intellectuel célèbre pour ses longs reportages sur la politique et la culture ; il publie également des textes de fiction et de la poésie.

➡ **Time Out New York** (http://newyork.timeout.com). Cet hebdomadaire s'efforce d'être extrêmement complet (voir en particulier ses pages culturelles) et offre des articles et des interviews sur les arts et les loisirs.

---

renseignements mis à jour sur New York.

➡ Sur place, il existe cinq bureaux officiels (le principal est celui de Midtown) de **NYC & Company** (☎212-484-1222 ; www.nycgo.com) :

➡ **Midtown** (plan p. 134, D2 ; ☎212-484-1222 ; www.nycgo.com ; 810 7th Ave entre 52nd St et 53rd St ; ⊗8h30-18h lun-ven, 9h-17h sam et dim ; Ⓢ B/D, E jusqu'à 7th Ave)

➡ **Times Square** (plan p. 132, D3 ; ☎212-484-1222 ; 7th Ave entre 46th St et 47th St, Times Square ; ⊗9h-19h ; Ⓢ 1/2/3, 7, N/Q/R jusqu'à Times Sq)

➡ **Macy's Herald Square** (plan p. 134, D5 ; 151 W 34th St ; ⊗9h-21h30 lun-ven, 10h-21h30 sam, 11h-20h30 dim)

➡ **Lower Manhattan** (plan p. 30, C4 ; ☎212-484-1222 ; City Hall Park à la hauteur de Broadway ; ⊗9h-18h lun-ven, 10h-17h sam et dim ; Ⓢ R/W jusqu'à City Hall)

➡ **Chinatown** (plan p. 50, D7 ; ☏ 212-484-1222 ; angle Canal St, Walker St et Baxter St ; ◷ 10h-18h ; Ⓢ J/M/Z, N/Q/R/W, 6 jusqu'à Canal St)

➡ Le **Brooklyn Tourism & Visitors Center** (☏ 718-802-3846 ; 209 Joralemon St, entre Court St et Brooklyn Bridge Blvd ; ◷ 10h-18h lun-ven ; Ⓢ 2/3, 4/5 jusqu'à Borough Hall) délivre des informations sur l'autre grand quartier de la ville.

Sécurité

À New York, le taux de criminalité est au plus bas depuis des années. Rares sont les quartiers où vous vous sentirez en danger, quelle que soit l'heure de la nuit (et ils se trouvent généralement dans les *boroughs* en périphérie). Les stations de métro sont généralement sûres, mais certaines peuvent être risquées, notamment dans les quartiers pauvres des *boroughs* éloignés. Le bon sens reste de mise : ne vous promenez pas seul la nuit dans des quartiers peu fréquentés que vous ne connaissez pas (évitez le Bronx, Harlem ou Central Park). Ne sortez pas de gros billets dans la rue et cachez bien votre argent sur vous, dans une poche avant plutôt que dans un sac ou une poche arrière, et faites attention aux pickpockets, notamment dans les endroits bondés comme Times Square ou Penn Station aux heures de pointe.

Téléphone
Téléphones portables

Hormis l'iPhone, la plupart des portables aux États-Unis passent par le réseau CDMA, plutôt que le GSM ; assurez-vous de la compatibilité auprès de votre opérateur. Les Américains du Nord ne devraient pas rencontrer de problème mais renseignez-vous également sur les frais d'itinérance.

Si vous avez besoin d'un téléphone, de nombreuses boutiques (Verizon, T-Mobile ou AT&T) en proposent à petits prix avec recharge prépayée, ce qui évite tout contrat à long terme.

Indicatifs téléphoniques

Quel que soit l'endroit que vous appelez à New York, même s'il se trouve de l'autre côté de la rue, il faut *toujours* composer le 1 suivi de l'indicatif régional et du numéro.

➡ **Manhattan** 212, 646

➡ **Boroughs périphériques** 347, 718, 929

➡ **Tous les boroughs** (souvent des portables) 917

Appels internationaux et nationaux

Aux États-Unis, les numéros de téléphone sont composés d'un indicatif à 3 chiffres suivi d'un numéro local à 7 chiffres. Pour un appel longue distance, composez le 1 + l'indicatif régional à 3 chiffres + le numéro à 7 chiffres. Pour appeler l'étranger depuis New York, composez le ☏ 011 + l'indicatif du pays (33 pour la France, 32 pour la Belgique, 41 pour la Suisse, 1 pour le Canada) + le numéro (sans le 0 initial). Pour appeler le Canada, le ☏ 011 n'est pas nécessaire.

Pour appeler New York depuis l'étranger, composez l'indicatif international ☏ 00 (011 depuis le Canada), suivi de l'indicatif des États-Unis ☏ 1.

Numéros utiles

➡ **Annuaire local** ☎411

➡ **Renseignements locaux** ☎311

➡ **Renseignements nationaux** ☎1-212-555-1212

➡ **Opérateur** ☎0

➡ **Renseignements gratuits** ☎800-555-1212

Toilettes

☑ **Bon plan** Le site des toilettes de New York (www.nyrestroom.com) est pratique pour dénicher des sanitaires.

Au vu du nombre de piétons, la ville manque considérablement de toilettes publiques. Grand Central Terminal, Penn Station et Port Authority Bus Terminal en sont équipés. Des sanitaires sont également situés dans les parcs, dont Madison Sq Park, Battery Park, Tompkins Sq Park, Washington Sq Park et Columbus Park dans Chinatown, ainsi que dans divers endroits de Central Park. Sinon, attendez de passer devant un Starbucks (il y en a environ un tous les trois *blocks* !), un grand magasin (Macy's, Century 21, Bloomingdales) ou un parc de quartier.

Urgences

➡ **Police, pompier et ambulance** (☎911)

➡ **Poison control** (centre antipoison ☎800-222-1222)

Langue

En raison de leur histoire et de la diversité de leur population, les Américains pratiquent, pour la plupart d'entre eux, plusieurs langues. L'anglais, parlé dans tout le pays, n'a pas été désigné comme langue officielle des États-Unis. Du fait de l'importance de la population hispanique, l'espagnol est la deuxième langue la plus parlée dans le pays.

Expressions courantes

Bonjour/salut.
Hello/Hi.   hè·lo/haï

Au revoir.
Goodbye.   goud·baï

Excuse(z)-moi.
Excuse me.   ek·skyouz mi

Désolé(e).
Sorry.   so·ri

S'il vous (te) plaît.
Please.   pliiz

Merci.
Thank you.   Sank you

Oui./Non.
Yes./No.   yès/neo

Parlez-vous français ?
*Do you speak   dou you spik
french?*   frènn·ch

Je ne comprends pas.
*I don't   aï dont
understand.*   eunn·deur·stand

Comment allez-vous/vas-tu ?
How are you?   hao âr you

Bien. Et vous/toi ?
Fine. And you?   faïnn annd you

Au restaurant

Je suis végétarien(ne).
I'm vegetarian.   aïm
vèdjè·teu··ieunn

Santé !
Cheers!   tchiirz

C'était délicieux !
That was delicious! zat woz dè·li·cheus

L'addition s'il vous plaît.
The bill, please.   zeu bil pliiz

Je voudrais ..., s'il vous plaît.
I'd like ..., please.   aïd laïk ...
pliiz

une table	*a table*	eu téï·beul
pour (deux)	*for (two)*	for (tou)
ce plat	*that dish*	zat dich
la carte	*the wine*	zeu waïnn
des vins	*liste*	list

Shopping

Je cherche...
I'm looking for ...   aïm lou·kiinng for ...

Combien est-ce que ça coûte ?
How much is it?   hao meutch iz it

C'est trop cher.
*That's too   zats tou
expensive.*   èx·pènn·siv

Pouvez-vous baisser le prix ?
*Can you   kann you
lower the price?*   lao·wèr zeu praïs

Urgences

Au secours !
Help! hèlp

Appelez un médecin !
Call a doctor! kôl eu *dok*·teur

Appelez la police !
Call the police! kôl zeu po·*liis*

Je suis perdu(e).
I'm lost. aïm lost

Je suis malade.
I'm sick. aïm sik

Où sont les toilettes ?
Where's wèrz zeu
the bathroom? *bass*·roum

Heure et chiffres

Quelle heure est-il ?
What time is it? wat *taïm* iz it

Il est (1/13) heure(s).
It's (one am/pm) its (wann ëï·èm/pi·èm)
o'clock. ok·*lok*

matin	*morning*	mor·ninng
après-midi	*afternoon*	af·teur·*noun*
soir	*evening*	*iv*·ninng
hier	*yesterday*	yès·teu·dèï
aujourd'hui	*today*	tou·*dèï*
demain	*tomorrow*	tou·*mo*·ro

1	*one*	wann
2	*two*	tou
3	*three*	srii
4	*four*	fôr
5	*five*	faïv
6	*six*	six
7	*seven*	sè·veunn
8	*eight*	eït
9	*nine*	naïnn
10	*ten*	tèn

Transports et orientation

Où est ...?
Where's ...? wèrz ...

Quelle est l'adresse ?
What's the adress? wats zi a·*drès*

Pouvez-vous me montrer (sur la carte) ?
Can you show kann you *chô*
me (on the map)? mi (onn zeu *map*)

Un billet pour ..., s'il vous plaît.
One ticket for ... wann *ti*·kèt for ...
please. pliiz

À quelle heure part le bus/le train ?
What time does wat *taïm* daz
the bus/train leave? zeu beus/tréïn liiv

Je voudrais un taxi.
I'd like a taxi. aïd laïk eu *tak*·si

Ce taxi est-il libre ?
Is this taxi free? iz zis *tak*·si frii

Arrêtez-vous ici, s'il vous plaît.
Please stop here. pliiz stop hiir

Hébergement

Où puis-je trouver un hôtel ?
Where's a hotel? wèrz eu ho·*tèl*

Je voudrais réserver une chambre.
I'd like to book aïd laïk tou bouk
a room. eu *roum*

J'ai une réservation.
I have aï hav
a reservation. eu rè·zèr·*véï*·cheunn

En coulisses

Vos réactions ?

Vos commentaires nous sont très précieux pour améliorer nos guides. Notre équipe lit vos lettres avec la plus grande attention et prend en compte vos remarques pour les prochaines mises à jour. Pour nous faire part de vos réactions, prendre connaissance de notre catalogue et vous abonner à notre newsletter, consultez notre site Internet : **www.lonelyplanet.fr**

Nous reprenons parfois des extraits de notre courrier pour les publier dans nos guides ou sites web. Si vous ne souhaitez pas que vos commentaires soient repris ou que votre nom apparaisse, merci de nous le préciser. Notre politique en matière de confidentialité est disponible sur notre site Internet.

Un mot de l'auteur

Comme toujours, mes plus vifs remerciements vont à la formidable et généreuse Kathy Stromsland et à sa merveilleuse famille. Merci également à Regis St Louis, Julian Yeo, Lane Wilson, Anthony Leung, Michael Chernow, Lucinda East, Massimiliano Gioni, Gabriel Einsohn, Rick Herron, Mark McCray, Sarah Shirley, Matt Wood, Mary Ann Gardner, Lambros Hajisava, Les Hayden, Brock Waldron, Jose Francisco Chavez et Sean Muldoon pour leurs conseils avisés et leur soutien.

Crédits photographiques

Photographie de couverture : Le pont de Brooklyn, Walter Chen

À propos de cet ouvrage

Cette 5e édition du guide *New York en quelques jours* est une traduction-adaptation de la 5e édition de *Pocket New York*, publié en anglais par Lonely Planet, et écrit et actualisé par Cristian Bonetto.

Traduction
Marie Thureau
Direction éditoriale
Didier Férat
Coordination éditoriale
Bénédicte Houdré
Responsable prépresse
Jean-Noël Doan
Maquette
Gudrun Fricke

Cartographie Cartes originales adaptées en français par Nicolas Chauveau
Couverture Adaptée en français par Annabelle Henry
Merci à Sylvie Rabuel pour sa relecture attentive du texte

Index

Voir aussi les index des rubriques :

🚫 **Se restaurer p. 260**

🍷 **Prendre un verre p. 261**

✨ **Sortir p. 262**

🛍 **Shopping p. 263**

Prendre un verre